Lebensdienlich wirtschaften

Dr. Martin Hoffmann (geb. 1957), war bis 2023 Professor für Systematische Theologie und Ethik an der Universidad Bíblica Latinoamericana in San José, Costa Rica. Vorher war er als Rektor der Predigerseminare Bayreuth und Nürnberg in der Ausbildung von Pfarrern und Pfarrerinnen der Evangelisch-Lutherischen Kirche in Bayern tätig. Als Pfarrer arbeitete er selbst in verschiedenen bayerischen Gemeinden. Seine Forschungsschwerpunkte sind die Theologie der Reformation, Sozialethik und politische Ethik. Die Wirtschaftsproblematik erschloss sich ihm durch Luthers Kritik am Frühkapitalismus und die Folgen des heutigen Finanzkapitalismus gerade für die Länder des globalen Südens, wie in Lateinamerika. Er veröffentlichte in Deutschland zuletzt das »Studienbuch Martin Luther. Grundtexte und Deutungen« (2014) und »Protestantische Ethik. Ein kritischer Entwurf im transkulturellen Kontext« (2021). Als Moderator der weltweiten Projektgruppe ›Reformation radikalisieren‹ organisierte er die Erarbeitung der Grundsatzerklärung »Schrei nach einer lebensdienlichen Wirtschaft«, 2024 (www.radicalizing-reformation.com).

Dr. Michael Grzonka ist promovierter Chemiker und arbeitete zuletzt in der Qualitätssicherung für Software in medizinischen Geräten. Er lebte über 25 Jahre in den USA und ist Autor mehrerer Bücher über Martin Luther und die Reformation. Zu seinen aktuellen Projekten gehört »Charging Interest – Medieval Wisdom for a Modern Financial Crisis« (Fortress Press) und die Mitarbeit am »Schrei nach einer lebensdienlichen Wirtschaft« (Arbeitsgruppe ›Wirtschaft‹ des Projekts ›Reformation radikalisieren‹). Er interessiert sich besonders für die Einsichten der christlichen Religion für die von Menschen zu gestaltenden Wirtschaftsordnungen.

Martin Hoffmann, Michael Grzonka (Hg.)

Lebensdienlich wirtschaften

Entwürfe für die Transformation
des Finanzkapitalismus

BÜCHNER-VERLAG
Wissenschaft und Kultur

Impulse für eine solidarische Gesellschaft
Herausgegeben von Norbert Bernholt
Band 3
ISSN (Print) 2943-2200

Die Erklärung »Schrei nach einer lebensdienlichen Wirtschaft« der Projektgruppe »Reformation Radikalisieren« finden Sie hier: www.radicalizing-reformation.com

Martin Hoffmann, Michael Grzonka (Hg.)
Lebensdienlich wirtschaften
Entwürfe für die Transformation des Finanzkapitalismus

ISBN (Print) 978-3-96317-401-8
ISBN (ePDF) 978-3-96317-970-9

Kontakt: info@buechner-verlag.de

Satz und Umschlaggestaltung: DeinSatz Marburg | rn
Bildnachweis Umschlag: www.freepik.com | Designed by Freepik
Druck und Bindung: Rudolph Druck GmbH & Co. KG, Schweinfurt
Nachhaltig gedruckt auf 100 % Recyclingpapier, zertifiziert mit dem Blauen Engel.

Bibliografische Informationen der Deutschen Nationalbibliothek
Die Deutsche Nationalbibliothek verzeichnet diese Publikation in der Deutschen Nationalbibliografie, detaillierte bibliografische Angaben sind im Internet über http://dnb.de abrufbar.

www.buechner-verlag.de

Inhalt

Einführung

Vorwort

»Diese Wirtschaft tötet«[1] – mit drei Wörtern brachte *Papst Franziskus* 2013 das komplexe Problem der herrschenden neoliberalen Wirtschaftsform auf den Punkt – und zwar in dreierlei Hinsicht:

Diese Wirtschaft tötet – Es ist exakt diese Form eines globalen Kapitalismus, die überwunden werden muss, weil sie Tod bringende Folgen für Menschen, Umwelt und Klima zeitigt.

Diese **Wirtschaft** tötet – Die Wirtschaft ist längst kein Teilbereich, kein Subsystem der Gesellschaft mehr, sondern hat mit ihrer Rationalität, ihrer Logik und ihrer Praxis die Herrschaft über Politik und Gesellschaft übernommen. Die Ökonomisierung aller Lebensbereiche ist unübersehbar.

Diese Wirtschaft **tötet** – Die Frage der Wirtschaftsform ist eine Frage von Leben und Tod. Das Wirtschaftswachstum auf der einen, der nördlichen Halbkugel der Erde, wird vor allem auf Kosten der südlichen Halbkugel erzielt, aber auch in den Industrieländern wächst das Prekariat. Klimawandel, Verarmung und Ausbeutung sind das Gesicht des Todes, Gewalt, Flucht und Migration seine Fänge, die er in den Norden ausstreckt.

Was Papst Franziskus so markant an einem sich absolut setzenden Kapitalismus geißelt, ist freilich nichts Neues.

---

1 Apostolisches Schreiben EVANGELII GAUDIUM, 53: »Ebenso wie das Gebot ›du sollst nicht töten‹ eine deutliche Grenze setzt, um den Wert des menschlichen Lebens zu sichern, müssen wir heute ein ›Nein zu einer Wirtschaft der Ausschließung und der Disparität der Einkommen‹ sagen. Diese Wirtschaft tötet.« Verlautbarungen des Heiligen Stuhls, Nr. 194. https://www.dbk-shop.de/de/publikationen/verlautbarungen-apostolischen-stuhls/apostolisches-schreiben-evangelii-gaudium-papst-franziskus.html.

Seit Jahrzehnten erhebt sich massive Kritik an einem unregulierten, neoliberalen Kapitalismus, oft als Turbokapitalismus oder Raubtierkapitalismus gescholten, von Seiten *alternativer Ökonomen und Sozialwissenschaftlerinnen* wie z. B. Thielscher, Rendueles, Herrmann und Piketty.[2]

Auch auf *kirchlicher Seite* werden die Warnungen vor den Gefahren der neoliberalen Ökonomie immer lauter: Die ökumenische Bewegung in Gestalt des Ökumenischen Rats der Kirchen und der weltweiten Kirchenbünde haben seit 1983 einen imperialen Kapitalismus verworfen und an Alternativen im Sinn einer »Wirtschaft im Dienst des Lebens« gearbeitet.[3] Es ist freilich bemerkenswert, dass diese Auseinandersetzung zwar auf den weltweiten Ebenen der ökumenischen Institutionen stattfindet, aber kaum bis an die Basis der einzelnen Kirchen und ihrer Gemeinden durchdringt, so als ob man dort die Konfrontation mit den staatlichen und wirtschaftlichen Interessen vermeiden möchte. Dabei könnte man auch aus theologischer Sicht auf die eigene Tradition, besonders der Reformation, zurückgreifen.

Schon *Martin Luther* hat die Grundprinzipien des sich entwickelnden Frühkapitalismus zu seiner Zeit erkannt und verurteilt. Den neu entstehenden Handelsgesellschaften etwa warf er vor, dass sie das kleine

---

2 Thielscher, Christian. *Wirtschaft und Gerechtigkeit. Was ist gerecht und wie beeinflussen Wirtschafstheorien die Verteilung von Gütern?* Wiesbaden: Springer, 2022.
Renduéles, César. *Gegen Chancengleichheit. Ein egalitaristisches Pamphlet.* Berlin: edition suhrkamp, 2022.
Herrmann, Ulrike. *Das Ende des Kapitalismus. Warum Wachstum und Klimaschutz nicht vereinbar sind – und wie wir in Zukunft leben werden.* Köln: Kiepenheuer&Witsch, 2022.
Piketty, Thomas. *Das Kapital im 21. Jahrhundert.* 8. Aufl., München: C.H. Beck, 2016; ders. *Kapital und Ideologie.* München: C.H.Beck 2020 und *Eine kurze Geschichte der Gleichheit.* München: C.H.Beck, 2024.

3 Vgl. die in unserer Grundsatzerklärung auf S. 2 erwähnten Erklärungen, besonders die São Paulo-Erklärung *New International Financial and Economic Architecture* (NIFEA) von 2012 und die *Zachäus-Kampagne für soziale und ökologische Steuergerechtigkeit,* 2019 den Vereinten Nationen in New York vorgestellt.

und mittelständische Handels- und Manufakturwesen in den Ruin trieben: Sie sind »bloße rechte Monopole. Sie drücken und verderben alle geringen Kaufleute, gleich wie der Hecht die kleinen Fische im Wasser.«[4] Nicht nur einzelne Geschäftspraktiken wie Zins und Wucher kritisierte Luther damals, sondern das neue System des Wirtschaftens als solches.

500 Jahre nach Luther sind wir mit den extremen Folgen dieses Systems konfrontiert, besonders in Ländern des Globalen Südens und dort wieder besonders bei den Ärmsten der Armen.

Das ist der Ansatzpunkt der Projektgruppe *Reformation radikalisieren*[5], einer Gruppe von ca. 40 Theologen und anderen Wissenschaftlerinnen weltweit – von Brasilien, Argentinien, USA, über Europa bis Indien, Philippinen und Südafrika. Seit 2014 arbeitet sie daran, wie der Krise der Moderne und der Überlebenskrise von Menschheit und Natur aus biblisch-theologischer Perspektive zu begegnen ist. In der Theologie der Reformation entdecken wir ein kritisches Potential, das die Denk- und Handlungsvoraussetzungen der verhängnisvollen Moderne hinterfragen lässt. Dabei hatten die Reformatoren selbst auf biblische Leitperspektiven für ein gelingendes Leben zurückgegriffen. Diesen Schritt wollen wir in diesem Band nun mit Blick auf die herrschende Wirtschaftsform eines globalen neoliberalen Kapitalismus vollziehen. Wer freilich meint, dass Theologie und Wirtschaft nichts miteinander zu tun haben oder haben dürften, der sei noch einmal an Martin Luther erinnert. Er sah den Glauben an Gott gerade durch das wirtschaftliche Gebaren herausgefordert:

> Mancher meint, er habe Gott und alles zur Genüge, wenn er Geld und Besitz hat, verlässt sich darauf und brüstet sich damit so überheblich, dass er niemanden der Beachtung wert findet. Sieh, der

4 »Von Kaufhandlung und Wucher« (1524), in: *Luther deutsch. Die Werke Martin Luthers in neuer Auswahl für die Gegenwart*, hg. v. Kurt Aland, Bd. 7. Göttingen: Vandenhoeck & Ruprecht, 1991, 280f.

5 Vgl. die Website und die Publikationen der Gruppe unter: www.radicalizing-reformation.com.

> hat auch einen Gott, der heißt Mammon [vgl. Mt 6,24], das ist Geld und Besitz, worauf er sich voll und ganz verlässt. Das ist der verbreitetste Abgott auf Erden.[6]

Unsere Auseinandersetzung mit Wirtschaft geschieht vor diesem Hintergrund und auf dieser Basis. Sie soll sich aber nicht nur in Analyse und Kritik erschöpfen. Die dringendste Frage, die bei all den vorliegenden Analysen immer am Schluss steht, ist die Frage nach Alternativen: Was sollen wir wollen und was, dann, sollen wir tun? Gibt es Alternativen zum bestehenden Kapitalismus, die nicht ins andere Extrem des Sozialismus verfallen?

Dazu haben wir verschiedene Wirtschaftsexperten und -expertinnen aus dem deutschsprachigen Raum eingeladen, nicht nur ihre Systemkritik auszudrücken, sondern auch (im dritten Teil dieses Buches) Alternativvorschläge vorzustellen, die sie in den letzten Jahren entwickelt haben.

Es stellte sich schnell heraus, dass sie einen gemeinsamen Nenner verfolgen: Konzepte für eine lebensdienliche Wirtschaft, d.h. eine Wirtschaft, die dem Gemeinwohl aller dient. Luther formulierte diese Kernidee damals so:

> Wie bei den vorigen Geboten, kann man hier [beim Siebten Gebot] zusammenfassend sagen, dass dadurch vor allem verboten ist, dem Mitmenschen Schaden oder Unrecht zuzufügen (wie auch immer man ihn an seinem Besitz schädige oder ihm etwas vorenthalte) oder darin einzuwilligen oder es zu erlauben, sondern man soll dem entgegenwirken und es verhüten. Wiederum ist damit geboten, den Besitz des Mitmenschen zu fördern und zu verbessern, und wenn er Not leidet, soll man helfen, geben und borgen, gleich ob Freund oder Feind.[7]

---

6 *Der Große Katechismus* (1529). Das erste Gebot: Du sollst nicht andere Götter haben, in: *Unser Glaube. Die Bekenntnisschriften der evangelisch-lutherischen Kirche*, hg. v. Amt der VELKD. 6. neu bearbeitete Auflage, Gütersloh: Gütersloher Verlagshaus, 2013, 515.

7 Luther, *Der Große Katechismus*, 580f.

Ein Arbeitsbuch

Wenn solche theologische Kritik berechtigt ist, dann wäre auch zu wünschen und zu erwarten, dass sich die Kirchen für solche Konzepte einsetzen. Darum ist das Buch auch als Arbeitsbuch gedacht. Jedem Beitrag sind von den Herausgebern »Impulse für Gesprächsgruppen« beigegeben, damit sie in Gemeinden und Initiativgruppen leicht diskutiert werden können. Die Impulse folgen einem einheitlichen Schema:

Die Fragen 1 bis 3 sind Verständnisfragen zum jeweiligen Beitrag.
Die Frage 4 fordert zur eigenen Stellungnahme heraus.
Die Frage 5 nimmt Handlungsmöglichkeiten von Kirchen und Gemeinden in den Blick.

Die Abfolge der Beiträge

Wir eröffnen den Band mit unserer Grundsatzerklärung »Der Schrei nach einer lebensdienlichen Wirtschaft«. Diese umfasst drei Teile:

I Analyse
II Neuorientierung
III Alternativmodelle

Wir folgen damit der befreiungstheologischen Hermeneutik von Sehen-Urteilen-Handeln. Die Kurzform dient mit ihren Thesen einer schnellen Orientierung. Die Erklärung wurde von einer Untergruppe von *Reformation radikalisieren* verfasst und von der Gesamtgruppe angenommen. Zu Verfassergruppe gehörten: Als Moderator Martin Hoffmann (Costa Rica/Deutschland), Claudete Beise Ulrich (Brasilien), Michael Grzonka (USA/Deutschland), John Itty (Indien), Cynthia Moe-Lobeda (USA), Craig Nessan (USA), Antonella Visintin (Italien), und Lauri Wirth (Brasilien).

Die weitere Präsentation im Buch folgt ebenfalls der obigen Dreiteilung in Analyse, Neuorientierung und der Vorstellung konkreter Alternativen. Die Beitragenden sowie ihre Beiträge in den jeweiligen Teilen wollen wir hier kurz vorstellen.

I Analyse

Antonella Visintin, Wirtschaftswissenschaftlerin, Italien, eröffnet den Analyseteil und skizziert die Entwicklung des globalen Wirtschaftssystems vom ordoliberalen Modell der Nachkriegszeit bis hin zur Durchsetzung des Neoliberalismus zu Beginn der 80er Jahre des letzten Jahrhunderts. Dabei schildert sie besonders die Rolle der US-Politik nach der Strategie des »Washingtoner Konsenses«. Ein zweiter Schwerpunkt des Artikels liegt bei der theologischen und kirchlichen Auseinandersetzung mit dieser Entwicklung. So erinnert Visintin zuerst an den Bonhoeffer-Zirkel und das Freiburger Memorandum von 1942–1943, das erheblich dazu beigetragen hat, die soziale Marktwirtschaft in Deutschland zu etablieren, sowie an das Accra-Bekenntnis des Reformierten Weltbunds von 2004 und die Kairos-Theologie der Ökumenischen Bewegung, die den neoliberalen Kapitalismus scharf verurteilten.

Klaus Simon, Informatiker und Mitglied der Akademie Solidarische Ökonomie, Deutschland, erläutert in seinem Beitrag die Grundmechanismen der kapitalistischen Finanzwirtschaft, insbesondere das Geldsystem, aber auch Phänomene wie Verschuldung, Inflation, Spekulation und Bankenwesen. Sobald Geld als zinsgenerierendes Kapital begriffen wurde, erforderte es eine Wirtschaft, die auf Wachstum ausgelegt ist, von der wiederum nur einige wenige Kapitaleigner profitieren. Neben der wachsenden sozialen Ungleichheit führen auch die Ausbeutung der Ressourcen und der Klimawandel die Wachstumswirtschaft in die Krise. Ein notwendiges »Schrumpfen der Wirtschaft« steht erhöhtem Investitionsbedarf entgegen. In einem zweiten Teil umreißt Simon unter dem Stichwort »Entkapitalisierung« die Umrisse eines künftigen Geldsystems.

II Neuorientierung

Norbert Bernholt, Volkswirtschaftler und Theologe, Geschäftsführer der Akademie Solidarische Gesellschaft, beleuchtet das bestehende, auf Wachstum angelegte kapitalistische Wirtschaftsmodell, von seinem geistesgeschichtlichen Hintergrund her. Das anthropozentrische Weltbild der Aufklärung und eine auf Effizienz und Wettbewerb reduzierte Vernunft führten zur Geburt des »homo oeconomicus«, der in einem ungebremsten und unregulierten Kapitalismus eine Ego-Gesellschaft hervorbringt. Bernholt setzt dem die Vision einer solidarischen Gesellschaft entgegen. Nicht der Gewinn des einzelnen Unternehmens oder der eigenen Kapitalgesellschaft sollte an oberster Stelle stehen, sondern die Förderung des Gemeinwohls. Dies erfordert notwendigerweise Transformationen im Verständnis von Demokratie, in der Arbeitswelt, im Geldsystem und der Funktion von Unternehmen.

Peter Ulrich, em. Professor für Wirtschaftsethik an der Hochschule St. Gallen, Schweiz, entwirft eine Skizze für alternatives Wirtschaften. Er fordert eine Postwachstumsökonomie, welche die sozialen und ökologischen Folgen der dominierenden Wachstumsideologie abfängt. Sie ist gesellschaftspolitisch und insbesondere einkommens- und eigentumspolitisch zu begründen. Ulrich umreißt dafür die nötigen politischen Weichenstellungen in den Feldern Arbeitszeit, Lohngestaltung, Grundeinkommen, Steuer- und Vermögensbildung, Eigentumsrecht und Unternehmensverfassungsrecht.

Christian Felber, Gründungsmitglied von Attac Österreich, Initiator der Gemeinwohl-Ökonomie und des Projekts Bank für Gemeinwohl, spitzt in seinem Beitrag die Kritik an der herrschenden neoklassischen Ökonomik zu: Nötig ist ein Paradigmenwechsel. Nicht länger kann das Ziel der Wirtschaft die immerwährende Steigerung des Wachstums sein, wenn der natürliche Ressourcenverbrauch an seine Grenzen stößt und soziale Ungleichheit und Unzufriedenheit beständig wachsen. Eine Postwachstumsökonomik muss das ausschließliche Kriterium des Bruttoinlandsprodukts (BIP) aufgeben und sich stattdessen am Gemeinwohl-produkt messen lassen. Dafür stellt Felber bereits vorhandenen Modelle wie das Bruttonationalglück des Staates Bhutan und zu entwickelnde Indikatoren dar – zentrale Elemente einer am Gemeinwohl orientierten Wirtschaft.

III Alternativmodelle

Wolfgang Kessler, Ökonom und Sozialwissenschaftler, Wirtschaftspublizist und ehemaliger Chefredakteur von Publik Forum, Deutschland, stellt in seinem Beitrag »Inseln der Veränderung – Über Alternativen im Kapitalismus und Alternativen zum Kapitalismus« die Grundfrage: Gibt es zum globalen Kapitalismus »Alternativen im Kapitalismus« oder sind »Alternativen zum Kapitalismus« nötig? Seine Antwort: Beides. Im Kapitalismus gibt es alternative Inseln wie z.B. die Baugrundbevorratung der Stadt Ulm, das Klimageld in der Schweiz und die Bürgerversicherung Österreichs. »Eine dauerhaft nachhaltige Wirtschafts- und Konsumweise, die die planetarischen Grenzen respektiert, wird jedoch nur erreicht, wenn dem Expansionsdrang des Konkurrenz- und Rendite-Kapitalismus Grenzen gesetzt werden.« Das erfordert den Umbau von Strukturen, staatliche Regulierungen und eine politische Rahmenplanung für die Wirtschaft – Maßnahmen, die sich den Prinzipien der kapitalistischen Logik entziehen. Kessler beschreibt die Ansätze eines anderen Bankenwesen, einer solidarischen Landwirtschaft und eines bedingungslosen Grundeinkommens gegen Armut.

Wilfried Knorr, Diplom-Pädagoge, ehem. Direktor der Diakonie Herzogsägmühle, Deutschland, führt in das Konzept der Gemeinwohl-Ökonomie ein. Es zielt auf ein Wirtschaften, das die planetaren Grenzen achtet, die im globalisierten kapitalistischen System ständig überschritten wurden. Das Kernstück des Konzepts ist die Gemeinwohl-Bilanz. Sie tritt neben die übliche Finanzbilanz und bezieht soziale und ökologische Kriterien ein wie Menschenwürde, Solidarität und Gerechtigkeit, ökologische Nachhaltigkeit und Transparenz/Mitentscheidung. An zwei konkreten Beispielen aus der Diakonie zeigt Knorr, wie ein Wirtschaften nach der Gemeinwohl-Bilanz sowohl für Individuen, Vereine und Organisationen als auch für politische Kommunen und Unternehmen möglich ist.

Unser letzter Beitrag widmet sich der praktischen Umsetzung der Gemeinwohl-Ökonomie am Beispiel eines konkreten Unternehmens. *Wolfgang Kessler* befragte in einem Interview *Antje von Dewitz*, die Geschäftsführerin von VAUDE (Outdoor-Bekleidung), nach ihren Erfahrungen mit der Einführung und Realisierung der Gemeinwohl-Bilanz. So bleibt das Alternativmodell der Gemeinwohl-Ökonomie nicht nur eine schöne Vision, sondern ein »best practice«-Modell.

So möge dieses Buch konkrete Anstöße geben für ein kritisches Überdenken einer fatalen Wirtschaftsweise und motivieren für entschlossene Neuansätze zu einer Wirtschaft, die sich am Gemeinwohl orientiert. Nicht zuletzt ist es der christliche Glaube, der eine Wirtschaft erfordert, die wirklich dem Leben dient.

M.H./M.G.
März 2025

10 Thesen zum »Schrei nach einer lebensdienlichen Wirtschaft« – Kurzform

Die Thesen:

1. Der Schrei nach Gerechtigkeit vor allem aus den Ländern des globalen Südens ist unüberhörbar geworden. Die Menschheit steht vor dem Abgrund sozialer Umwälzungen und weltweiter Zerstörung. Die großen Krisen der vergangenen beiden Jahrzehnte, Klimawandel, Finanzkrise, Pandemie und Migrationsströme, haben gezeigt, dass die internationale Wirtschafts- und Finanzarchitektur nicht nur überholt, sondern lebensbedrohend geworden ist. Die wirtschaftliche Globalisierung, die immerfort wachsenden Wohlstand versprochen hatte, hat ihre Grenzen überschritten und kippt in ihr Gegenteil um. Es ist höchste Zeit, nicht nur die Symptome zu bekämpfen, sondern die eigentlichen Ursachen dieses Umbruchs anzugehen. Die Menschheit und die Erde schreien nach fairen, gerechteren und nachhaltigeren Formen des Wirtschaftens.

2. Der ungebremste neoliberale Kapitalismus hat sich durch Deregulierung und Liberalisierung seines sozialen und ökologischen Rahmens entledigt. Maximale Profite in uneingeschränkten Märkten wurden zum alleinigen Maßstab des Erfolgs. Diese Wirtschaft ist wachstumssüchtig und hat sich von jedem höheren Ziel außerhalb der Gewinnmaximierung abgekoppelt. Die Auswirkungen sind deutlich sichtbar: Umweltverschmutzung und Ökozid, Geringschätzung nicht marktfähiger Werte, irreführende und fatale Fortschrittsmetriken, militärische Absicherung der globalen Märkte, Privatisierung von Allgemeinressourcen wie Wasser, Land, Gesundheitswesen etc. Die sozialen Auswirkungen dieses finanz-dominierten Kapitalismus sind himmelschreiende soziale Ungleichheit und Ungerechtigkeit, die ihrerseits den Aufschwung populistischer Bewegungen und autokratischer Regierungsformen provozieren – genau jene Bewegungen, die jetzt auf breiter Front unsere Demokratien bedrohen.

3. Seit über 40 Jahren verurteilen die Ökumenische Bewegung und die konfessionellen Kirchenbünde den »freien«, ungezügelten Marktkapitalismus als inakzeptable Weltwirtschaftsordnung. Gedankenlos verlangt er unendliche Opfer von den Armen und von Gottes Schöpfung und behauptet immer noch, die Schaffung von Reichtum und Überfluss werde die Welt retten. Die ökologische Todesspirale, die er in Gang gesetzt hat, ist nur in den Griff zu bekommen, wenn wir der Neugestaltung unserer wirtschaftlichen Rahmenbedingungen dringende Priorität einräumen.

4. Aus der Entwicklung des Kapitalismus vom frühneuzeitlichen Merkantilismus über den Industriekapitalismus und die soziale Marktwirtschaft bis hin zum heutigen Finanzkapitalismus ergeben sich drei grundlegende Einsichten: 1) Der unregulierte und absolute Wettbewerb führt zum »Krieg aller gegen alle« (Th. Hobbes); 2) Den Strukturen und Zwängen der neoliberalen Wirtschaftsform ist nicht durch moralische Appelle an die individuellen Akteure beizukommen, sondern nur durch eine Rahmenordnung, die alle verpflichtet; 3) Es bleibt Aufgabe der Politik, diesen Rahmen nachhaltig und lebensdienlich festzulegen. Politik muss diese Aufgabe wieder erfüllen lernen.

5. Unser Ziel ist es, in Zusammenarbeit mit Wirtschaftsexperten und -expertinnen klare Strategien und gangbare Wege zu entwickeln, wie unser gegenwärtiges Wirtschaftssystem transformiert werden kann. Es muss fähig werden, die existenziellen Krisen zu überwinden, die unsere Zukunft verdunkeln und das Leben auf unserem zerbrechlichen Planeten bedrohen. Die Grundlinien des christlichen Glaubens geben uns dafür eine krisenbewährte und verlässliche Orientierung:

6. Die Würde jedes Menschen, der Schutz der Natur, der Respekt vor dem Nächsten und die Hoffnung auf ein Leben in Gerechtigkeit und Frieden sind die leitenden Perspektiven jeder christlichen Ethik.

7. Der christliche Glaube steht damit quer zu allen sich absolut setzenden oder gar totalitären Systemen wie dem neoliberalen Modell des Finanzkapitalismus und drängt daher auf die Transformation dieser lebensbedrohenden Ökonomie.

8. Geist, Logik und Praxis der neoliberalen Wirtschaftsform sind grundlegend zu hinterfragen: Dem Geist des Eigennutzes ist der Geist des Gemeinwohls und der Lebensdienlichkeit entgegenzusetzen. Die Logik der Kapitalvermehrung und der Profitmaximierung um jeden Preis sind durch die Logik der Zwischenmenschlichkeit und der wechselseitigen Integration von Mensch und Umwelt zu überwinden. Die Praxis des sinnlosen und Ressourcen erschöpfenden Konsums um der Wirtschaft willen muss einer nachhaltigen wirtschaftlichen Praxis weichen, die das Netzwerk des Lebens schützt und unterstützt.

9. Im Sinn einer Ethik der Verantwortung fordern wir daher, eine sozial-ökologische Grundordnung für die nationalen und globalen Wirtschaftsaktivitäten zu entwerfen. Eine solche Ordnung muss die vier Grundsäulen des herrschenden kapitalistischen Systems – die Eigentums-, Geld- und Arbeitsordnung sowie den Umgang mit der Natur – neu ausrichten auf die Grundbedürfnisse aller Menschen und die Erhaltung ihrer Lebensgrundlagen. Die Freiheit aller handelnden Subjekte, die Verantwortung für ein gerechtes Zusammenleben sowie die Sorge für die Lebensmöglichkeiten zukünftiger Generationen sind nur gemeinsam zu realisieren.

10. Für die konkrete und sachgerechte Ausgestaltung einer solchen Grundordnung suchen wir die Zusammenarbeit mit sachkundigen Mitgliedern und Gruppen unserer Kirchen, mit alternativen Bewegungen und Organisationen sowie speziell mit Ökonomen, Wirtschaftsethikern und -instituten, die unsere Zielsetzung teilen. Unsere Erklärung *Der Schrei nach einer lebensdienlichen Wirtschaft* bietet eine ausführliche Analyse der Situation, fordert den Dialog und benennt dazu in einer offenen Liste erste Vorschläge für die Gestaltung einer neuen Wirtschaftsordnung.

Reformation radikalisieren – Der Schrei nach einer lebensdienlichen Wirtschaft

Theologische Perspektiven zur Überwindung
des neoliberalen Kapitalismus

Reformation radikalisieren

I. Die aktuelle Wirtschaftskrise

Zu Beginn des 21. Jahrhunderts steht die Menschheit vor dem Abgrund sozialer Umwälzungen und weltweiter Zerstörung. Die »Globalisierung 2.0«, die stetig wachsenden Wohlstand versprochen hatte, ist an ihre Grenzen gestoßen und droht in ihr Gegenteil umzufallen.

Wieder einmal ist diese Gefahr das Ergebnis der ungehemmten Hybris und Engstirnigkeit, die mit der Vergötterung des freien, ungebundenen und egoistischen Individuums einhergeht. Wieder einmal stellt diese Selbstvergötterung des menschlichen Egos den individuellen Eigennutz über das Gemeinwohl. Wieder einmal hat sich diese menschlichste aller Sünden global verbreitet und dieses Mal die systemische Form des neoliberalen Kapitalismus angenommen. Diese entartete Form der Verkehrswirtschaft erhob die uneingeschränkten Märkte zum alleinigen Maßstab des menschlichen Erfolgs. Sie machte die Märkte zur Arena einer »*stop-at-nothing*«-Wirtschaft, die sich von jedem höheren Ziel außerhalb der Gewinnmaximierung um jeden Preis abgekoppelt hat. Die Auswirkungen sind deutlich sichtbar: Wir sehen uns weltweit mit den negativen Folgen für die Wirtschaft, die Umwelt, die Zivilgesellschaft und das soziale Leben konfrontiert. Neu ist heute die technische Fähigkeit der Menschheit, unsere Kulturen, unseren Lebensraum und die Grundlagen des menschlichen Lebens auf der Erde nicht nur zu gefährden, sondern regelrecht auszulöschen. Einmal mehr schreit Gottes Schöpfung nach faireren, gerechteren und nachhaltigeren Formen des Wirtschaftens.

Seit etwa 40 Jahren, als der Ökumenische Rat der Kirchen 1983 in Vancouver tagte, hören weite Teile der Kirchen diesen Schrei – vor allem die Klagen unserer Geschwister in den Ländern des globalen Südens. 1997 rief der Reformierte Weltbund dezidiert zu einem »Prozess der Anerkennung, der Aufklärung und des Bekenntnisses zu wirtschaftlicher Ungerechtigkeit und ökologischer Zerstörung« auf, zu einem »*processus confessionis*«.[1] Die bewusste Wahl dieses theologisch bedeutsamen Begriffs bringt die Überzeugung zum Ausdruck, dass unser Glaube selbst und das Wesen der Kirche als Kirche durch die Wahl der wirtschaftlichen Organisation gefährdet ist. Die konfessionellen Bünde und die

---

1 Der Bekenntnischarakter dieses Disputs wird in den folgenden offiziellen Erklärungen erneut betont:
1997: Generalversammlung des Reformierten Weltbunds in Debrecen, Ungarn
1998: 8. Vollversammlung des Ökumenischen Rats der Kirchen in Harare, Simbabwe
2003: Vollversammlung des Lutherischen Weltbunds in Winnipeg, Kanada (»Die Ideologie der neoliberalen wirtschaftlichen Globalisierung ist Götzendienst«)
2004: Vollversammlung des Reformierten Weltbunds in Accra, Ghana (»Nein zur gegenwärtigen Weltwirtschaftsordnung«)
2006: 9. Vollversammlung des Ökumenischen Rats der Kirchen in Porto Alegre, Brasilien (AGAPE-Aufruf zur Alternativen Globalisierung im Dienst von Menschen und Erde)
2012: Die São Paulo-Erklärung »New International Financial and Economic Architecture« (NIFEA; früher Globale ökumenische Konferenz zum Bau einer neuen Wirtschafts- und Finanzarchitektur)
2013: 10. Vollversammlung des Ökumenischen Rats der Kirchen in Busan, Korea (für »eine Ökonomie des Lebens für alle«)
2013: Apostolisches Schreiben von Papst Franziskus »Evangelii Gaudium« (»Diese Wirtschaft tötet«), später erweitert:
2015: Enzyklika »Laudato si«.

ökumenische Bewegung sprechen daher mit einer Stimme und verurteilen den »freien«, ungezügelten Marktkapitalismus als inakzeptable Weltwirtschaftsordnung, weil er die neoliberale Ideologie sklavisch umsetzt. Er fordert unendliche Opfer von den Armen und von Gottes Schöpfung und behauptet fälschlicherweise, dass die Schaffung von Reichtum und Überfluss die Welt retten könnte.

Als sich ökumenische Organisationen weltweit für die Opfer dieses zunehmend imperialen Wirtschaftssystems einsetzten, war ihre Stimme unbequem und unerwünscht. Dennoch wächst die Zahl derer, die sich mit einem System überwerfen, das ihre Grundüberzeugungen und ihren Glauben so offenkundig und leichtfertig missachtet. Heute erkennen wir erneut, dass wir nur dann hoffen können, die ökologische Todesspirale, die der »Raubtierkapitalismus« in Gang gesetzt hat, in den Griff zu bekommen, wenn wir der Neugestaltung unserer wirtschaftlichen Rahmenbedingungen dringende Priorität einräumen. Mehr als jeder andere Aspekt des Lebens bestimmen die wirtschaftlichen Aktivitäten die Menschen, ihren Lebensraum und ihre jeweiligen Gesellschaften. Es war daher ein falscher und fehlerhafter Ansatz, unseren derzeitigen wirtschaftlichen Rahmen nicht in Frage zu stellen, wie es auf der jüngsten Vollversammlung des Ökumenischen Rates der Kirchen in Karlsruhe im Jahr 2022 geschah.

Zu Beginn der nächsten Phase des ÖRK zielt diese Erklärung darauf ab, diesen Fehler zu korrigieren, indem sie den bestehenden Dialog fördert und vorantreibt. Unser Ziel ist es, klare Strategien zu entwickeln und gangbare Wege aufzuzeigen, wie unser gegenwärtiges Wirtschaftssystem in eine Alternativwirtschaft umgewandelt werden kann, die mit dem Bekenntnis und Auftrag des christlichen Glaubens vereinbar ist; in eine Wirtschaft also, die dazu beiträgt, die existenzielle Krise zu überwinden, die sich heute so deutlich für unsere Zukunft abzeichnet und schon jetzt das gegenwärtige Leben auf unserem zerbrechlichen Planeten bedroht.

Wir laden alle Kirchen und sozialen Bewegungen ein, in diesen Dialog einzutreten und sich unserer Intention anzuschließen. Gottes Schöpfung braucht jede Hilfe, die sie bekommen kann. Zu diesem Zweck bitten wir Wirtschaftswissenschaftler und Personen mit wirtschaftlichem Sachverstand, sich an diesem Diskurs zu beteiligen, um unsere derzeitige Wirtschaftsordnung neu zu gestalten und eine humanere wirtschaftliche Leitidee zu entwerfen, die nachhaltig für das Wohlergehen des Einzelnen, der Gesellschaft und unserer Erde sorgt – wie wir das den Perspektiven des christlichen Glaubens entnehmen. (Mehr dazu weiter unten.)

Früher einmal

Wie konnte es zu dieser Überlebenskrise des Planeten und der Menschheit überhaupt kommen? Kurz nach dem Ersten Weltkrieg erreichte die »Globalisierung 1.0«[2] nach etwa fünfzig Jahren ihren Höhepunkt in den »Goldenen Zwanzigern« des 20. Jahrhunderts. Genau wie wir, erlebte die damalige Generation, wie ein Schub neuer Erfindungen die Weltwirtschaft und damit auch die Gesellschaften veränderte. Dank der großflächigen Verfügbarkeit von Elektrizität und Verbrennungsmotor wurde die Menschheit für immer verändert durch das Automobil, den Traktor, das Flugzeug, Kältetechnik, das Radio, das Telefon, die transatlantische Telegrafie, um nur einige zu nennen, und eine Fülle von Geräten, die die Arbeit im Haushalt erleichtern. Unter dem Schutz der »*Pax Britannica*« sorgte die britische Marine dafür, dass die globalen Handelswege zuverlässig und sicher waren. Der weltweite Handel, der durch die Ausbeutung der Kolonien der reichen Länder angekurbelt wurde, stieg in nie dagewesene Höhen.

Während dieser Fortschritt unbestreitbar viele Menschen aus der bitteren Armut befreite, brachte die heranreifende Globalisierung auch die absehbaren Verlierer hervor. Zum Beispiel machte das Verschwinden

2 Diese Episode im späten 19. und frühen 20. Jahrhundert ist tatsächlich die dritte oder vierte Globalisierung nach dem Römischen und dem Chinesischen Reich und der mittelalterlichen Expansion des Handelszeitalters nach der ersten Weltumsegelung im Jahr 1522.

des Pferdetransports nicht nur die Hersteller von Pferdekutschen überflüssig, sondern vernichtete in wenigen Jahren das gesamte landwirtschaftliche System, das auf dem Einsatz von Pferden im Transportwesen beruhte. Ungelernte Arbeitskräfte in der Landwirtschaft wurden in kürzester Zeit massenhaft arbeitslos, da sie für die neuen Technologien keine verwendbaren Fähigkeiten mehr besaßen.

Neben den sozialen Folgen der Arbeitslosigkeit führten auch Obdachlosigkeit, Vertreibung und Ernährungsunsicherheit zu völliger Hoffnungslosigkeit, Wut und Angst. Zum Zeitpunkt des Börsenkrachs von 1929 hatte sich in weiten Teilen der Bevölkerung Unzufriedenheit und regelrechte Feindseligkeit gegenüber den bestehenden demokratischen Regierungsformen breitgemacht. Während die Verlierer damals wie heute ein Leben in Mangel und Knappheit führen, müssen sie zugleich miterleben, wie die Gewinner der Globalisierung verschwenderisch und im Überfluss leben.

Als die »Große Depression« die Weltwirtschaft zu erdrosseln begann, erreichte die Ungleichheit in vielen Gesellschaften Ausmaße wie seit dem Mittelalter nicht mehr. Die Zahl der Demokratien sank von 24 im Jahr 1922 auf nur noch 9 im Jahr 1940. Gleichzeitig blühten autokratische Machthaber auf der ganzen Welt auf, wobei die Zahl der autokratischen Regierungen von nur 10 im Jahr 1922 auf 19 im Jahr 1929 und 27 im Jahr 1940 anstieg.[3] Zu ihnen gehörten Diktatoren wie Benito Mussolini in Italien, Adolf Hitler in Deutschland, Josef Stalin in der Sowjetunion und Francisco Franco in Spanien. Reitend auf der Welle blinder Wut und blinden Hasses brachten sie Millionen von Menschen dazu, auf ihre Freiheit zu verzichten, um im Gegenzug einfache, schnelle und falsche Antworten auf die komplexen Probleme der Welt zu erhalten.

---

3 Die Zahlen entstammen dem »Polity IV Project«. Dieses Projekt wurde von der Political Instability Task Force (PITF) gesponsert, die von der Central Intelligence Agency finanziert wird. Vgl. https://www.systemicpeace.org/. Zahlen und Zusammenfassung zitiert von Wolf, Martin. *The Crisis of Democratic Capitalism*. New York: Penguin Press, 2023, 43.

Einmal mehr

Nach einem halben Jahrhundert der Globalisierung befinden wir uns erneut im Zwielicht eines »*stop-at-nothing*« Kapitalismus, der alles überrollt und vor nichts zurückschreckt – diesmal entfaltet unter dem Schutz einer »Pax Americana«. Unsere Generation ist erneut Zeuge der atemberaubenden Entwicklung von Erfindungen wie dem globalen Flugverkehr, der Containerschifffahrt, dem Laser, der Mikroelektronik und dem Computer, dem Internet, dem Mobiltelefon, der Künstlichen Intelligenz und der privaten Raumfahrt. Die Kakophonie der allgegenwärtigen sozialen Medien hat unserer Zeit das angetan, was das Radio in den 1930er Jahren mit den Zeitungen gemacht hat: Sie hat das Konzept einer gemeinsamen, handlungsleitenden, faktischen Wahrheit abgeschafft, die die Realität zutreffend erklärt.

Die Reagan-Thatcher-Revolution in den 1980er Jahren stellte die Behauptung auf, dass die Regierung das eigentliche Problem der Wirtschaftskrise sei. Seitdem versichern ihre Anhänger unentwegt, dass die Regierung nie klein genug und die Steuern nie niedrig genug sein können. Gepaart mit einer Unterfinanzierung der Vollzugsbehörden öffnete eine Welle der »Deregulierung« die Tür für die schier endlose Abfolge von Unternehmensexzessen, die wir seither erleben. Rückblickend betrachtet, haben Reagan in den USA und Thatcher in Großbritannien mit der rigorosen Umsetzung der neoliberalen Agenda begonnen, die ganz bewusst die Profite über die Bedürfnisse der Menschen stellt und weiterhin weltweit metastasiert. Der Zusammenbruch der zentral gesteuerten Volkswirtschaften in Osteuropa seit 1989 fachte dieses Strohfeuer weiter an. Das »Ende der Geschichte« war angeblich gekommen und hatte für immer bewiesen, dass der »Laissez-faire«-Kapitalismus das überlegene Wirtschaftssystem sei: Es würde unweigerlich auch jenen Millionen Menschen den Genuss einer liberalen Demokratie bringen, die diese bisher nicht erfahren hatten. Diese Hybris brach jedoch in der »Großen Rezession« von 2008/2009 zusammen, und mehr als ein Jahrzehnt später haben wir immer noch mit ihren Folgen zu kämpfen.

Wieder einmal wurde es den Konzernen erlaubt, das Haus, in dem wir alle leben, zum Einsturz zu bringen. Geschwächte und finanziell gelähmte Regierungen trugen das Ihre dazu bei. Und wieder einmal werden wir Zeugen der Wut und der Angst derjenigen, die durch die neuen Technologien verdrängt wurden, die arbeitslos und unbrauchbar gemacht und von dieser Wirtschaft abgelehnt und im Stich gelassen wurden. Vom Fortschritt dequalifiziert, von der Machtstruktur enteignet und durch das Verschwinden des sozialen Zusammenhalts voneinander isoliert, erleben wir erneut, wie Massen von Menschen ihrer Zukunft und der ihrer Nachkommen beraubt werden.

Und wie schon im 20. Jahrhundert sind die Zurückgebliebenen und Zurückgefallenen – in vielen Gesellschaften inzwischen die Mehrheit ihrer Bürger – nicht bereit, ihr Schicksal stillschweigend hinzunehmen. Seit der wirtschaftlichen Katastrophe von 2008/2009 erleben wir weltweit einen Aufschwung populistischer Bewegungen, die starke Persönlichkeiten und Autokraten an die Regierungsmacht bringen. Sie schüren die öffentliche Wut, die Fremdenfeindlichkeit und die Vorurteile gegenüber Minderheiten und verfolgen eine nativistische Identitätspolitik, die sich nur in den Methoden und der Technik von den Präzedenzfällen der 1920er Jahre unterscheidet.

Woher wissen wir das? Die Beratungen der Weltkirchenkonferenz des ÖRK in Oxford, England, im Jahr 1937[4] und die frühesten, protestantisch inspirierten Entwürfe für die deutsche Nachkriegsgesellschaft und -wirtschaft[5] liefern klare Analysen. Ihre Ermahnungen zu Gegen-

4 Universal Christian Council for Life and Work. Conference 1937, Oxford, England. »The Oxford Conference (Official Report)«, hg. v. Oldham, J.H. Chicago, New York, Willett, Clark & Company, 1937. Zugang: http://archive.org/details/oxfordconferenceoouniv. Vgl. besonders den »Report of the Section on Church, Community and State in relation to the economic order«, 75–112.

5 Denkschrift des Freiburger »Bonhoeffer-Kreises«. »Politische Gemeinschaftsordnung. Ein Versuch zur Selbstbesinnung des christlichen Gewissens in den politischen Nöten unserer Zeit«, eingeleitet von Helmut Thielicke, mit einem Nachwort von Philipp von Bismarck, Tübingen: J.C.B. Mohr (Paul Siebeck),

aktionen und Präventionsmaßnahmen gegen eine Wiederholung der wirtschaftlichen Fehlentscheidungen haben bis heute nichts von ihrer Aktualität verloren. Wie konnten wir trotzdem einmal mehr an diesen kritischen Punkt gelangen?

1. Der Verfall der Wirtschaft zum neoliberalen Finanzkapitalismus

Bei aller Vielfalt hatten die meisten vormodernen Gesellschaften eines gemeinsam: eine stagnierende Subsistenzwirtschaft ohne wirkliches Wachstum. Meist agrarisch geprägt, ging es darum, den Status quo unter oft widrigen Bedingungen zu erhalten. Die meisten waren nicht in der Lage, Ausfälle durch Missernten oder Verluste an Menschen, Nahrungsmitteln oder Ausrüstung durch Kriege zu kompensieren. Solche Engpässe verschlimmerten die Lage aller, und die Unterversorgung mit wichtigen Gütern führte regelmäßig zu Hungersnöten, Migrationen, Konflikten, Epidemien und Tod.

Volkswirtschaften ohne Wachstum sind in der Regel Nullsummenspiele: Jeder materielle Gewinn für eine Partei kann nur dadurch erzielt werden, dass er einer anderen Partei weggenommen wird. Im Zusammenhang mit den Märkten für Lebensmittel zum Beispiel sahen wachstumslose Volkswirtschaften den Wettbewerb als Motor für Gier und Egoismus. Künstlich erzeugtes Unheil und Knappheit wurden für Preiswucher und wirtschaftlichen Gewinn genutzt. Dies griff bereits Martin Luther in seinen Traktaten auf. Sie befassten sich mit den wirtschaftlichen Fragen seiner Zeit und hatten in der Regel den Charakter von Ermahnungen, die sich auf biblische Weisungen stützten.[6] Seine

---

1979. Der Anhang 4 »Wirtschafts- und Sozialordnung«, 128–149. Vgl. Dazu auch Grzonka, Michael T. »The Freiburg ›Bonhoeffer Circle‹ (1943) on Theology and Germany's Economic Order«. *Lutheran Quarterly* 32, No. 4 (2018): 371–97. https://doi.org/10.1353/lut.2018.0060.

6 Vgl. z.B. Luther, Martin. »Von Kauffshandlung und Wucher«, *Weimarer Aus-*

Leser und Leserinnen waren die wirtschaftlichen Akteure der vormodernen Gesellschaften: Gewerbetreibende, Menschen, die Geld liehen oder verliehen, und Beamte, die mit der Schaffung und Durchsetzung von Wirtschaftsrecht und Wirtschaftsordnung befasst waren. Daher appellierte Luther meistens an ihr christliches Gewissen und forderte sie auf, das Gebot der Nächstenliebe zu befolgen. Daneben geißelte Luther aber auch mit großer Hellsichtigkeit die Prinzipien und Folgen der entstehenden kapitalistischen Strukturen und wetterte gegen ihre Profiteure.

Für Luther war es die Motivation der wirtschaftlichen Akteure, die über die ethische Qualität der wirtschaftlichen Tätigkeit entscheidet. Wenn die Motivation der Wirtschaftsakteure sündhaft ist, müssen auch die wirtschaftlichen Ergebnisse verdammenswert sein: »Ein schlechter Baum trägt keine gute Frucht. Ein guter Baum trägt keine schlechte Frucht.«[7]

Darum hatten viele vormoderne Gesellschaften informelle soziale Kontrollen eingesetzt, um die individuelle Rechtstreue der Wirtschaftsakteure sicherzustellen. Traditionell wurden viele solcher Kontrollen von Kirchen und geistlichen Gemeinschaften verbreitet und sozial durchgesetzt. Luthers Wittenberg zum Beispiel war mit seinen 2300 Einwohnern noch überschaubar genug, so dass jede/r über die (Misse-)Taten der anderen Bescheid wusste. Viele von Luthers Predigten waren also auch als soziale Kontrolle gedacht und als solche in einer Gesellschaft von Gläubigen wirksam.

---

gabe (WA) 15, 293–322 oder Auszug in: Hoffmann, Martin. *Studienbuch Martin Luther. Originaltexte und Deutungen.* Gütersloh: Gütersloher Verlagshaus, 2014, 210–213.

7 Luther, Martin. »Von der Freiheit eines Christenmenschen«, *WA* 7, 32.

Das Aufkommen von Wettbewerb und Wachstumsökonomie[8]

Im Gegensatz dazu sind soziale Kontrollen in modernen Gesellschaften unwirksam. Das liegt nicht nur daran, dass sich die Menschen in Großstädten voneinander entfremden und kaum noch die Namen der Nachbarn kennen. Vielmehr sind die wirtschaftlichen Aktivitäten in modernen Gesellschaften durch eine tiefgreifende Arbeitsteilung innerhalb von dynamischen, weitreichenden Handelsbeziehungen gekennzeichnet – man denke nur an globale Lieferketten. Wirtschaftliche Transaktionen beruhen routinemäßig auf Menschen, die man nicht kennt, nicht zu kennen braucht und oft auch nicht kennen will.

Wie *Adam Smith* 1776 erkannte – im Gegensatz zur Ökonomie zu Luthers Zeiten – hängt der materielle Nutzen moderner Volkswirtschaften gerade nicht vom Wohlwollen der Wirtschaftsakteure ab, sondern davon, dass sie zuverlässig ihren eigenen Interessen folgen. Smith stellte fest, was moderne Gesellschaften am stärksten auszeichnet: die Einführung des Wettbewerbs in der Wirtschaft. Denn es ist der Wettbewerb, der die Gier und den Egoismus z.B. eines bestimmten Metzgers, Bäckers oder Brauers zügelt und jeden daran hindert, das zu verlangen, was er will. Wir brauchen nicht mehr an ihre Selbstbeherrschung zu appellieren, denn es ist die allgegenwärtige Bedrohung durch einen noch eifrigeren, noch egoistischeren Konkurrenten, der bereit ist, ihnen das Geschäft zu verderben, die dafür sorgt, dass niemand zu viel verlangt. In den Worten von Franz Böhm, einem der Architekten der Freiburger Wirtschaftsschule, ist der Wettbewerb das »wunderbarste Entmachtungsinstrument«, das die Menschheit je erfunden hat.[9]

---

8 Dieser Abschnitt orientiert sich an Enste, Dominik und Karl Homann. *Ökonomik und Theologie.* https://www.romanherzoginstitut.de/publikationen/detail/oekonomik-und-theologie.html.

9 Böhm, Franz. »Demokratie und ökonomische Macht«, in: Institut für ausländisches und internationales Wirtschaftsrecht, Hg., *Kartelle und Monopole im modernen Recht.* Karlsruhe: C.F. Müller, 1961, Bd. 1, 3–24; Zitat 22.

Doch entgegen der landläufigen Meinung ist Wettbewerb kein Selbstläufer, und wie *Thomas Hobbes* schon 1651 wusste, führt grenzenloser Wettbewerb zum »Krieg aller gegen alle«.[10] Um einen fairen und produktiven Wettbewerb aufrechtzuerhalten, bedarf es vielmehr guter Kartellgesetze und der zu ihrer aktiven Durchsetzung fähigen Institutionen. Nur dann werden sich die egoistischen Instinkte der Wirtschaftsakteure nicht gegeneinander wenden, und der individuelle Missbrauch von Marktmacht wird begrenzt. Ohne Regeldurchsetzung verkommen die Märkte im Laufe der Zeit zu Räumen, in denen private wirtschaftliche Machtcluster so dominant werden, dass sie den Märkten zur eigenen Gewinnmaximierung ungestraft ihre Preise diktieren. Von den vielen Verzerrungen, die in der wirtschaftlichen Realität zu finden sind, ermöglicht nur ein Leistungswettbewerb auf der Grundlage des Produkts oder der Dienstleistung eine faire Preisgestaltung. Jeder Anbieter, der ein besseres Produkt zu einem niedrigeren Preis anbietet, zwingt seine Konkurrenten, diesem Beispiel zu folgen, oder er wird aus dem Markt gedrängt. Die persönliche Moral der Akteure darf bei Entscheidungen keine Rolle mehr spielen.[11] Dieser Zwang zur unentwegten Selbstverbesserung und Gewinnsteigerung ist der Mechanismus, der die Verkehrswirtschaft steuert. Er garantiert einen ständigen Innovations- und Kostensenkungsdruck. Er gibt vor, dass nur die Preisbildung auf Märkten, auf denen dieser sogenannte »Leistungswettbewerb« regiert[12], sich dem

10 Hobbes, Thomas. *Leviathan, or The Matter, Forme, & Power of a Common-Wealth* […]. London: A. Crooke, 1651, part. 1, chapter XIII, »Of the Natural Condition of Mankind as Concerning Their Felicity and Misery« https://www.bartleby.com/lit-hub/hc/of-man-being-the-first-part-of-leviathan/chapter-xiii-10.

11 Dies ist in der Tat die Einsicht, die in dem berühmten Zitat von Adam Smith zum Ausdruck kommt: Wir verlassen uns eben nicht auf die Moral des Metzgers oder des Bäckers, um uns zu bedienen, sondern auf ihren Egoismus.

12 »Marktpreise«, die sich frei bilden, stehen im Gegensatz zu Preisen, die von Kartellen, Monopolen und anderer privater Wirtschaftsmacht festgelegt werden.

»gerechten Preis« am stärksten annähert, den die mittelalterliche Scholastik als *pretium iustum* im Auge hatte.

(1) Als *erste Erkenntnis* aus unserer Analyse können wir daher feststellen: Unter den Bedingungen des perfekten Wettbewerbs ist die persönliche Moral der einzelnen Akteure nicht ausschlaggebend für die Erzielung wünschenswerter materieller Ergebnisse.

Mit anderen Worten: Moderne Gesellschaften und ihre Verkehrswirtschaften nutzen routinemäßig die Aktivitäten egoistischer Wirtschaftsakteure, um ausreichend und zuverlässig materielle Ergebnisse zu produzieren, die die Gesellschaft für moralisch richtig und wünschenswert hält. Diese Einsicht bleibt für viele im religiösen Bereich problematisch: Moderne Märkte, die unsere täglichen Bedürfnisse befriedigen, scheinen dies um den moralischen Preis zu tun, dass sie egoistisches, antagonistisches Verhalten fördern – das genaue Gegenteil dessen, was eine religiöse Moral verlangt.

Doch die Nutzung des Wettbewerbs auf diese Weise hat eine Kehrseite. Der allgegenwärtige Wettbewerb stellt eine neue Schwachstelle für moderne Wirtschaftsakteure dar, die sich zu moralischem Handeln entschließen: Wettbewerb bietet weniger moralischen Konkurrenten einen Anreiz, jede freiwillige moralische Handlung rücksichtslos auszunutzen. Das heißt: Moralisch motiviertes Verhalten, das über das hinausgeht, wofür die Kunden zu zahlen bereit sind, kann von weniger moralischen Konkurrenten ausgenutzt werden. Wenn sich die Gelegenheit bietet, werden diese – unbelastet von (christlicher) moralischer Reue – ihre Chance ergreifen, »billiger zu verkaufen«, indem sie die Umwelt stärker verschmutzen, Mitarbeiter betrügen oder entlassen und gegebenenfalls die Aufsichtsbehörden täuschen. Weniger moralische Konkurrenten werden also moralischen Akteuren wirtschaftlich schaden, indem sie ihnen Geschäfte wegnehmen. Mit der Zeit laufen moralische Akteure, die nicht willens oder in der Lage sind, ihr Verhalten zu ändern, Gefahr, ganz von den Märkten verdrängt zu werden. Dies hat Konsequenzen. In einem Wettbewerbssystem ohne Gesetze zur Begrenzung der Umweltverschmutzung ist es zum Beispiel sicher, dass das schmutzigste, billigste Produktionsverfahren die Szene beherrschen wird – denn niemand kann es sich leisten, sauberere, aber teurere Alternativen zu verwenden.

(2) Als *zweite Erkenntnis* aus unserer Analyse folgt:

Moralisches Verhalten in wettbewerbsorientierten Volkswirtschaften verlagert sich von der Ebene der einzelnen Wirtschaftsakteure auf die übergeordnete Ebene der Regeln für ihr Zusammenspiel.

Wie im Sport müssen wir zwischen den Spielregeln, die von einem Schiedsrichter durchgesetzt werden, und den Spielzügen der Spieler innerhalb dieser Regeln unterscheiden. Diese Idee hat die Mitte der 1930er Jahre in Deutschland entwickelte Freiburger Schule der Wirtschaft stark beeinflusst.[13] Ihre Entwürfe sahen einen Staat vor, der die Spielregeln festlegt, einen Staat, der nicht zu stark, aber stark genug ist, um seine Regeln entschlossen durchzusetzen und ein faires wirtschaftliches Spiel für alle Spieler zu gewährleisten. Dieser Entwurf einer neuen Wirtschaftsordnung wurde noch während des Zweiten Weltkrieges auf Betreiben der Bekennenden Kirche[14] im Geheimen ausgearbeitet. Er bildete die theoretische Grundlage für die Soziale Marktwirtschaft in Westdeutschland nach dem Krieg und das nachfolgende Wirtschaftswunder. Die Weiterentwicklungen dieses Freiburger Konzepts prägen heute auch die europäische Idee einer wirtschaftlichen Rahmenordnung.

(3) Als *dritte Erkenntnis* aus dieser kurzen Analyse folgt somit:

Der beobachtbare Mangel an moralischem Verhalten auf unbeschränkten Märkten ist also nicht auf ein moralisches Versagen der Akteure zurückzuführen: Es ist ein Versäumnis der Politik, die Spielregeln richtig festzulegen.

Die Forschung hat gezeigt, dass das scheinbar rücksichtslose Verhalten der Akteure die einzige Möglichkeit ist, sich selbst und ihre Orga-

13 Eucken, Walter. *Die Grundlagen der Nationalökonomie*, 9. Aufl., Berlin/Heidelberg: Springer 1989.

14 Grzonka »The Freiburg ›Bonhoeffer Circle‹«, 371–97.

nisationen davor zu schützen, von weniger moralischen Konkurrenten ausgenutzt zu werden.[15] Daraus folgt, dass ethisches Verhalten nicht einfach von Wirtschaftsakteuren erwartet werden kann, sondern dass ethische Maßstäbe bereits in die Spielregeln eingebaut werden müssen. Der Staat muss entsprechend fähig und bereit sein, diese Regeln gegen den ausdauernden, mächtigen und gut finanzierten Widerstand aller Spieler durchzusetzen. Hinzu kommt, dass in einem wirtschaftlichen Umfeld mit laxer oder fehlender Durchsetzung der Regeln die rücksichtslosesten Spieler, die das System überlisten und manipulieren, am meisten profitieren und so mit der Zeit und vorhersehbar eine beherrschende Stellung auf ihren Märkten erlangen.

Wir müssen uns bewusstmachen, dass jede »Markt«-Wirtschaft so konzipiert ist, dass jeder Wirtschaftsakteur selbst entscheidet, welche Produkte und Dienstleistungen er anbietet und konsumiert, welche Forschungsideen er verfolgt und welche er aufgibt. In jeder unserer Marktwirtschaften ist dieser Wettbewerbsmechanismus in die Regeln unseres derzeitigen Wirtschaftssystems eingebaut, um ständige Innovationen für bessere und billigere Produkte und Dienstleistungen zu gewährleisten. Dieses Wettbewerbskonzept hat sich als überlegen gegenüber Varianten

15 Die allgemeine Situation ist als Gefangenendilemma bekannt, ein spieltheoretisches Modell von Kooperation und Konflikt, das 1950 von der RAND Corporation entwickelt wurde. Die »dominante Strategie« für jeden Akteur ist die »präventive Gegendefektion«. Im wirtschaftlichen Kontext zwingt dies zu Kostensenkungen durch Innovation oder Automatisierung zum frühestmöglichen Zeitpunkt und um jeden Preis, solange die Kosten nicht in der Bilanz des Unternehmens erscheinen. So müssen Arbeitgeber beispielsweise Arbeitnehmer entlassen, die durch die Automatisierung überflüssig werden. Sie tun dies so schnell wie möglich und kommen dabei den Konkurrenten nach Möglichkeit zuvor. In einem solchen Kontext ist das Unglück der arbeitslosen Arbeitnehmer für ihre ehemaligen Arbeitgeber nicht von Belang und darf auch nicht von Belang sein. Die gleiche Logik gilt für billigere Produktionsverfahren, die die Umwelt stärker belasten: Solange die Kosten für die Umweltverschmutzung außerhalb der Unternehmensbilanzen liegen, müssen die Unternehmen solche Verfahren so schnell und so gründlich wie möglich einführen – oder sie riskieren, von Konkurrenten, die ihnen zuvorkommen, geschädigt zu werden.

der zentralen Planung erwiesen, da es sich als widerstandsfähig gegenüber ungeplanten und sogar unvorhersehbaren negativen Einflüssen erwiesen hat. Wie in der Corona-Krise demonstriert, passt es auch das Angebot in Echtzeit an: Es ist genau das wettbewerbsorientierte Design unserer Volkswirtschaften, das wirksame COVID-Impfstoffe in riesigen Mengen innerhalb weniger Monate als Reaktion auf eine neue, tödliche Bedrohung der Menschheit bereitstellte.

Deshalb ist bei aller Kritik und bei aller berechtigten Forderung nach notwendigen und überfälligen Veränderungen darauf zu achten, dass dieser Vorteil nicht verspielt wird, wenn wir eine gerechtere, nachhaltige Wirtschaft anstreben, die wieder allen heute lebenden Menschen sowie der Bewahrung der Erde für künftige Generationen und allen Mitbewohnern dieses Planeten dient.

Rückfall in den »Laissez Faire«-Kapitalismus

Zu Beginn des 21. Jahrhunderts hat die kaum gezügelte politische Einflussnahme von Konzernen erneut eine globale private Macht hervorgebracht, die in ihrem Streben nach noch größeren Gewinnen die meisten Regierungen übervorteilt und ausmanövriert. In vielen Ländern, vor allem in den Vereinigten Staaten, hat diese wirtschaftliche Stärke die Hebel der Macht durch regulatorische und politische Vereinnahmung an sich gerissen. Im letzten halben Jahrhundert hat diese Wirtschaftsmacht eine Kultur des »laissez faire«, der Deregulierung und der laxen oder fehlenden Durchsetzung von Rahmenrichtlinien eingeführt. Die Befürworter behaupteten entgegen zahlreicher historischer Beweise das Erlangen eines »natürlichen Gleichgewichts«, einer Harmonie, die die Märkte von selbst finden würden, wenn sie nur von staatlicher Einmischung befreit wären.

Das Ergebnis ist eine Re-Feudalisierung der Gesellschaft, bei der persönliche Freiheit erneut durch un-gewählte Autoritäten beschnitten wird, dieses Mal eben aus dem Bereich der Privatwirtschaft. Wie ihre aristokratischen Vorgänger beeinflussen die neuen, privaten Machthaber die Gesetzgebung, die Justiz und den Vollstreckungsapparat, um ihre Gewinne weiter zu steigern, oft auf Kosten der Armen oder der Allgemeinheit.

Das Ergebnis ist eine übergroße Ungleichheit der Chancen und des materiellen Wohlstands, wie es sie seit einem Jahrhundert nicht mehr gegeben hat. In vielen Ländern wird die Ungleichheit sichtbar durch den Kollaps sozialer Mobilität zwischen den Generationen, ein miserables allgemeines Gesundheitssystem sowie niedrige oder gar rückläufige (USA) Lebenserwartung.

Wie zuvor haben die Deregulierung und Liberalisierung der Geschäftspraktiken von angeblichen staatlichen »Einmischungen« nur die »Märkte« befreit – nicht jedoch die Menschen selbst. In der Tat haben die jüngsten finanziellen »Innovationen« der Derivate den neoliberalen Kapitalismus auf eine neue, höhere Stufe gehoben. Der größte Teil der Weltwirtschaft erwirtschaftet nun Gewinne, indem er auf Wahrscheinlichkeiten von zukünftiger Knappheit oder Überfluss wettet, die in keiner Beziehung mehr zu irgendeinem materiellen Nutzen für die reale Welt stehen. Diese neue Wirtschaft existiert nur um ihrer selbst willen, sie maximiert den Shareholder Value auf Kosten aller anderen Interessengruppen und dient nicht mehr den greifbaren materiellen Bedürfnissen der Menschen. Der heutige Neoliberalismus, die völlige Deregulierung und Liberalisierung der Märkte in Verbindung mit der Privatisierung von Gewinnen, gedeiht nur zu dem Zweck der Kapitalakkumulation und berauscht sich daran. Die weitere Vermehrung des bereits übergroßen privaten Reichtums einiger weniger beeinträchtigt dabei nur allzu oft das Wohlergehen der vielen.

Die daraus resultierenden extremen, strukturellen und tief verwurzelten Ungleichheiten und ihre sozialen Folgen vergiften heute erneut unsere Gesellschaften. So wie ihr sozialer Zusammenhalt mit dem größten Teil der Zivilgesellschaft schwindet, fallen ihre Gemeinschaften in den »Krieg aller gegen alle« zurück, den Thomas Hobbes im 17. Jahrhundert beobachtet hatte. Diesmal wird dieser Krieg jedoch global geführt, mit weltweiten Folgen von generationsübergreifender Dauer.

2. Konkrete Herausforderungen und Scheitern des neoliberalen Wirtschaftssystems

a. Herausforderungen für die Umwelt und andere Lebewesen

Klimakrise

> »Die Auswirkungen des Klimawandels und die Umweltbedrohungen stehen in komplexer Wechselwirkung mit anderen Faktoren, was zu kaskadenartigen Risiken in verschiedenen Sektoren und Regionen führt!«[16]

Auf seiner Vollversammlung im September 2022 bezeichnete der Ökumenische Rat der Kirchen den Klimawandel als die vielleicht größte Herausforderung für die Menschheit:

> »In den Beziehungen der Menschheit zur Erde ist eine Krise zu einem globalen Notfall geworden, weil diese Generation es versäumt hat, ... die beispiellose Bedrohung durch den Klimawandel zu erkennen und die Maßnahmen auf staatlicher und gesellschaftlicher Ebene zu ergreifen, die notwendig sind, um ihn abzuwenden.«

Die Erklärung beschreibt die Auswirkungen auf die weltweite Nahrungsmittelversorgung als eine Auswirkung von plötzlicher und unmittelbarer Konsequenz:

---

16 Die folgenden Zitate stammen aus: Ökumenischer Rat der Kirchen, Vollversammlung 2022. »The Living Planet: Seeking a Just and Sustainable Global Community«. https://www.oikoumene.org/resources/documents/the-living-planet-seeking-a-just-and-sustainable-global-community, 9, und »The Things That Make for Peace: Moving The World to Reconciliation and Unity«. https://www.oikoumene.org/resources/documents/the-things-that-make-for-peace-moving-the-world-to-reconciliation-and-unity.

Der globale Klimawandel – und die immer häufigeren und schwereren Naturkatastrophen, die er hervorruft – ist beispielsweise eine der Hauptursachen für den Hunger in der Welt, hat aber in Verbindung mit Konflikten und den anhaltenden wirtschaftlichen Auswirkungen der Covid-19-Pandemie zu einer verschärften globalen Nahrungsmittelkrise geführt.[17]
Gleichzeitig schwächt die zunehmende Entwaldung die Widerstandsfähigkeit der Erde und beschleunigt den katastrophalen Verlust der biologischen Vielfalt, während die Umweltverschmutzung durch Mikroplastik und chemische Schadstoffe das Wohlergehen von Mensch und Umwelt weiter gefährdet. Eine sich verschlechternde Umwelt und die Verringerung der Fähigkeit der Erde, menschliche Gemeinschaften zu ernähren, erhöhen im Übrigen das Risiko bewaffneter Konflikte aufgrund des zunehmenden Wettbewerbs um Wasser, Nahrung, Land und andere lebenswichtige Ressourcen.[18]

Der ÖRK hat die gegenwärtig vorherrschenden ungerechten und nicht nachhaltigen Wirtschaftsmodelle als die Hauptursachen der Klima- und

---

17 »Schätzungsweise 828 Millionen Menschen sind derzeit von Hunger betroffen, und die Unterernährungsrate, die in den letzten fünf Jahren stabil geblieben war, ist um 1,5 % auf 9,9 % gestiegen. Sollte die globale Durchschnittstemperatur gegenüber dem vorindustriellen Niveau um 2°C ansteigen, werden voraussichtlich weitere 189 Millionen Menschen in den Hunger getrieben. In einer 4°C wärmeren Welt könnte diese Zahl auf schwindelerregende 1,8 Milliarden ansteigen. 10 % der Weltbevölkerung besitzen 75 % des gesamten Vermögens, erhalten 50 % des gesamten Einkommens und sind für fast die Hälfte aller Kohlenstoffemissionen verantwortlich.[18] Diese Zahlen stellen eine monumentale Ungerechtigkeit dar. ... Die Fortsetzung unseres zerstörerischen Weges ist ein Verbrechen – gegen die Armen und Schwachen, gegen diejenigen, die am wenigsten für die Krise verantwortlich sind, aber ihre schwersten Auswirkungen zu tragen haben, gegen unsere Kinder und künftigen Generationen und gegen die lebendige Welt.« ÖRK, »The Living Planet«, 10f. Die Daten stammen aus dem *World Inequality Report 2022*, herausgegeben von Chancel, Lucas, Thomas Piketty, Emmanuel Saez, Gabriel Zucman. Harvard University Press.

18 ÖRK, »The Things That Make for Peace«.

Umweltkrise erkannt und zu einem dringenden »Systemwechsel« aufgerufen.

Umweltverschmutzung und Ökozid

> Die Schöpfung (die natürlichen Elemente und Lebewesen) wird in Zeiten des Friedens und in Zeiten des Krieges ohne Unterlass zum Opfer gemacht.[19]

Die UN-Prozesse zur Schaffung eines rechtlichen Rahmens für eine verbindliche »Allgemeine Erklärung der Rechte von Mutter Erde«[20] sind ebenso zu fördern wie ein System der internationalen Rechtsprechung zur Erde. Ebenso müssen wir die Möglichkeiten eines UN-Rates für die Rechte der Natur und die Anerkennung von Ökozid als Straftatbestand vor dem Internationalen Gerichtshof prüfen.

b. Herausforderungen für unser soziales Gefüge

Soziale Ungerechtigkeit und Ungleichheit

> Wirtschaftliche Ungerechtigkeit, Ungleichheit und die Kluft zwischen den wenigen Reichsten und der überwältigenden Mehrheit der anderen hat sich insbesondere während der Covid-19-Pandemie und in jüngster Zeit durch den Krieg in der Ukraine erheblich vergrößert.

19 Vgl. ÖRK. »Kairos for Creation – Confessing the hope of earth«, Wuppertal, 2019. https://www.oikoumene.org/es/resources/documents/kairos-for-creation-confessing-hope-for-the-earth-the-wuppertal-call.

20 Cochabamba 2010. Vgl. https://www.garn.org/universal-declaration-for-the-rights-of-mother-earth/.

Der *World Inequality Report 2022*[21] zeigt, dass die reichsten 10 % der Weltbevölkerung derzeit 52 % des Welteinkommens beziehen, während die ärmste Hälfte der Bevölkerung 8,5 % davon verdient, und dass die ärmste Hälfte der Weltbevölkerung kaum Vermögen besitzt – nur 2 % des gesamten Vermögens – , während die reichsten 10 % der Weltbevölkerung 76 % des gesamten Vermögens besitzen. Die Einkommens- und Vermögensungleichheit nimmt seit den 1980er Jahren fast überall zu, hat sich in den letzten Jahren erheblich verschärft und erreicht derzeit fast das Niveau des frühen 20. Jahrhunderts, auf dem Höhepunkt des westlichen Imperialismus von »Globalisierung 1.0«.

Diese Ungleichheit ist nicht unvermeidlich, sondern eine politische und (un)moralische Entscheidung mit schwerwiegenden Folgen für soziale Stabilität, Frieden und Gerechtigkeit. Obwohl man sich 2021 auf einen weltweiten Mindeststeuersatz von 15 % geeinigt hat, umgehen Unternehmen und die reichsten Privatpersonen weiterhin routinemäßig die Besteuerung, indem sie Steuerparadiese und andere Techniken nutzen. Der Ruf nach Steuergerechtigkeit verhallt weitgehend ungehört.

In einer finanz-dominierten Wirtschaft ist der größte Teil des Geldes nicht in realen Vermögenswerten oder Produkten gebunden, sondern in so genannten »Derivaten«, von denen viele rein spekulative Wetten auf die künftigen Preise der zugrunde liegenden realen Güter sind. Wenn der Wert der zugrundeliegenden Vermögenswerte unklar wird oder die Vermögenswerte ganz verschwinden, können solche Wetten über Nacht wertlos werden und viele Institutionen, die sie halten, gehen mit ihnen unter – so wie es bei der »Großen Rezession« von 2008–2009 geschah.[22]

---

21 Oben zitiert, vgl. Fußnote 13.

22 King, Mervyn. *The End of Alchemy: Money, Banking, and the Future of the Global Economy*. New York, N.Y./London: W. W. Norton & Company, 2016. 26–39. Siehe auch seine brillante Erklärung von Derivatwetten auf Seite 143.

Schwindender Raum für nicht marktfähiges Vermögen

Bevor der Markt eine hegemoniale Stellung einnahm, genossen die Menschen ihr Wohlergehen, indem sie einen nicht-marktfähigen Reichtum wie gegenseitige Liebe und Fürsorge in ihren Gemeinschaften praktizierten. Dies ist ein Teil des spirituellen Reichtums, von dem die Bibel berichtet, und er ist für die Bildung, die Stärke und den Fortbestand gesunder Gesellschaften unerlässlich. Diese Form des Reichtums kann jedoch nicht gehandelt werden: Er lebt in den Räumen und Beziehungen, die die Menschen miteinander verbinden und das Gewebe bilden, das die Gesellschaften zusammenhält, und nicht in wirtschaftlichen Transaktionen zwischen ihren Mitgliedern.[23]

Infolgedessen verschwindet in den vom Marktdenken kolonisierten Gesellschaften – Kenneth Galbraith nannte sie »Marktgesellschaften« – der Raum für die Kultivierung und das Teilen dieser Form des Reichtums. Der Übergang von einer »Marktwirtschaft« zu einer »Marktgesellschaft« bringt den Austausch sozialer Werte gegen einen Marktwert mit sich, der jeden zu einem Konkurrenten für jeden anderen macht. Trotz ihres materiellen Überflusses leiden Marktgesellschaften unter bröckelndem sozialen Zusammenhalt und schwindenden Zugehörigkeitsgefühl – mit entsprechenden sozialen Missständen. Wie ein kontrastverstärkendes Mittel hat die Covid-Pandemie die psychologischen Folgen dieser sozialen Erosion sichtbar gemacht, die bereits so viele, vor allem »westliche« Gesellschaften plagt. Der neoliberale Kapitalismus verspricht, dass die Menschen ihr Wohlbefinden steigern können, indem sie mehr produzieren und konsumieren. Dieser Weg ist ein falsches Versprechen, das nur in die bereits erwähnte *Hobbes*'sche Wildnis führt. Schon Jesus hatte gelehrt: »Der Mensch lebt nicht vom Brot allein« (Mt 4,4). Wenn man es »den Märkten« überlässt, werden viele der dringendsten Probleme der Menschheit nicht gelöst, sondern ins Extrem getrieben.

23 Sandel, Michael J. *Was man für Geld nicht kaufen kann: die moralischen Grenzen des Marktes*. Berlin: Ullstein, 2017.

c. Fortschrittsmetriken, die das Allgemeinwohl ausschließen

Die Erkenntnis des sozialen Verfalls in Marktgesellschaften wird in der Regel durch Fortschrittsmetriken verdeckt, die ebenfalls aus dem Marktdenken abgeleitet sind. Jahrzehntelang haben wir das Bruttoinlandsprodukt (BIP) als einzigen Maßstab für das menschliche Wohlergehen verwendet. Je mehr und je größer es ist, desto besser, versicherten wir uns gegenseitig. Doch diese eindimensionale Sichtweise lässt den Preis außer Acht, mit dem unser »Fortschritt« so oft erkauft wird. Klar ist: Die Wahl geeigneter sozioökonomischer Indikatoren zur Messung des gesellschaftlichen Fortschritts und Wohlstands ist eine politische Entscheidung. Wenn man beispielsweise nur die extrem hohen amerikanischen Pro-Kopf-Ausgaben für die Gesundheitsversorgung lobt, ohne zu erwähnen, dass diese Ausgaben leider nur Schlusslicht-Resultate bei der Lebenserwartung der Bürger, der Kindersterblichkeit, der Müttersterblichkeit oder der Todesfälle durch vermeidbare Krankheiten erkaufen[24], so ist das bewusste Irreführung. Das BIP ist, wie schon seine Erfinder warnten, ein irreführender und unzureichender Maßstab für Fortschritt und Wohlstand.

Glücklicherweise ist die weltweite Diskussion über die Ersetzung des BIP durch ganzheitlichere Messgrößen bereits weit fortgeschritten. So hat beispielsweise die Regierung von Bhutan 2008 das Bruttonationalglück (*Gross National Happiness*, GNH) als Leitgröße für eine bessere Zukunft eingeführt. Im Jahr 2011 forderten die Vereinten Nationen ihre

---

24 Nach Angaben der OECD liegen die Vereinigten Staaten – trotz fast doppelt so hoher Pro-Kopf-Ausgaben für das Gesundheitswesen wie das zweitplatzierte Land – bei der Sterblichkeit aufgrund vermeidbarer und behandelbarer Ursachen immer noch weit unter dem OECD-Durchschnitt. Vgl. https://www.oecd-ilibrary.org/sites/3b4fdbf2-en/index.html?itemId=/content/component/3b4fdbf2-en https://doi.org/10.1787/888934014973. Daten zur Lebenserwartung, Kindersterblichkeit und Gesundheit von Müttern sind aus derselben Quelle verfügbar. Zu den Kosten des Gesundheitswesens: OECD (2023), Gesundheitsausgaben (Indikator). https://doi.org/10.1787/8643de7e-en (Abgerufen am 10. April 2023).

Mitglieder auf, dem Beispiel Bhutans zu folgen und das GNH als ganzheitlichere Messgröße für die nationale Entwicklung zu verwenden.[25] Es wurden viele zusätzliche und relevante Konzepte vorgeschlagen, die der reinen Messung der Wirtschaftsleistung weit überlegen sind.[26] Es ist hohe Zeit das BIP durch eine Reihe sozioökonomischer Indikatoren aus dieser Liste zu ersetzen, die den Regierungen sinnvolle Maßzahlen für eine gerechtere, nachhaltige Zukunft geben, die das Wohlergehen aller verbessert. Es dürfte kein Zufall sein, dass es die überwiegend lutherischen Länder im Norden Europas sind, die seit vielen Jahren die Spitzenplätze im *World Happiness Index* belegen, wobei Finnland zum sechsten Mal in Folge an der Spitze steht.[27]

Hegemonie des Marktes mit militärischer Unterstützung

Es ist die Hegemonie des Marktes, die eine Gemeinwohlorientierung der Wirtschaft blockiert. Das Angebot steuert die Nachfrage, transnationale Unternehmen sind der Vorposten der Staaten (historisch gesehen, oft mit christlichen Missionaren im Schlepptau), nicht unähnlich den Handelsgesellschaften im 16. Jahrhundert. Der hegemoniale Markt entscheidet darüber, was, wie und für wen produziert werden soll. Er lenkt die Mobilisierung, Kontrolle und Preisgestaltung von Ressourcen und Produkten im Interesse der Großkonzerne und steuert die Kapitalflüsse. Letztendlich unterwirft er auch das politische System, das Parlament, die Exekutive, die Medien und sogar die Denkweise der Justiz seinen Eigeninteressen.

25 UN-Generalversammlung. *Resolution 65/309,* »Happiness: towards a holistic approach to development«. Verfügbar unter: https://documents-dds-ny.un.org/doc/UNDOC/GEN/N11/420/70/PDF/N1142070.pdf?OpenElement

26 Für eine aktuelle Zusammenfassung siehe Piketty, Thomas. *A Brief History of Equality*. Translated by Steven Rendall. Cambridge, Massachusetts: The Belknap Press of Harvard University Press, 2022. 21–29.

27 World Happiness Report 2023, verfügbar unter: https://worldhappiness.report/news/happiest-countries-prove-resilient-despite-overlapping-crises/.

»Globalisierung und Militarisierung sollten als zwei Seiten derselben Medaille betrachtet werden. Auf der einen Seite fördert die Globalisierung die Bedingungen, die zu Unruhen, Ungleichheit, Konflikten und letztlich zu Krieg führen. Auf der anderen Seite fördert die Globalisierung die Mittel zur Kriegsführung, indem sie die für die Herstellung hochentwickelter Waffen erforderliche Rüstungsindustrie schützt und fördert. Die Waffen werden eingesetzt – oder ihr Einsatz wird angedroht –, um die Investitionen transnationaler Konzerne und ihre Aktien zu schützen.«[28]

»Erhöhte Militärausgaben« – im globalen Kontext – »gehen unweigerlich auf Kosten wesentlicher Investitionen in die Friedenskonsolidierung, in die Beseitigung extremer Armut, in Klimaschutzmaßnahmen, in einen gerechten Übergang zu erneuerbaren Energien und in andere Investitionen in nachhaltige Entwicklung und wirtschaftliche Gerechtigkeit, die für echte menschliche Sicherheit und globale Stabilität notwendig sind. Die Umlenkung von noch mehr finanziellen Mitteln weg von diesen Zielen und hin zu den Mitteln der Kriegsführung ist selbstzerstörerisch und inakzeptabel.«[29]

d. Herausforderungen durch Anhäufung und Privatisierung von Ressourcen

Privateigentum

Die marktorientierte Wirtschaft beruht auf dem Glauben, dass die Institution des Privateigentums unveräußerlich und gottgegeben ist. Die Privatisierung natürlicher Ressourcen, die nicht von Menschenhand geschaffen wurden, verweigert das Recht auf freien Zugang und läuft auf die Konfiszierung von gemeinsamen, lebenserhalten-

---

28 Staples, Steven. »Neoliberalism, Militarism, and Armed Conflict«, *Social Justice Magazine*, Vol.27, No.4 (2000), 18.

29 ÖRK, »Things that make for peace«.

den Gütern durch unkontrollierte, private Macht (einschließlich Unternehmen) hinaus.

Obwohl eine gewisse Form von Privateigentumsrechten notwendig erscheint, um die Produktion von mehr Wohlstand zu ermöglichen, werden in vielen Ländern diese privaten Eigentumsrechte zum unhinterfragbaren Prinzip erhoben. Wir sind der Meinung, dass das Eigentum an Grund und Boden oder auf sauberes Wasser anders behandelt werden muss als von Menschen geschaffene Dinge, die man besitzen kann. Land ist ebenso wie Wasser für die Erhaltung des Lebens von Menschen, Tieren und Pflanzen unerlässlich. Der freie Zugang zu Wasser ist das Geburtsrecht aller lebenden Organismen. Weder Regierungen noch private Machtballungen haben das Recht, solche Güter zu privatisieren. Da es sich nicht um von Menschenhand geschaffene Güter handelt, sollten Einzelpersonen nicht das absolute Recht haben, sie zu besitzen und zu kontrollieren, denn wer Land und Wasser kontrolliert, kontrolliert indirekt auch die Menschen und ihr Wohlergehen.

Vor allem in Agrargesellschaften verschärft die private Aneignung von Land die Ungleichheit bei der Verteilung von Reichtum und Macht und trägt wesentlich zum Anstieg von Hunger und Obdachlosigkeit bei. Gleichzeitig wird Landbesitz zur Quelle politischer Macht. Absolute und uneingeschränkte Rechte an Land sind aus sozialer und ethischer Sicht unproduktiv und ungerecht.

Daher bestimmt die Frage, wer die Kontrolle über Land ausübt – wie viel, zu welchem Zweck und für wie lange – das Leben der Menschen, den Grad der sozialen Gerechtigkeit und die Struktur des politischen Systems. Dies erfordert eine soziale Kontrolle über den Besitz und die Nutzung von Land – vor allem in Volkswirtschaften, die von der Nutzung des Bodens und seiner Produkte bestimmt werden.

In den industrialisierten Gesellschaften ist das Eigentum an Grund und Boden in der Regel nur *eine* Form des Eigentums an den Produktionsmitteln. Und während Technologie und Innovation die Art der Produktionsmittel ständig neugestalten, bleiben die Kontrolle der Besitzenden und die Folgen für die Besitzlosen außen vor. Wie bei den landwirtschaftlichen Ressourcen kommt es auch hier nicht darauf an, wer diese Ressourcen formell besitzt, sondern wer kontrolliert, wofür sie eingesetzt werden. Zwar fallen Eigentum und Kontrolle oft zusammen, doch ist dies keine Selbstverständlichkeit: Der Besitz von Aktien eines Unternehmens in einem Investmentfonds beispielsweise überlässt die Kontrolle in der Regel immer noch den Managern des Unternehmens; und obwohl darauf geachtet wird, die Interessen des Managements mit denen der Aktionäre in Einklang zu bringen, verzichtet dieses Konzept in der Praxis oft auf nachhaltige, langfristige Vorteile für verantwortungsbewusste Eigentümer, um kurzfristige Gewinne für Manager und Spekulanten zu erzielen.

Privatisierung des Gesundheitswesens

> Unter dem Einfluss der neoliberalen Wirtschaftspolitik verfolgen viele Regierungen die Politik der Kommerzialisierung des Gesundheitswesens.

Im Gegensatz zu allen anderen Früchten der Entwicklung wie Einkommen, Beschäftigung, Wohlstand, Bildung, Wasser, Energie usw. können persönliche Gesundheit und Wohlbefinden nicht einfach wie andere individuelle Güter gekauft werden. Ein gesundes und hygienisches Umfeld, das eine Voraussetzung für die Gesundheit der Menschen ist, ist keine handelbare Ware. In einem ungesunden Umfeld können weder die Kaufkraft des Einzelnen noch die Verfügbarkeit von Gesundheitseinrichtungen die Freiheit von Krankheiten garantieren.

Während die Pflegestandards nach oben angepasst werden müssen, um den technischen und medizinischen Möglichkeiten zu folgen, muss sich der Preis für eine angemessene Pflege nach der Zahlungsfähigkeit des Einzelnen richten. Marktorientierte Beiträge zu einem Gesundheitssystem haben ihren Platz, zum Beispiel bei der gewinnorientierten Entwicklung neuer Medikamente und Impfstoffe. Aber es ist unverantwortlich, die Ergebnisse der Gesundheitsversorgung den Marktkräften zu überlassen, da dies praktisch dazu führt, dass eine angemessene Versorgung nur denjenigen vorbehalten bleibt, die sie zu Marktpreisen bezahlen können.[30] Auf diese Weise verdammt die Privatisierung des Gesundheitswesens viele dazu, an behandelbaren und vermeidbaren Krankheiten zu sterben.[31] Deshalb fordern wir ein System, das eine bezahlbare und verfügbare Gesundheitsversorgung für alle garantiert.

Bedrohungen für die Demokratie

> Die allgegenwärtige Allianz wirtschaftlicher, politischer und religiöser Mächte in Form von Plutokratie und des Klientelkapitalismus bedroht das demokratische System.

Die liberale Demokratie in Verbindung mit einer »laissez-faire«-Marktwirtschaft führt unweigerlich zu einer Koalition der wirtschaftlichen Eliten mit der politischen Macht. Dadurch wird die Politik der Nationalstaaten so umgestaltet, dass sie den Interessen der Mächtigen auf Kosten der breiten Bürgerschaft dient. In Ländern, die von Wirtschaftskrisen betroffen sind, zwingt dies demokratische Regierungen oft dazu, einen Teil ihrer Macht mit großen Unternehmen und internationalen Kredit- und Regulierungsinstitutionen zu teilen. In der Vergangenheit wurden Institutionen wie die Weltbank, der Internationale Währungsfonds (IWF) und die Welthandelsorganisation (WTO) von den wirtschaftlich dominierenden Ländern der Welt instrumentalisiert, um Nationalstaaten und Volkswirtschaften ihren Interessen zu unterwerfen. Dies hat in der Regel die wirtschaftliche Notlage auf Kosten der lokalen Bevölkerung verschärft. Bedauerlicherweise versäumen es die herrschenden Religionen und Kirchen oft, sich für die Opfer einer solchen Politik einzusetzen. Stattdessen legitimieren sie unheilige und undemokratische

---

30 Siehe oben unter »Fortschrittsmetriken, die das Allgemeinwohl ausschließen«, Text zu Fußnote 24.

31 Vgl. Fußnote 19.

Allianzen von Wirtschaft und Staat, die einer echten demokratischen Beteiligung an der Regierung zuwiderlaufen.

Die geoökonomischen Verwerfungen der letzten Jahre haben unerwartet die global vernetzte Weltwirtschaft erschüttert: Die Covid-19-Pandemie hat dramatisch gezeigt, wie verletzlich wir sind, wenn globale Lieferketten zusammenbrechen. In einer immer stärker polarisierten Welt werden wirtschaftliche Entscheidungen politisiert, vor allem von kleinen und mittleren Staaten, abhängig davon, wo sie ihre Loyalität platzieren wollen. Die digitale Automatisierung in den Industrieländern erhöht nicht nur die wirtschaftliche Abhängigkeit der Länder des globalen Südens; wo ihr erlaubt wird, ungemildert durchzuschlagen, verschärft sie in den Industrieländern die materielle Ungleichheit und verschlechtert das Wohlergehen vieler. Die Wut und der blinde Zorn derjenigen, die – oft zu Recht – erkennen, dass »das System« manipuliert und nun gegen sie agiert, werden vorhersehbar vom einem Rechtspopulismus und seinen trügerischen Verschwörungstheorien ausgenutzt werden. Unter solchen Umständen wird die liberale Demokratie nur allzu leicht unter dem Jubel der Massen durch eine autokratische Herrschaft der einen oder anderen Form hinweggefegt.[32] Die Deglobalisierung darf nicht durch nationalistische Volkswirtschaften ersetzt werden, deren Autarkiestreben nur um den Preis einer Aushöhlung demokratischer Freiheiten sowie der regionalen Vernetzung und des Handels zu haben ist.

Wir brauchen daher dringend eine regelbasierte Wirtschaftsordnung, die offen bleibt für einen fairen, nachhaltigen und für beide Seiten vorteilhaften internationalen Handel.

---

32 Wolf. Martin. *The Crisis of Democratic Capitalism*, New York: Penguin Press, 2023.

II. Theologische Perspektiven auf Wirtschaft

Die Existenzkrise der Menschheit und des Planeten vor Augen, ausgelöst durch die Dominanz einer neoliberalen kapitalistischen Marktwirtschaft, fragen wir nach Lösungspotential aus Sicht des christlichen Glaubens bzw. einer theologischen Ethik. Haben beide Sichtweisen überhaupt etwas miteinander zu tun? Dazu sechs Thesen.

These 1: Theologie als kritische und transformatorische Perspektive

> Der christliche Glaube fragt nach Grund, Sinn und Ziel des Lebens unter der Voraussetzung einer transzendenten Perspektive, d.h. einer Erschließung von Sinn und Ziel aus der Beziehung zu einem transzendenten Grund allen Seins, den wir in Gott erkennen. Damit entfaltet die Theologie, die Reflexionsgestalt des Glaubens, eine kritische und transformatorische Sicht auf alle selbstmächtigen oder sogar totalitären Systeme.

Diese Sicht widerspricht der Entwicklung, die die Ökonomie in der Moderne hin zu einem eigengesetzlichen Bereich der Gesellschaft genommen hat. Die technische und wirtschaftliche Modernisierung hat bereichsspezifische Rationalitäten hervorgebracht, die in den jeweiligen gesellschaftlichen Sub-Systemen herrschen und sich allgemeingesellschaftlichen Normen und Wertorientierungen entziehen. Das Sub-System der Wirtschaft folgt seinen »Sachgesetzlichkeiten«, vor allem der Effizienz und Gewinnmaximierung, die als unangreifbar, unhinterfragbar und unreformierbar dargestellt werden. Mögliche Kritik wird mit dem Hinweis auf wachsenden Wohlstand als alleiniges Ziel des Wirtschaftens abgetan. Dies sind Kennzeichen eines hegemonialen oder totalitären Systems. Das Sub-System Wirtschaft, das an einem umfassenden Sinnzusammenhang orientiert und insofern dem Allgemeinwohl verpflichtet war, hat sich in ein Gesamtsystem verwandelt, das alle Lebensbereiche als bloße Funktionszusammenhänge umdefiniert und so seinen Prinzipien und Kriterien unterwirft. Dies ist der tragische Übergang zu einer »Marktgesellschaft«, zur Ökonomisierung aller Lebensbereiche,[33] eine Sichtweise, die das Sachzwangdenken und den Glauben an den totalen Markt zur Ideologie erhebt.

Der Eigengesetzlichkeit des Bereichs Wirtschaft ist aus christlicher Sicht zu widersprechen. Auch die Ökonomie muss wie alle anderen Lebensbereiche an einer übergreifenden Zielsetzung ausgerichtet werden.

These 2: Eine Wirtschaft, die dem Leben dient

> Angesichts der zivilisatorischen Überlebenskrise kann die Zielsetzung der verschiedenen Lebensbereiche nur Lebensdienlichkeit heißen. Auch die Wirtschaft ist nur dann lebensdienlich, wenn sie sich am Gemeinwohl ausrichtet, statt an Kapitalvermehrung und Gewinnmaximierung.

Es war bereits die Erkenntnis der Reformatoren, dass die drei Institutionen der damaligen Gesellschaft, Staat, Kirche und Wirtschaft, einem ethischen Orientierungsrahmen verpflichtet sind, den sie – biblisch argumentierend – Gottes Willen entnahmen. So soll der Staat für Frieden und Ordnung sorgen, die Kirche für die geistliche Dimension des Lebens und die Wirtschaft für das Gemeinwohl. Durch alle drei Institutionen, so argumentierte Martin Luther, will Gott sein Reich in der Welt aufbauen. Dies geschieht aber immer in Auseinandersetzung mit den Mächten »des Bösen«, die den Staat in Diktatur verwandeln, die Kirche in falsche, selbstgefällige Kirche und die Wirtschaft in institutionalisierte Gewinnsucht. Dies geißelt Luther als dämonische Verzerrung.

---

33 Dies ist die Erschaffung von »Marktgesellschaft«; siehe oben unter »Schwindender Raum für nicht marktfähiges Vermögen«

Christliche Personen sind aufgerufen, in allen drei Institutionen mit dem Auftrag zu leben, sich für die jeweils positive Seite zu engagieren.

Auch wenn sich in der Moderne die Ständegesellschaft zu pluralen Öffentlichkeiten mit funktionalen Systemen und Subsystemen weiterentwickelte, so bleibt doch die Einsicht bestehen, dass die verschiedenen Lebensbereiche eine politische, soziale und ethische Wertorientierung als Orientierungsrahmen brauchen, um eine für alle lebensfördernde und lebensdienliche Gesellschaft zu bilden. Aus christlicher Sicht vereint die Orientierung an Gottes Willen, wie er z.B. in den 10 Geboten und der Bergpredigt aufleuchtet, das Leitbild eines guten Lebens mit der Orientierung an einem gerechten Zusammenleben. Luther hatte dies in Jesu Forderung erkannt: »Trachtet zuerst nach dem Reich Gottes und seiner Gerechtigkeit« (Mt 6,33). In einem Satz werden hier die Dimensionen eines guten Lebens und eines gerechten Zusammenlebens als Schlüsselfragen benannt.

These 3: Die neoliberale Wirtschaft vor den Sinn- und Legitimationsfragen

> Die beiden Grundfragen jeder politischen Ethik sind auch an die Wirtschaft zu richten: die Sinnfragen und die Legitimitätsfragen.[34]

Sinnfragen sind z.B.: Wie wollen wir die lebensbedrohlichen Krisen der Welt überwinden und in Zukunft leben (Frage nach dem kulturellen Lebensentwurf)? Wie und wofür wollen wir den technologischen Fortschritt sinnvoll nutzen? Welche gesellschaftlichen Werte sind wirtschaftend zu schaffen?

Legitimitätsfragen sind z.B.: Für wen sind Werte zu schaffen (Frage nach dem Leitbild einer gerechten Gesellschaft)? Wie sind Kosten und Nutzen der ökonomischen und ökologischen Entwicklung gerecht zu

34 Vgl. Ulrich, Peter. *Zivilisierte Marktwirtschaft. Eine wirtschaftsethische Orientierung*. Freiburg i.B.: Herder, 2005, 28.

verteilen? Welche internationalen Rahmenbedingungen sind für eine gerechte (Welt-) Wirtschaftsordnung notwendig?

Von diesen Grundfragen aus ist theologisch der Geist, die Logik und die Praxis unseres aktuellen Wirtschaftssystems zu hinterfragen, das unverkennbar neoliberal und geldgetrieben ist.

These 4: Das geistige Prinzip des Neoliberalismus als Götzendienst

> Die endlose Kapitalvermehrung ist das geistige Prinzip, das das kapitalistische Wirtschaftssystem seit ihren frühen regionalisierten Anfängen im 11. Jahrhundert über den liberalen Industriekapitalismus und die soziale Marktwirtschaft bis hin zum neoliberalen Finanzkapitalismus treibt. Es erfordert ein permanentes Wirtschaftswachstum. Die in der Moderne propagierten Ideale von Vernunft, Fortschritt und Freiheit werden im Zug der Kapitalismusentwicklung diesem Geist unterworfen: Aus autonomer Vernunft wird ökonomische Rationalität, aus humanem Fortschritt Wirtschaftswachstum und aus bürgerlicher Freiheit Marktfreiheit.[35] Die aktuellen Überlebensprobleme von Mensch und Natur erweisen jedoch diese Leitgrößen der Wirtschaft als blinden Glauben an eine Ideologie, die zum kollektiven Selbstmord führt.

Dem ist aus christlicher Sicht von zwei Seiten her zu widersprechen und zu widerstehen: Zum einen aus ideologiekritischer Sicht. Die »unsichtbare Hand des Marktes« (Adam Smith), die in allmächtiger Weise den Ausgleich zwischen Eigeninteresse und Allgemeinwohl herstellt, wird immer mehr zum göttlichen Prinzip erhoben. Zu ihm gibt es angeblich keine Alternative (TINA-Prinzip: *There is no alternative*). Der Lutherische Weltbund hatte dies schon auf seiner Vollversammlung in Winnipeg 2003 als

35 Vgl. ebd., 17f.

»Götzendienst« deklariert. Theologisch beruht diese Kritik auf dem ersten und grundlegenden Gebot »Ich bin der Herr, dein Gott. Du sollst keine anderen Götter neben mir haben« (Ex 20,2f.), wie das bereits Martin Luther zur Entstehungszeit des Frühkapitalismus hervorhob. Er erkannte, dass nicht nur einzelne Wirtschaftspraktiken zu kritisieren sind, sondern die Grundannahmen der Ökonomie und der Geist dahinter. So bezieht er die Wirtschaftsthematik auf das erste Gebot. Damit wird die Ökonomie unter dem Stichwort »Mammon« zu einem Problem im Bereich der Rede von Gott.[36] Es wandelt sich von einem ethischen zu einem theologischen Problem. Luther setzt der ideologischen Rechtfertigung des Kapitals, das auf Akkumulation ausgelegt ist, Widerstand entgegen, indem er es der Kritik des göttlichen Gebots unterzieht. Es ist grobe Abgötterei, da die meisten Menschen Gott verachten und dem Mammon anhängen und ihre eigene Gerechtigkeit anbeten.

> Es ist mancher, der meinet, er habe Gott und alles genug, wenn er Geld und Gut hat; er verlässt und brüstet sich darauf so steif und sicher, dass er auf niemand etwas gibt. Siehe: dieser hat auch einen Gott, der heißet Mammon, das ist Geld und Gut, darauf er all sein Herz setzet, welches auch der allergewöhnlichste Abgott auf Erden ist.[37]

Die Grundeinstellung oder der Geist kapitalistischen Wirtschaftens wird beim Namen genannt: die absolute Ich-Bezogenheit und der Eigennutz. Das kennzeichnet den Menschen und eine Institution, die auf sich selbst vertrauen und sich selbst zum Gott machen will. Denn worauf ein Mensch traut und sich verlässt, das ist sein Gott. Wohl wird in einer wachstumsorientierten Wirtschaft das »Wohl aller« als Ziel ausgegeben, faktisch aber profitieren vor allem die Großkonzerne und ihre sogenannten Shareholder. Aber nur ein kleiner Teil der Bürger sind auch

---

36 See for example: Phillips, Matt. »Goldman Sachs' Blankfein on Banking: ›Doing God's Work.‹« *Wall Street Journal*, November 9, 2009, sec. Marketbeat Blog. https://www.wsj.com/articles/BL-MB-13358.

37 Luther, Martin. *Großer Katechismus*, WA 30/I, 133.

Aktionäre. Sowohl die immer größer werdende Armut-Reichtums-Schere, vor allem in den Ländern der südlichen Hemisphäre, als auch die katastrophale Zerstörung der Lebensgrundlagen zeigen, dass sowohl die Sinnfrage der Wirtschaft (das Wohl aller) als auch die Legitimitätsfrage (wie kommt es zu einer gerechten Verteilung der Güter und der Lasten?) von diesem System missachtet werden.

Dem Geist des Eigennutzes und der Ich-Bezogenheit ist zum Zweiten der Geist des Gemeinwohls und der Lebensdienlichkeit entgegenzusetzen. Die Grundnorm christlicher Ethik, die Nächstenliebe, ist in sozialen Zusammenhängen als Gerechtigkeitsstreben und Solidarität zu übersetzen. Luther hatte bereits explizit das Gebot der Nächstenhilfe aus der Bergpredigt zur Leitperspektive für wirtschaftliches Handeln erhoben (vgl. Mt 5,40–42). Von ihr aus kritisierte er die neu entstandenen kapitalistischen Wirtschaftspraktiken seiner Zeit: den Zinswucher, die Schuldenpraxis, die Monopolbildung von Handels- und Kapitalgesellschaften, die Differenzierung der Bankgeschäfte (z.B. Wechsel als Zahlungsmittel) sowie Preismanipulationen und Betrug.[38] Sie realisierten für ihn den Geist des Eigennutzes. Die Orientierung am Gemeinwohl erfordert demgegenüber Solidarität mit den Schwachen der Gesellschaft, die Suche nach gerechter Verteilung der Güter (Legitimitätsfrage) und beantwortet die Sinnfrage mit dem guten Leben für alle. Auf diese Weise ist der Primat einer politischen Ethik über den instrumentellen Geist einer reinen Marktwirtschaft zurückzugewinnen.

These 5: Die Logik des Neoliberalismus vs. Logik der Zwischenmenschlichkeit und Naturintegrität

Die Logik des neoliberalen Wirtschaftssystems ist die Logik der ökonomischen Rationalität, die auf einer Absolutsetzung des autonomen Subjekts beruht. Sie muss aus christlicher Sicht durch eine

38 Vgl. Luther, »Von Kaufhandlung und Wucher«. *WA* 15, 293–313.

Logik der Zwischenmenschlichkeit und wechselseitiger Integration von Mensch und Umwelt überwunden werden.

Die Voraussetzung der ökonomischen Logik der Moderne ist die Grundfigur der Subjektivität, die Spaltung von Ich und Du bzw. von Subjekt und Objekt. Wird die Autonomie des handelnden und wirtschaftenden Subjekts behauptet, so werden Mitmenschen zu Konkurrenten und die Natur zum Ressourcenlager, offen für jedermann. Ökonomie als Wissenschaft wird dementsprechend zur Lehre vom rationalen Handeln reduziert. Dabei gilt als rationales Handeln, den größtmöglichen Nutzen mit geringstmöglichem Mitteleinsatz zu erzielen. Rationales Handeln ist darum nicht mehr als berechnendes, kalkulierendes Denken und Handeln. Es basiert auf Macht und Interessen. Es zählt, was nützt. Die Erfolgs- und Gewinnmaximierung wird zum obersten Ziel, Effizienz und Wettbewerbsfähigkeit zu den leitenden Prinzipien. Das rationale Handeln folgt den Erfordernissen des freien Marktes. Er sorgt für einen Vorteilstausch zwischen eigennützigen Spielern, nicht für wechselseitiges Interesse. So verwandeln sich auch die Handelnden selbst in kalkulierende und eigennützige Subjekte. Eine rein materialistische Profitkalkulation beraubt jedoch die Vernunft ihrer Menschlichkeit.

Diese Verkürzung und Entstellung der Vernunft muss überwunden werden in einer neuen Kultur des Lebens, dem auch die Wirtschaft dient. *Zwischenmenschlichkeit und Umweltintegration*, die mehr ist als bloße Umweltverträglichkeit, resultieren aus der Sicht christlicher Ethik aus einer Transformierung des Denkens und Handelns. Das zentrale Symbol dafür ist das Kreuz Jesu.

Es war die berechnende Vernunft, menschliche Weisheit, die Jesus und sein »Lebensprogramm« ans Kreuz gebracht hat. Für das römische Imperium war es vernünftig, Rebellen zu beseitigen, für die Hohenpriester vernünftig, dass einer stirbt und nicht das ganze Volk. Der rationale Vorteilstausch – Tod gegen Ruhe – dominierte das Handeln, die neue Menschlichkeit in Leben und Botschaft Jesu blieb auf der Strecke.

So offenbart die bloß berechnende Rationalität ihre Grausamkeit und Lebensfeindlichkeit.

Luther hat darum seine *Theologie des Kreuzes* als Gegenkonzept zu den macht- und gewinnorientierten kirchlichen und ökonomischen Strukturen entworfen. Darin entwickelte er eine dialektische Logik: Das Menschliche ist nicht aus menschlicher Weisheit und der Rationalität des erkennenden Subjekts zu erschließen, sondern aus der Begegnung mit dem Anderen, dem Opfer menschlicher »Weisheit« und »Vernunft«.

Vor diesem Hintergrund lassen sich drei fundamentale Aspekte des Kreuzes für die Menschlichkeit der Vernunft erkennen:

Erstens verkörpert der gekreuzigte Christus keine Menschlichkeit von oben her, von der Herrlichkeit oder der Macht aus. Er demonstriert eine *Menschlichkeit von unten*, aus der Perspektive eines Leidenden. Das bedeutet, dass es keine Menschlichkeit oder ein gutes Leben gibt ohne den Respekt vor den Opfern und die Verantwortung für die Schwachen in einer Gesellschaft.

Zweitens definiert der gekreuzigte Christus Menschlichkeit nicht vom Zentrum menschlichen Denkens, menschlicher Leistungen, Fähigkeiten und Absichten her, so gut sie auch seien. Vielmehr beschreibt er *Menschlichkeit vom Rande des Gewohnten her*, das heißt von den Wunden und Defiziten des Menschen und der menschlichen Gesellschaft. Vom Rand her zu denken ist ein Akt der Freiheit und zielt auf Freiheit.

Drittens symbolisiert das Kreuz im Zusammenhang mit Auferstehung nicht nur die Niederlage einer Person und ihres Programms, sondern gleichzeitig ihren Sieg über die Macht der Gewalt und die Logik der Durchsetzung. Das menschlich Vernünftige vom Rand, von der Peripherie her zu erschließen, öffnet den Raum für eine Neuorientierung auch der Wirtschaft. Sinn und Legitimität wirtschaftlichen Handelns lassen sich nicht von Menschlichkeit und Vernunft trennen. Letztlich muss also ein Moralprinzip dem reinen Marktprinzip gegenübertreten, wenn Wirtschaft, aber auch Politik, nicht lebensfeindlich gegen Mensch und Natur agieren wollen.

These 6: Die Praxis des Neoliberalismus vs. Praxis der Gemeinwohlorientierung

> Die Praxis des bestehenden neoliberalen Wirtschaftssystems ist auf Kapitalvermehrung und Gewinnmaximierung angelegt. Dieses Modell ist verhängnisvoll, wie die zivilisatorische Krise der Menschheit zeigt. Klimawandel, Migrationsströme sowie Gewalt und Kriege, die ihre Wurzeln in einem aggressiven und ausbeuterischen Kapitalismus haben, stürzen die Menschheit in eine Katastrophe. Die Transformation von Geist und Logik des neoliberalen Kapitalismus muss zu einer kompletten Neuorientierung der wirtschaftlichen Praxis führen. Sie muss neu konzipiert werden als eine Praxis, die das Gemeinwohl fördert und nicht den sinnlosen Konsum; als eine Praxis, die den Menschen und dem Lebensnetz der Erde dient und nicht deren Wohlbefinden opfert.

Das neuzeitliche *Freiheitsverständnis*, das auf der Verabsolutierung des autonomen Subjekts beruht, ist im zerbrechenden Netzwerk des Lebens und des menschlichen Beziehungssystems nicht mehr tragfähig. Sie muss mit einer Perspektive der Gerechtigkeit und des Dienstes am Gemeinwohl verknüpft sein.

Die Grundrelationen des Lebens bedürfen einer gerechten und fairen Gestaltung, d.h. das Recht der Anderen, inklusive der Natur und der noch kommenden Generationen, muss gewahrt werden. Freiheit bezieht sich nicht nur auf die persönliche Gestaltung des Lebens und liberalisiertes und dereguliertes wirtschaftliches Handeln. Sie trägt zugleich die Verantwortung für die elementaren Relationen des Lebens: zu den Anderen, zur Natur und zu Gott als der transzendenten Bestimmung allen Seins.

Freiheit trägt Verantwortung für das Wohl der Anderen und das Gelingen der Grundbeziehungen. So bildet verwirklichte Gerechtigkeit den Rahmen für Freiheit. Aus dem Glauben an einen Gott, vor dem alle Menschen gleich sind, folgt die Achtung der Würde und der gleichen Rechte aller. Diese Verantwortung hat zugleich einen synchronen und diachronen Aspekt. Sie betrifft die Menschen und Generationen, die gleichzeitig leben (synchron), wie auch die künftigen Generationen (diachron), die die Folgen heutiger Entscheidungen zu tragen haben, ohne sie selbst beeinflussen zu können. Im Blick auf die Natur wird eine solche Verantwortungsethik deren Eigenwert anerkennen. Er ergibt sich aus den Lebensgrundlagen, die die Natur bereitstellt und so das Leben erst ermöglicht.

Der Primat einer solchen politischen Ethik erfordert eine *Regulierung der Märkte* in sozial-ökologischer systematischer Weise. Systematisch bedeutet, dass nicht nur eine nachträgliche Umverteilung kapitalistisch erwirtschafteter Gewinne stattfindet, sondern dass der Wachstumszwang der Wirtschaft generell gebrochen wird. Statt des Prinzips der Profitmaximierung muss der Bedarf, das »Genug« für alle in Kohärenz mit der Natur zur Leitperspektive der Wirtschaft werden.

Die *vier Grundsäulen* des herrschenden kapitalistischen Systems, die Eigentums-, Geld- und Arbeitsordnung sowie der Umgang mit der Natur, sind an einer sozial-ökologischen Grundordnung neu auszurichten:

- *Grund und Boden* sowie alle Güter und Dienstleistungen für die Grundbedürfnisse (sauberes Wasser, saubere Luft, Energie, Verkehr, Bildung, erschwinglicher Wohnraum, Gesundheitsversorgung usw.) müssen umfassend gemeinwohlpflichtig gemacht, d.h. in die sozialen Beziehungen eingebettet werden, z.B. durch die Überführung des Eigentums an Grund und Boden in öffentliches Eigentum sowie durch die Trennung von Verfügungs- und Nutzungseigentum.
- *Das Geld- und Kreditsystem* muss zu einem öffentlichen Gut werden, wie es in alternativen Modellen des »Vollgeldes« oder der öffentlichen Kredite gefordert wird.
- *Arbeit* ist partizipatorisch und kooperativ zu organisieren, ein gleichberechtigtes Interesse von Arbeit und Kapital anzuerkennen, und deren Recht auf gemeinsame Entscheide über die gemeinsame Zukunft vorzusehen.

- *Die Naturintegrität* erfordert eine »Ökonomie der Verbundenheit«, z.B. die Gestaltung einer Kreislaufwirtschaft, gerade in der Landwirtschaft.

Die ökonomische Praxis folgt damit *neuen Kriterien*:

(1) Die Kategorie der *Nachhaltigkeit* wird zu einem vorrangigen Kriterium. Nachhaltigkeit bindet Freiheit an Gerechtigkeitskriterien. Von den Folgen des derzeitigen Handelns ist das zukünftige Lebensrecht der Natur betroffen. So ist etwa die heutige Nutzung von Grund und Boden auch am Bedarf künftiger Generationen zu messen. Dazu gehören auch die Reparaturen und Heilung von bereits entstandenen Schäden. Davon sind besonders die landwirtschaftliche Monokultur, die gentechnische Erzeugung neuer Lebensformen, die Abholzung, die Entsorgung nuklearen und kontaminierten Mülls betroffen. Nachhaltigkeit lässt sich als Orientierung am *Dreieck von Ökologie, Ökonomie und Sozialem* verstehen. Damit werden drei Dimensionen der Nachhaltigkeit miteinander verbunden: intakte Umwelt, tragfähige Wirtschaft und soziale Gerechtigkeit.

(2) Neues wirtschaftliches Denken muss auf dem *Paradigma des Netzwerks* beruhen. Es berücksichtigt die Abhängigkeiten der verschiedenen Grunddimensionen des Lebens voneinander,

- die Freiheit der handelnden Subjekte,
- die Verantwortung für ein gerechtes Zusammenleben und
- den Erhalt der Lebensgrundlagen.

Für eine lebensdienliche Wirtschaft ist nicht nur das Wachstum des Bruttoinlandsprodukts entscheidend, sondern das sogenannte *Wohlstandsquintett*:[39]

- das Bruttoinlandsprodukt pro Kopf,
- die Relation zwischen dem obersten und dem untersten Fünftel der Einkommenspyramide,

39 Vgl. Denkwerk Zukunft – Stiftung kulturelle Erneuerung, Hrsg. *Das Wohlstandsquintett. Zur Messung des Wohlstands in Deutschland und anderen früh industrialisierten Ländern*. Bonn, 2014.

- das Ausmaß gesellschaftlicher Ausgrenzung,
- der ökologische Fußabdruck gebunden an die globalen Biokapazität,
- die Schuldenquote der öffentlichen Hand.

Der Wohlstand einer Gesellschaft ist also nach fünf Aspekten zu messen: Wirtschaftliche Leistungskraft, soziale Gerechtigkeit, gesellschaftliche Integration, ökologische Zukunftsfähigkeit und öffentliche Verschuldung, die auf unbestimmte Zeit nachhaltig sind.

All dies steht im Einklang mit einer christlichen Ethik, die auf eine neue Kultur des Lebens zielt, in der die Wahrung der Menschenwürde und das Recht der Natur den moralischen Orientierungsrahmen auch für ökonomisches Handeln bilden.

III. Alternative Modelle für eine lebensdienliche Wirtschaft

Einladung zur Teilnahme an unserem Gespräch

Der Schrei nach einer lebensdienlichen Wirtschaft, gerade aus den Ländern des globalen Südens, ist unüberhörbar. Nur Profiteure des »Status quo« weigern sich weiterhin anzuerkennen, dass die dominierenden, meist neoliberalen Wirtschaftsmodelle die Welt ursächlich in die Überlebenskrise gestürzt haben.

Was wir brauchen, ist ein neues Wirtschaftsparadigma für eine lebensfreundliche Zukunft. Wir müssen den Rahmen neu definieren, so dass unser wirtschaftliches Handeln nicht auf Kosten der Menschen, ihres Lebensraums und ihrer Mitgeschöpfe geht. Vielmehr müssen die Grundbedürfnisse der Menschen, ihr dauerhaftes Wohlergehen sowie Nachhaltigkeit im Hinblick auf künftige Generationen die wirtschaftlichen Aktivitäten regulieren. Zudem muss diese erneuerte Wirtschaft die Ressourcen und Technologien bereitstellen, die benötigt werden, um die negativen Konsequenzen und die Schäden der heutigen Wirtschaft zu reparieren und kompensieren.

Unsere theologischen und spirituellen Perspektiven lassen uns einige grundlegende Anforderungen für ein solches Paradigma formulieren. Doch für ihre konkrete Umsetzung sind wir auf die Hilfe von Experten angewiesen: Wir laden darum Wirtschaftswissenschaftler und Personen mit wirtschaftlichem Sachverstand ein, sich aktiv an einer zukunftsorientierten Lösungssuche zu beteiligen.

Beispiele für zukunftsorientierte Ideen

Tatsächlich sind in den vergangenen Jahrzehnten von Universitäten, Instituten, Wirtschaftsexperten, dem Weltkirchenrat sowie sozialen und kirchlichen Bewegungen zahlreiche Vorschläge und alternative Modelle entwickelt worden, die das Ziel einer lebensdienlichen und gemeinwohlorientierten Wirtschaft verfolgen. Wir können hier nur einige Beispiele nennen als Auftakt zu weiteren Konkretionen, die wir erbitten.

Dabei ist zu beachten, dass Alternativmodelle in der Regel auf ihren jeweiligen Kontext bezogen sind und von den jeweiligen sozialen, politischen und kulturellen Gegebenheiten abhängig sind. Die Landlosenbewegung in Brasilien beispielsweise reagiert auf die dortige Eigentums- und Landwirtschaftssituation und ist nicht bruchlos auf andere regionale oder gar globale Gegebenheiten zu übertragen.

Was diese Alternativmodelle aber eint, sind die Orientierung am Gemeinwohl und der Lebensdienlichkeit der Wirtschaft, also Rahmenkriterien, die vorrangig sind für den Erhalt des Planeten und aller Geschöpfe, die ihn ihr »Zuhause« (griech. Oikos) nennen.

1. Gemeinwohl-Ökonomie

Zu nennen ist beispielsweise das Modell der *Gemeinwohl-Ökonomie.* Es arbeitet mit fünf Kriterien, nach denen der Beitrag von Unternehmen zum Gemeinwohl zu beurteilen ist. In den Bilanzen zählt nicht mehr ausschließlich die private Gewinnmaximierung, sondern Menschenwürde, Solidarität, ökologische Nachhaltigkeit, soziale Gerechtigkeit, demokratische Mitbestimmung und Transparenz. Ein punktebasiertes Bewertungssystem führt zu einer Gemeinwohl-Bilanz. Bessere Noten können vom Staat mit einem bevorzugten Mehrwertsteuersatz oder Zolltarif belohnt werden. Günstige Noten könnten auch die Kosten für die Kreditaufnahme, die Beschaffung und sogar den Erhalt direkter öffentlicher Subventionen bestimmen.[40]

2. Zachäus-Kampagne

Die *Zachäus-Kampagne* für soziale und ökologische Steuergerechtigkeit ist eine gemeinsame Initiative des Ökumenischen Rates der Kirchen, des Lutherischen Weltbundes, der Weltgemeinschaft Reformierter Kirchen und des Weltmissionsrates für eine neue internationale Finanz- und Wirtschaftsarchitektur (NIFEA). Sie wurde 2019 bei den Vereinten Nationen in New York vorgestellt.[41]

Die Kampagne kritisiert eine Steuerpolitik, die vor allem internationale Konzerne und reiche Einzelpersonen begünstigt. Gleichzeitig entziehen sich diese aber durch Steuervermeidung und Steuerhinterziehung ihrer Verantwortung. Um die öffentlichen Finanzen wieder zu

---

40 Vgl. zur genaueren Erläuterung Felber, Christian. *Gemeinwohl-Ökonomie*, 3. Aufl. München: Piper, 2018.

41 Vgl. »WCC supports Zacchaeus campaign for tax justice«, https://www.oikoumene.org/news/wcc-supports-zacchaeus-campaign-for-tax-justice, Zugang 13.03.2023.

stärken und sie für das Gemeinwohl einzusetzen, fordert die Kampagne vor allem

- die Einführung progressiver Vermögenssteuern auf globaler und nationaler Ebene, um die zunehmende Konzentration des Reichtums in den Händen einiger weniger Mächtiger einzudämmen, verbunden mit einer Erhöhung der öffentlichen Ausgaben zur Bekämpfung der Armut,
- Beendigung der Steuerhinterziehung und -vermeidung durch multinationale Konzerne und wohlhabende Einzelpersonen,
- progressive Kohlenstoff- und Verschmutzungssteuern auf verschiedenen Ebenen zum Schutz unserer einzigen planetarischen Heimat,
- die sofortige Einführung einer Finanztransaktionssteuer auf den Handel mit Aktien, Anleihen, Währungen und Derivaten, um schädliche Spekulationsgeschäfte zu unterbinden.

Die Zachäus-Kampagne erachtet die Entwicklung neuer internationaler Mechanismen zur Bewältigung und Vermeidung chronischer Staatsverschuldung, einschließlich des Erlasses ungerechtfertigter Auslandsschulden von Entwicklungsländern, als wesentlich, um Ressourcen für die Entkohlung und für Projekte zur Stärkung der Klimaresilienz freizusetzen. Die Kampagne umfasst Forderungen nach Reparationen für Kolonialismus und Sklaverei auf lokaler, nationaler und globaler Ebene und dient der Aufklärung der Kirchen über die damit verbundenen Probleme.

Wir halten die Zachäus-Kampagne für einen guten ersten Schritt zur globalen Steuergerechtigkeit, der einen Systemwandel einleiten soll.

3. »Donut Economics«

Das Konzept der »Ökonomie innerhalb des Donuts«[42] bietet eine Vision davon, was es für die Menschheit bedeutet, im 21. Jahrhundert zu gedeihen, ohne unsere planetaren Begrenzungen zu überschreiten.

Der Grundgedanke ist dabei, dass kein System immerwährend und damit über alle Grenzen wachsen kann: Früher oder später ist Wachstum nur auf Kosten der Zukunft möglich – die menschliche Wirtschaft konsumiert pro Zeiteinheit mehr als der Planet in dieser Zeit regenerieren kann. Direkt mit der Frage des Ressourcenkonsums ist die Frage gekoppelt , was genau der erkaufte Fortschritt für die Menschen austrägt.

Aber genau dort sind aktuell alle neoliberalen Volkswirtschaften angelangt: sie sind zu pausenlosem Wachstum verdammt – unabhängig davon, ob dieses Wachstum Menschen und ihrer Mitwelt hilft, zu gedeihen. Wie Kate Raworth es in ihrem Buch ausdrückt[43], sind sie wie Flugzeuge, die, wenn sie einmal im Flug sind, niemals landen dürfen.

Zugleich bezahlen wir dieses Wachstum mit einem Überkonsum an (oft unwiederbringlichen) planetaren Ressourcen. Die globale Wirtschaftsaktivität und ihr zum Selbstzweck gewordenes Wachstum sind so erfolgreich, dass sie an globale Grenzen stoßen und die globalen Ressourcen erschöpfen, ohne dass sie mehr Gegenleistung erbringt als weiteres Wachstum um des Wachstums willen. Im Gegensatz dazu bedeutet nachhaltige Entwicklung, sicherzustellen, dass alle Menschen über die Ressourcen verfügen, die sie zur Erfüllung ihrer Menschenrechte benötigen – wie Nahrung, Wasser, Gesundheitsversorgung und Energie. Und es bedeutet, sicherzustellen, dass die Nutzung natürlicher Ressourcen

---

42 Das Bild des *donut* (auch *doughnut*) meint hier die weitverbreitete amerikanische Backware in der Form einer wulstartig geformten Fläche mit einem Loch, etwa in Gestalt eines Rettungsrings. Eine bessere Übersetzung ist vielleicht »Ökonomie auf dem Ring«.

43 Raworth, Kate. *Die Donut-Ökonomie: Endlich ein Wirtschaftsmodell, das den Planeten nicht zerstört.* München: Carl Hanser, 2018 (Engl. Originalausgabe: *Doughnut Economics: Seven Ways to Think like a 21st Century Economist.* White River Junction, Vermont: Chelsea Green Publishing, 2017).

durch die Menschheit kritische planetare Prozesse nicht so stark belastet – zum Beispiel durch die Verursachung des Klimawandels oder den Verlust der biologischen Vielfalt – , dass die Erde aus dem stabilen Zustand des Holozäns herausgedrängt wird, der die Entwicklung der Menschheit in den letzten 10.000 Jahren mitermöglicht hat.

Hier hilft die Vorstellung des »Donut« als Ring, auf dem der planetare Ressourcenverbrauch und seine Gegenleistung in Balance sind. Neun planetare Grenzen (unter anderem Luftverschmutzung, Artenverlust, Frischwasserverbrauch, Überdüngung, Übersäuerung der Ozeane und Klimawandel) werden überschritten, wenn wir den Ring nach außen verlassen. Verlassen wir ihn nach innen, so entsteht Knappheit an sozialen Grundlagen, die Menschen zum Leben benötigen (z.B. Wasser, Nahrung, Gesundheit, Wohnraum oder Energie, aber auch soziale Notwendigkeiten wie Frieden und Gerechtigkeit, Einkommen und Arbeit, gesellschaftliche Teilhabe, Gleichberechtigung der Geschlechter und einige mehr).

Erstmals veröffentlicht 2012 in einem Oxfam-Bericht[44], gewann das Konzept der Ökonomie innerhalb des Donuts schnell international an Bedeutung, und wurde z.B. auch vom Papst und der UN-Generalversammlung aufgegriffen. Das Hauptziel von Donut Economics ist es, das Ziel wirtschaftlicher Aktivitäten zu verändern und Märkte in die größere Gesellschaft einzubetten. Das neu gestaltete System muss die Natur des Menschen berücksichtigen und fördern, sich ausbreiten und aus dem Ansatz heraus regenerieren und dabei wachstumsunabhängig werden.

4. Globale, progressive Kohlendioxid Steuer

Wie viele andere Aspekte des globalen Konsumprofils ist auch der individuelle CO_2-Ausstoß sehr ungleich und unterliegt permanenten Änderungen als Resultat unterschiedlicher (wirtschaftlicher) Entwicklungen von Individuen und Nationen. Eine Studie hat die Verteilung in 2015

44 Raworth. Kate. »A Safe and Just Space for Humanity: Can We Live Within The Doughnut?«, 2018, https://doi.org/10.1163/2210-7975_HRD-9824-0069.

untersucht und Vorschläge für die Implementierung einer globalen und progressiven CO_2-Steuer gemacht.[45] Erträge aus dieser Steuer können dann weltweite Maßnahmen zur Dekarbonisierung finanzieren.

Neu in dieser Studie ist die Betrachtung von individueller CO_2 Erzeugung – die meisten anderen Studien verbleiben auf dem Niveau von Ländern. Die nationale Sichtweise ist aber zu grob: Auch in Entwicklungsländern gibt es einzelne Personen, die ein Vielfaches des weltweiten Durchschnitts von 6.2t CO_2e[46] mit ihrem Lebensstil erzeugen. So erzeugen die Top 10% der Emittenten mehr als 2.3mal des weltweiten Durchschnitts – 14.3t CO_2e. Die Top 1% produzieren durchschnittlich mehr als das 9.1fache – 56.4t CO_2e. Sie schätzen, dass das reichste 1% der Amerikaner, Luxemburger, Singapurer und Saudi-Arabiens die größten Einzelemittenten der Welt sind und mehr als 200 t CO_2e ausstoßen.

Wie die Studie zeigte, sind die weltweiten CO_2e-Emissionen dabei hochkonzentriert und ungleichmäßig verteilt. Die Top 10% der größten Emittenten tragen etwa 45% der weltweiten Emissionen bei, während die unteren 50% der Emittenten nur 13% produzieren. In der jüngeren Vergangenheit erzeugt dabei gerade auch das verbleibende mittlere Segment einen zunehmenden Anteil im Vergleich zu den anderen beiden. Die Top 10% der größten Emittenten leben verteilt auf allen Kontinenten, ein Drittel davon in Schwellenländern.

Die Idee einer individuellen, progressiven Kohlendioxidsteuer, deren Ertrag die weltweite Dekarbonisierung finanziert, setzt unseres Erachtens an der richtigen Stelle des Problems an. Eine praktische Durchführung in vollem Umfang bedarf der weiteren Diskussion, eine Diskussion, die wir gerne mitgestalten würden. Wie schon die Autoren anregen, sollte man gerechterweise die historisch während der Industrialisierung generierten Mengen an CO_2 abschätzen und in die Rechnung einbringen.

---

45 Chancel, Lucas und Thomas Piketty. »Carbon and Inequality: From Kyoto to Paris«, 2015. http://piketty.pse.ens.fr/files/ChancelPiketty2015.pdf.

46 tCO_2e – tons CO_2 equivalent – berücksichtigt alle Treibhausgase und rechnet den Gesamtausstoß um in die äquivalente Menge metrischer Tonnen an CO_2 Emission.

5. Die Landlosenbewegung in Brasilien

Die Landkonzentration in Brasilien ist eine der größten der Welt. Seit der Kolonialzeit wird hier in großen Farmen für den Export produziert. Zurzeit ist Brasilien weltweit unter den größten Fleisch- und Getreideexporteuren. Demgegenüber leben etwa 30 Millionen Menschen unter der Armutsgrenze und leiden Hunger

Schon in der Zeit als Brasilien eine Kolonie Portugals war (1500–1822), gab es immer wieder Konflikte zwischen Großgrundbesitzern und verarmten Menschen (indigene Bevölkerung, versklavte Menschen, hauptsächlich aus Afrika), die um ein Stück Ackerboden kämpften. Diese Konflikte haben sich seit 1850 zugespitzt, als ein Gesetz festlegte, dass der Zugang zu Ackerboden nur durch Kauf erlaubt sei.

Die Bewegung der Landlosen (Movimento dos Sem Terra – MST) bekennt sich als Nachfolgerin dieses langfristigen Agrarkonflikts in Brasilien. Sie wurde 1984 mit entscheidender Unterstützung der Kirchen gegründet. Die Bewegung verfolgte damals drei strategische Ziele:

- Land für landlose Kleinbauern,
- Agrarreform und
- Veränderung der Sozialstrukturen.

Die Bewegung richtet sich gegen privaten Landbesitz. Eine der wichtigsten Aktionen der MST ist die gezielte Besetzung von Großfarmen, um damit Druck auf die Regierung zu machen und den Schrei nach sozialer Gerechtigkeit in die Öffentlichkeit zu tragen. Der Erfolg dieser Strategie zeigt sich unter anderem darin, dass bereits um die 500.000 Familien von Kleinbauern ein Stück Land bekommen haben.

Die MST setzt sich mit gutem Erfolg für ökologische Landwirtschaft ein. Es haben sich über 100 kleine und mittelgroße Kooperativen gebildet, die das Land gemeinschaftlich bearbeiten. Die Produktion von gesunden Lebensmitteln wird hauptsächlich für den Binnenmarkt bestimmt.

Ein weiterer wichtiger Aspekt ist die Zusammenarbeit der MST mit verschiedenen Universitäten. Es werden Fachkräfte für ökologische

Landwirtschaft ausgebildet, aber auch für andere Bereiche wie Medizin, Tiermedizin usw. Es entwickelt sich also eine höchst moderne Landwirtschaft, die sich zum Ziel setzt, die Agrarstruktur des Landes grundsätzlich zu verändern. Dabei wird die Bewegung ständig verfolgt, besonders von dem auf Export ausgerichteten hochlukrativen Agrarbusiness, von Immobilienhändlern, konservativen politischen Parteien, von fundamentalistischen Kirchen und anderen. Viele Landlose wurden und werden immer noch in diesem Konflikt bedroht oder gar ermordet.

Einen weiteren Erfolg zeigt die Methodologie der MST. Jede Landbesetzung setzt voraus, dass alle Beteiligten bestimmte Verantwortung übernehmen, in Bereichen wie Gesundheitsversorgung, Ernährung, Ausbildung, Sicherheit usw. Alle Entscheidungen werden im Kollektiv diskutiert und getroffen. Der Kampf um die Agrarreform und für ökologische Landwirtschaft hat somit auch die Bildung von mündigen Bürger/innen zur Folge. Das heißt, dass ehemalige Landlose als wortführende Frauen und Männer in Erscheinung treten, zum Beispiel in der Politik. In einem Land, in dem nur die soziale Oberschicht das Sagen hat, ist das ein wichtiges Hoffnungszeichen.

(Diese Erklärung und mehr Information zur Projektgruppe
»Reformation Radikalisieren« finden sie hier:
www.radicalizing-reformation.com)

I Analyse

Kapitel 1 Der Weg zur neoliberalen Wirtschaftsform und theologischer Widerstand

Antonella Visintin

Antonella Visintin ist Wirtschaftswissenschaftlerin, Autorin von Aufsätzen über Entwicklungsmodelle und den Arbeitsmarkt. Sie ist Befürworterin wirtschaftlicher, sozialer und ökologischer Gerechtigkeit im ökumenischen und säkularen Wettbewerb auch auf internationaler Ebene und Mitglied der reformierten Kirche.

Einführung – Die Reformation Radikalisieren (von Radix = Wurzel)

Wenn Religionen sich mit sozialen Beziehungen befassen, um sie auf das ethisch Gute, Gerechtigkeit und Frieden, auszurichten, äußern sie sich auch direkt und indirekt zu den wirtschaftlichen Zusammenhängen, die eine Gesellschaft prägen – neben anderen Faktoren wie etwa patriarchale Strukturen.

In den biblischen Texten war dies ein roter Faden für die Propheten, zusätzlich zu den verschiedenen Sozialreformen, und für die Verkündigung Jesu, die das Reich Gottes als einen von der Dimension der Herrschaft befreiten Raum vorwegnahm.

Was den Frühkapitalismus betrifft, so hatte die Reformation aus verschiedenen (biografischen und kontextuellen) Gründen mit Luther und Calvin zwei unterschiedliche Anfänge. Der eine ging von Luther aus, der mehr im mittelalterlichen Denken verwurzelt war und von den neuen merkantilen Wirtschaftsstrukturen herausgefordert wurde, die Akkumulation und Wucher legitimierten. Dabei spielten wohl auch die

Reichtümer eine Rolle, die auf dem wenige Jahre zuvor (1492) entdeckten Kontinent Amerika geplündert wurden. Einen anderen Zugang finden wir bei Calvin, der vorschlug, die merkantilen Strukturen im Sinne der sozialen Gerechtigkeit zu disziplinieren, nachdem er die neue Entwicklung zunächst selbst vorangetrieben hatte. So befürwortete er auch öffentliche Eingriffe in die Wirtschaft.

Zur Entwicklung der beiden theologischen Richtungen gab es beträchtliche Zustimmung, Unterstützung und Anhängerschaft, auch wenn sie manchmal recht kritisch waren, wie im Fall von Max Weber, der die Organisation der westlichen Gesellschaft als »eisernen Käfig« bezeichnete.

Schon beim Pietismus lag der Schwerpunkt auf ethischer und nicht so sehr theologischer Arbeit, auf der Verteilung des Reichtums und nicht auf der Produktionsweise sowie auf direkten Eingriffen in den Bereich des Sozialen, um die Brutalität der Ausbeutung zu mildern. Das soziale Engagement des Pietismus fungierte sozusagen als sozialer Stoßdämpfer.

Der christliche Sozialismus im 19. Jahrhundert kann als Beginn einer Systemanalyse durch den Anstoß einer sozialen Erlösungsbewegung angesehen werden. Sie ging vom Modell einer Gesellschaft aus, das auf Kollektivismus und Umverteilungspolitik basierte, dem Sozialismus.

Neoliberalismus, die Reaktion

Der Neoliberalismus ist eine der Reaktionen auf die Krise des Kapitalismus nach dem Ersten Weltkrieg. Er wurde zeitgleich und im Gegensatz zu den sozialistischen und keynesianischen sowie den nationalsozialistischen Reaktionen entwickelt.

Er behauptet, sich auf das liberale Denken des 19. Jahrhunderts und dann vor allem auf die 70er Jahre des 20. Jahrhunderts zu beziehen. So definiert er als Ordnungsprinzip des Marktes nicht die Arbeit, sondern das Preissystem, empfiehlt die Minimierung des Einflusses der Regierungen auf die Wirtschaft und fordert einen starken Schutz des Privateigentums.

Das Gründungsmoment des Neoliberalismus geht auf die Walter-Lippmann-Konferenz zurück, die 1938 in Paris stattfand und in der Tat den ersten Versuch darstellte, eine echte »neoliberale Internationale« zu schaffen.

Daran nahmen unter anderem von Hayek, Röpke und von Rüstow teil[1], also sowohl die österreichische individualistische und rationalistische Richtung von Hayek und von Mises (sog. »Österreichische Schule«) als auch die deutsche ordoliberale Seite.

Etwa zur gleichen Zeit wurde der »Ordoliberalismus« in Freiburg von Ökonomen wie Walter Eucken, Juristen wie Franz Böhm und Hans Grossmann-Doerth und Soziologen wie Alfred Müller-Armack, Wilhelm Röpke und Alexander von Rüstow ausgearbeitet. Sie wird so genannt, weil sie um die 1940 von Eucken gegründete Zeitschrift »Ordo« entstanden ist.

Neun Jahre später, 1947, gründete Hayek die *Mont Pelérin Society* mit dem Ziel, ihr einen Think Tank folgen zu lassen, der alle neoliberalen Intellektuellen der Welt zusammenbringen sollte.

Die neue Vereinigung wurde zur Bastion des Neoliberalismus, indem sie in der Akademie, in den Medien und in der Wirtschaft tätig wurde, um Mitglieder und Sympathisanten in Schlüsselrollen von Politik und Wirtschaft zu bringen. Sie wurde berühmt dank der acht Nobelpreise, die ihren Mitgliedern verliehen wurden (darunter Milton Friedman und Hayek selbst).[2] Dies etablierte die neoliberale »Chicago School of Economics«. Der dort entwickelte »Washingtoner Konsensus« dominiert bis heute die Diskussion darüber, wie »Wirtschaft« angeblich funktioniert, und welche (minimale) Rolle »Staat« dabei zu spielen hat. Mehr darüber unten.

Was die beiden Tendenzen, die neoliberale und die ordoliberale, unterscheidet, ist die gegensätzliche Sicht auf den Markt und damit auf staatliche Eingriffe:

---

1 Dardot, Pierre und Christian Laval. *The New Way Of The World: On Neoliberal Society*. Übers. von Gregory Elliott, London /New York: Verso, 2014.

2 Mirowski, Philip und Dieter Plehwe. *The Road from Mont Pèlerin: The Making of the Neoliberal Thought Collective*. Cambridge, Mass.: Harvard University Press, 2009.

- Die österreichische »naturalistische« Schule vertritt die Auffassung, dass der Markt eine autonome natürliche Realität ist, die mit eigenen Gesetzen und Mechanismen ausgestattet ist, in die man sich nicht einmischen soll. Sie erkennt daher den Staat als Legitimationsgröße zum Schutz vor Monopolmächten an und drängt auf die Privatisierung öffentlicher Unternehmen und die Deregulierung der Märkte.
- Der deutsche »konstruktivistische« Ordoliberalismus betrachtet den notwendigen und priorisierten Wettbewerbsmarkt als eine künstliche Konstruktion, das Ergebnis des aktiven Eingreifens des Staates mit einer »ordnenden« Rolle, die die Grundprinzipien der Wirtschaft und der öffentlichen Intervention klar festlegt, um den Wettbewerb als Norm und Instrument der Regierungstätigkeit zu sichern. Aber auch im Ordoliberalismus unterliegt das öffentliche Handeln des Staates strengen Wettbewerbsregeln und Effizienzzwängen, ganz ähnlich denen privater Unternehmen.

Das Hauptmerkmal der ordoliberalen Vorstellung ist daher, dass sie sich als ein gesamtheitliches soziales, politisches und wirtschaftliches Modell versteht. Es schlägt einen dritten Weg zwischen dem klassischen Liberalismus und planwirtschaftlichen, dirigistischen oder kollektivistischen Theorien vor. Während die ersten aufgrund des Fehlens jeder regulierenden Rolle des Staates chaotische und anarchische Ergebnisse hervorbringen, übernimmt der Staat im zweiten Modell direkt die Kontrolle über die wirtschaftlichen Prozesse. Paradoxerweise kann dieses Modell auch als »staatszentrierter Neoliberalismus« definiert werden.

Diese Unterschiede helfen zu verstehen, warum der Neoliberalismus nicht als kohärentes und homogenes internationales Phänomen verwirklicht wird, sondern von Zeit zu Zeit unterschiedliche politische Kombinationen schafft, abhängig von den nationalen sozialen, wirtschaftlichen und institutionellen Realitäten.

Der Bonhoeffer-Kreis und das Freiburger Memorandum 1942–1943

Die Freiburger »ordoliberale« Denkweise gewann Raum, weil die protestantischen Kirchen darin eine wesentliche, wenn auch wenig bekannte, Rolle spielten. Sie findet sich in der Freiburger Denkschrift des Bonhoeffer-Kreises vom Winter 1942/43, entstanden unter konspirativen Bedingungen. Erst im Juli 1945 konnte sie veröffentlicht werden.

Am 9. Oktober 1942 aus Schweden zurückgekehrt, reiste Bonhoeffer nach Freiburg zu Constantin von Dietze (Ökonom und Theologe) und Erik Wolf (Ökonom, Jurist, Philosoph, Historiker) und bat die Gelehrten im Namen der »Vorläufigen Leitung der Bekennenden Kirche« um ein Programmdokument, »in dem möglicherweise alle Hauptzweige des öffentlichen Lebens vom Standpunkt der christlichen Sozialethik aus behandelt würden«.

Nach der Pause der Sommermonate 1945, die als »Stunde Null« apostrophiert wurde, wurde dieses Memorandum wirksam bei der Entwicklung und Umsetzung der sozialen Marktwirtschaft als »freie Wirtschaftsordnung«.

Hintergrund

Unter dem Eindruck der politischen Ereignisse des Herbstes und der Pogrome vom 9./10. November 1938 (»Reichskristallnacht«) versammelten sich die Freiburger Christen um die ordoliberalen Ökonomen Constantin von Dietze, Walter Eucken und Adolf Lampe sowie den Historiker Gerhard Ritter zu monatlichen Treffen in ihren Wohnungen.

Bereits im Dezember 1938 führten die Arbeiten dieses Freiburger Konzils zur Ausarbeitung von »Kirche und Welt. Eine notwendige Besinnung auf die Aufgabe des Christen und der Kirche in unserer Zeit«, die sich mit der Frage des Widerstandsrechts gegen eine Autorität befasste, die das göttliche Gebot grob verletzt, und die in der Bekennenden Kirche konspirativ verteilt wurde.

Aus dem Vorwort des Anhangs IV der Freiburger Denkschrift[3]

Für die christliche Begründung der Individual-Wirtschaftsethik scheint uns nämlich alles, was in den Geboten der Liebe zu Gott und der Liebe zum Nächsten hanget (Matt 22, 40), genügend klar herausgearbeitet zu sein.

Aus Kapitel I des Anhangs IV der Freiburger Denkschrift[4]

3) Der Dekalog ist keine Zusammenstellung von Gesetzesparagraphen, die juristisch zu interpretieren wären. Er ist für uns auch nur im Zusammenhange mit der ganzen Heiligen Schrift verbindlich. So verstanden begründet er folgende Anforderungen an die Wirtschaftsordnung:

a) Die Wirtschaftsordnung muß darauf angelegt sein, dass sie die Erfüllung der ersten 3 Gebote (lutherische Zählung) nicht beeinträchtigt wird. Sie darf Insbesondere nicht der Vergötzung irdischer Güter und Mächte dienen, der Gleichgültigkeit gegenüber dem Namen und dem Worte Gottes Vorschub leisten oder die Heiligung des Feiertages und den Gottesdienst behindern.

b) Jede Wirtschaftsordnung muss das 5. Gebot achten, d.h. sie darf nicht systematisch Personen als moralische Personen vernichten oder ihre Gesundheit ausbeuten.

---

3 Thielicke, Helmut. *In der Stunde Null – Die Denkschrift des Freiburger Bonhoeffer-Kreises.* Tübingen: J.C.B. Mohr&Siebeck, 1979, 128.

4 Ebd., 129–130.

c) Schon um der sittlichen Persönlichkeit des Menschen willen darf die Wirtschaftsordnung den einzelnen Menschen und ihren natürlichen Gemeinschaften, namentlich den Familien, jede selbstverantwortliche Verfügungsgewalt über die Wirtschaftsgüter vorenthalten. Auch aus dem 7., 9. und 10. Gebot folgt, dass eine Ordnung bestehen muss, in der ein Wirtschaftender der Nächste des anderen sein kann, also echte Gemeinschaft möglich ist.

4) Für das Verhältnis der Volkswirtschaften zueinander kann und muss die Kirche verlangen: Dies Verhältnis darf nicht von der Vergötzung des eigenen Volkes, von der rücksichtslosen Ausbeutung anderer Volkswirtschaften beherrscht sein. Auch die räumliche Ausstattung einzelner Volkswirtschaften und koloniale Probleme stehen unter der Forderung, die Lebensrechte aller Völker zu respektieren.

7) ... sich um eine gedeihliche, der konkreten Situation gerecht werdende Wirtschaftsordnung in der Verantwortung vor Gott zu bemühen.

Das war also die Position Bonhoeffers und wahrscheinlich der Bekennenden Kirche, unter deren Nachkriegsexponenten es fünf Bundespräsidenten der Bundesrepublik geben wird.

Vom Ordoliberalismus zum US-Neoliberalismus

1949 etablierte sich der Ordoliberalismus mit der Gründung der Bundesrepublik und der »monetaristischen Wende« der Bundesbank 1970 als dominierendes Denken und Handeln.

Während der Keynesianismus im Westen vom Zweiten Weltkrieg bis in die 1970er Jahre dominiert hatte, hat sich seither durch deutschen Einfluss der Neoliberalismus mit seinen Charakteristika (Handelsfreiheit, Wettbewerbsfähigkeit, Verbot staatlicher Beihilfen, Zentralbank mit alleiniger Verantwortung für die Inflationskontrolle, ausgeglichene Haushalte) durchgesetzt und spiegelt sich in den Gründungsverträgen der Europäischen Union bis zum Vertrag von Maastricht von 1992 und vor allem in der Verfassung von 2005 wider. Aus ihr ging später der Vertrag von Lissabon hervor, dessen Artikel 3 das Ziel der EU als »in hohem Maße wettbewerbsfähige soziale Marktwirtschaft« mit der Anerkennung der vier Freiheiten des Binnenmarkts (von Personen, Waren, Dienstleistungen und Kapital) als Grundrechte der europäischen Bürger umreißt.

Bis 1989 unterstützten die Vereinigten Staaten den Ordoliberalismus vor allem in Europa, weil er als Gegenspieler zum sowjetischen Kollektivismus fungierte.

Aber er war nicht immun gegen den Neoliberalismus der Chicagoer Schule, der sich 1973 in Chile während Pinochets Staatsstreich manifestierte, zeitgleich mit der Geburt der viel zurückhaltenderen Bewegung der *Christen für den Sozialismus*.

Im globalen Süden (den sogenannten Entwicklungsländern) wurde Neoliberalismus vom Internationalen Währungsfonds und der Weltbank als Bedingung für Kredite (Strukturanpassungen) vermittelt und fast widerstandslos ertragen. Gleichzeitig wurde er in den Fakultäten der Universitäten dominant.

Was aber ist der US-Neoliberalismus?

Der Neoliberalismus ist Teil eines zielgerichteten politischen Projekts, des *Washingtoner Consensus*. Es drückt den Willen starker gesellschaftlicher Gruppen aus, die zentrale Rolle in der US-Gesellschaft zurückzuerobern, die durch die wohlfahrtsstaatliche Politik verlorengegangen war.[5]

Die Streitpunkte dabei sind die ethischen und politischen Vorstellungen und Verantwortlichkeiten der Wirtschaft, um das Verhältnis zwischen Werten und sozialem Verhalten.

---

5 Vgl. Roberto Schiattarella, »Values in Economic Theory«, *Political Theory. New Series Annals XI* [Online], 2021.

Beziehung zwischen Werten und sozialem Verhalten.

Der »keynesianische Kompromiss« wurde durch zwei Dinge ermöglicht: durch die Ablehnung jeglichen Dogmatismus′ und durch die Art und Weise, wie der Markt das zivile Zusammenleben und die Gestalt der Demokratie organisierte. Beides zielte darauf, gemeinsam einen Prozess der egalitären Umverteilung der Macht in der Gesellschaft zu garantieren. Auf dem Markt aber, der aus der Kultur und den Regeln des Neoliberalismus stammt, ist die vorherrschende Tendenz die Machtkonzentration.

Dieser Markt kann formal nicht mit der Logik der Demokratie kollidieren, weil hinter diesen beiden Institutionen eine unterschiedliche Vorstellung davon steht, wie Macht in der Gesellschaft verteilt werden sollte. Als Weiterentwicklung des Szientismus basiert der Markt auf einer bestimmten Theorie:

a) Die Ökonomie ist die Wissenschaft von der individuellen Freiheit. Eine individuelle Freiheit, die als spezifische Konnotation die der Exklusivität hat.

b) Die Tatsache, dass sowohl Friedman als auch Hayek der Freiheit des Unternehmertums mehr Bedeutung beimessen als dem Wettbewerb, macht deutlich, dass einerseits der Referenzmarkt für den Neoliberalismus der der großen Wirtschaftskonzerne ist und andererseits diesem Markt die gleiche Leistungsfähigkeit zugeschrieben wird wie dem des Wettbewerbs

c) Der Neoliberalismus benutzt den Mythos des Wettbewerbs mit seinen angeblichen Tugenden, um einen Markt zu legitimieren, der Wettbewerbsfähigkeit als Schlüsselwort hat; ein Ziel, das auch durch die Vermeidung von Konkurrenzsituationen erreicht werden kann. Ein Markt, in dem es nicht nur unmöglich ist, zu erkennen, welche Kräfte ein spontanes Gleichgewicht antreiben, sondern in dem es offensichtlich ist, dass Machtaggregationen entstehen sowie eine Tendenz zur Konzentration des Wissens in wenigen Händen.

d) Eine Doktrin, die den Wettbewerb des Individuums zugunsten eines wirtschaftlichen Wohlergehens zur Theorie erhebt. Das Gemeinwohl soll durch Eliminierung der Konkurrenten erreicht werden, frei von Umverteilungszwängen im Sinne sozialer oder ökologischer Verantwortung. Es geht um reine Akkumulation, auch auf Kosten der Effizienz, die sich in exklusiven Ghettos auslebt, umgeben von menschlichem und ökologischem Schutt.

e) In der Marktkultur war der Kern der Analyse die politische Ökonomie, deren normatives Gesicht die Wirtschaftspolitik war. Eine Beziehung, die Sinn machte, solange die politische Ökonomie darauf abzielte, das Wesen wirtschaftlicher Prozesse zu erfassen.

Als mit dem Neoliberalismus den Annahmen die weniger ehrgeizige Aufgabe zugewiesen wurde, Berechenbarkeit zu schaffen oder zu erhöhen, war die Grundlage der Wirtschaftspolitik nicht mehr die politische Ökonomie, sondern die Verwirklichung eines einzigen Wertes, nämlich der individuellen Freiheit.

Einer Freiheit, die von Hayek und Friedman nicht abstrakt verstanden wurde, sondern als das, was sich in der Erfahrung der US-Demokratie materialisierte. Die Distanz zum Utilitarismus ist enorm. Bei diesem Ansatz hatte der Referenzwert nichts Subjektives und wurzelte im Sozialverhalten. Im Neoliberalismus ist die individuelle Freiheit der Bezugswert, nicht weil sie in der Gesellschaft verwurzelt *ist*, sondern weil sie diejenige ist, die in ihr verwurzelt *sein sollte*.

Sobald die nordamerikanische Gesellschaft zum wahren Referenzmodell der Wirtschaftspolitik wird, zur verwirklichten Utopie, nach der andere Länder streben müssen, nimmt der Neoliberalismus schließlich die Gestalt eines realen politischen Projekts an, wenn auch eines, das durch die traditionelle Marktkultur erzählt wird.

Wie reagieren die Kirchen auf den Neoliberalismus?

Erinnern wir uns daran, dass der Liberalismus in seinen verschiedenen Artikulationen nicht nur eine Wirtschaftstheorie ist, sondern ein Gesellschaftsmodell, das eine Selbstdarstellung der Bürger als »Auswählende« beinhaltet. Sie nehmen darin eine Position der Nichteinmischung ein, als freie und verantwortungsbewusste Verbraucher und Selbstunternehmer. Sie erfahren soziale Kontrolle durch einen Staat, der ihnen gegenüber stark ist, dabei allerdings anfällig ist für den Druck von Wirtschafts- und Finanzinstitutionen.

Die Befreiungstheologie in Lateinamerika lehnte dies offen ab indem sie von der *Nekrophilie des Kapitalismus* sprach, bis die katholischen Hierarchien unter Wojtyla sie in den 1990er Jahren erstickte und zerstreute.

In evangelikalen Kreisen, insbesondere in der Neopfingstbewegung, wurde Liberalismus einstimmig als strategisches Element der Wohlstandstheologie angenommen und aufgegriffen.

Im protestantischen Bereich begann 1997, unterstützt vom Agape-Dokument des Ökumenischen Rats der Kirchen, der Weg zu Accra 2004 (dem *processus confessionis* des *Reformierten Weltbunds*). Dieser zeigt im Norden eine Mehrheitssituation, die ihn unterstützt, und im Süden einen Widerstand, der auch mit den materiellen Bedingungen zusammenhängt, d.h. mit den Kosten der strukturellen Maßnahmen, die den Regierungen durch das Finanzwesen als eine Form des Neokolonialismus aufgezwungen werden – Kosten, die Europa mit der fast zehnjährigen Krise in Griechenland seit 2009 zu spüren bekam und noch nicht verkraftet hat.

Widerstand anders – wenn es auf Gerechtigkeit ankommt

Es ist daher einigen Programmen der ökumenischen Weltorganisationen zu verdanken, dass sich der *processus confessionis* weiterentwickelt hat. Diese Programme enthalten auch Fortbildungsseminare und individuelle Projekte, abhängig oder unabhängig von ihnen.

Im Februar 2022 rief der Generalsekretär des Weltmissionsrates (*Council for World Mission*, CWM), Pastor Dr. Jooseop Keum, dazu auf, die Ökumene als Feier des Lebens in Fülle mit Menschen in konkreten

Kontexten und Gemeinschaften neu zu verstehen, und schlug sieben Richtungsanzeigen für die zukünftige Ökumene vor:

1. *Status confessionis* bei Klimawandel und ökologischer Gerechtigkeit
2. Entwicklung der Ökonomie des Lebens anstelle der Anbetung des Mammons
3. Neu-denken der Ökumene als eine Bewegung von den Rändern jenseits des Institutionalismus her
4. Pflege einer Spiritualität der Vernetzheit des Lebens und der Solidarität der Hoffnung
5. Förderung von Partnerschaften und Erkundung von Theologien unter den Schwachen
6. Verschiebung des Schwerpunkts der Ökumene weg vom eurozentrischen hin zum Weltchristentum
7. Förderung einer ökumenischen Führung, die auf Glaubenswerten beruht, nicht auf kirchlichen

Um zu untersuchen, wie das Bekenntnis von Accra in der Mission in die Praxis umgesetzt werden kann, beziehe ich mich nun unter anderem auf das Oikotree-Projekt, ein autonomes Bündnis, das 2008 ins Leben gerufen wurde und sich zusammensetzt aus Vertreterinnen und Vertretern des Ökumenischen Rates der Kirchen (ÖRK), des Weltmissionsrates und des Reformierten Weltbundes (2010 zusammengeschlossen zur Weltgemeinschaft Reformierter Kirchen, WGRK). Dort wird Gerechtigkeit in den Mittelpunkt des Glaubens gestellt.

Aber ich beziehe mich auch auf das Projekt *Die Reformation Radikalisieren* (www.radicalizing-reformation.com) sowie auf Organisationen wie *Kairos Europa*, ein dezentrales europäisches Netzwerk von Initiativen für Gerechtigkeit, Frieden und die Bewahrung der Schöpfung, das in Partnerschaft mit Kirchen, sozialen Bewegungen, Gewerkschaften und Nichtregierungsorganisationen innerhalb und außerhalb Europas für eine gerechtere und tolerantere Gesellschaft arbeitet.

Das kritische Urteil über den Neoliberalismus sowohl deutscher als auch US-amerikanischer Herkunft, das verschiedene Organisationen und unterschiedliche Dokumente teilen, besagt im Grunde, dass Neoliberalismus ein Götzendienst ist, der Bekehrung erfordert.

Der einleitende Text der theologischen Konsultation »*Revolting Christians*«, die vom URC-Missionsteam (der englischen *United Reformed Church of Nonconformist Origin*) in Zusammenarbeit mit dem *Oxford Centre for Religion and Culture* und der *Fundación Protestante Hora de Obrar* (Argentinien) vom 4. bis 6. Juni 2023 organisiert wurde, stellt eine Verbindung her zwischen der in Südafrika entwickelten Theologie des *Kairos,* in der für Apartheid der *status confessionis* (1982, 21. Treffen des Reformierten Weltbundes) gefordert wird, und dem Klimanotstand. Reformatorische Theologie fordert das herrschende »System« des Wirtschaftens heraus:

Kirchen sind »Kirche in Dominanz» und tolerieren keinen Protest.

Das Christentum – »Kirche als Imperium« – wurde im Jahr 380 n. Chr. geboren, als Theodosius I. das Christentum zur offiziellen Religion des (römischen) Reiches machte.

Für Kirchenmitglieder der URC ist das Töten für König und Land anscheinend weniger extrem, als sich für die Zukunft des Planeten an die Autobahn zu kleben.

Der Schlüssel liegt im Namen: Wir sind Reformierte (mit einem großen »R«) Kirchen – Kinder der Reformation. Weder Luther noch Calvin machten sich daran, neue Kirchen zu gründen. Der Bruch mit dem Katholizismus wurde ihnen aufgezwungen, weil sie versuchten, die Kirche zu reformieren, und nicht aufgrund ihrer bewussten Entscheidung.

…

Die Kairos-Theologen erklären weiter, dass ein Recht auf Reform – im Gegensatz zu der erforderlichen Art von radikaler Gerechtigkeit – auf »moralisierenden Forderungen« beruht, die sich auf einen Appell an das »individuelle Gewissen« stützen. Das, so sagen sie, hat nicht funktioniert und wird auch nie funktionieren. Das bedeutet freilich nicht, dass nie Reformen stattfinden.

Was diese Reformen antreibt, ist jedoch nicht eine Bekehrung zur Gerechtigkeit, sondern ein Kalkül, das auf dem basiert, was notwendig ist, um den Status quo zu erhalten. Und sie geschehen in einem Tempo und zu einem Preis, den die Machthaber tragen können.

Reform ist daher eine völlig unzureichende Antwort auf die tief verwurzelten Ungleichheiten und die strukturelle Ungerechtigkeit, die die Bewegung für Klimagerechtigkeit beschäftigen.

Die Unzulänglichkeit der Reaktion der liberalen Kirchen auf den Klimanotstand mit ihrer Strategie der Reformierung anstelle von Revolution ist die zeitgenössische Manifestation dessen, was das Kairos-Dokument als »Kirchentheologie« bezeichnet.

Das Problem der kirchlichen Theologie ist, dass es ihr an einer sozialen Analyse mangelt, die die Art und Weise aufdeckt, wie Macht verteilt ist und wie sie funktioniert. Nur eine solche Analyse durchdringt die ideologischen Nebelwände und deckt die Art und Weise auf, wie der *status quo* den Interessen seiner Nutznießer auf Kosten seiner Opfer dient. Die Gesellschaftsanalyse, sagen die Kairos-Theologen, ist ein wichtiges theologisches Werkzeug, weil sie es uns ermöglicht, die Funktionsweise des herrschenden »Systems« (Imperiums) aufzudecken und anzuprangern, die wir theologisch als »strukturelle Sünde« bezeichnen müssen.

Wir müssen erklären, dass die Klimakrise einen *status confessionis* darstellt – ein alles-oder-nichts Frage nach dem, was wahrer Glaube von uns verlangt. Die vom Menschen verursachte Klimakrise ist eine Sünde und »das System«, das sie geschaffen hat, kann nicht reformiert, repariert oder wiederhergestellt werden. Es hat uns an den Rand des Aussterbens gebracht. Es hat keinen Anteil an Gottes Zukunft und muss zugrundegehen.

Das bedeutet, »das System« als das zu erkennen, was es ist und wie es funktioniert. Als Sünde müssen wir den Konsumismus bezeichnen, den Willen zur Macht, die Gier, die Sucht nach einem fossilen Lebensstil, die Bereitschaft, auf Kosten unserer Nachbarn zu leben, den Militarismus, den Expansionismus, die Ausbeutung, die Unterdrückung und die Ungerechtigkeit gegenüber den ärmsten und verletzlichsten Menschen und Gemeinschaften, die alle Merkmale und Bausteine von Imperium sind.

Die Klimakrise als sündige Schöpfung zu erkennen, bedeutet, die Notwendigkeit von Schuld, Reue, Entschädigung, Wiedergutmachung und Widerstand anzuerkennen. Es ist ein neuer Aufruf an die Kirche, bewusst als Alternative zum Imperium zu leben – als Teil der Schöpfung, nicht als ihr Gebieter – und zu erkunden und zu lernen, was der Umgang mit Sünde in diesem Zusammenhang bedeutet.

Der Westen, der heute auch als »Globaler Norden« oder »Goldene Milliarde« bekannt ist, hat in den letzten fünfzig Jahren seine Daseinsberechtigung um den Mammon herum organisiert und exportiert, nachdem er drei Jahrzehnte lang einen keynesianischen Kompromiss mit einer Forderung nach sozialer Gerechtigkeit eingegangen war. Dieser Kompromiss beruhte auf der Erfahrung derjenigen, die sich gegen Kriege, Diskriminierung und Diktaturen gestellt hatten.

Derselbe Westen hat seinen Reichtum seit mehr als fünf Jahrhunderten in jeder Hinsicht mit einem kolonialen Extraktionsmechanismus erwirtschaftet, einschließlich des religiösen (der ihn weitgehend legitimiert und davon profitiert hat).

Wir sind umgeben von den Katastrophen, die diese toxische Option produziert, und wir sehen keine Wiederholung, sondern eine Eskalation von Hetzerei, Destabilisierung, Kriegen, Aufstachelung zum Hass, Vergiftung und Veränderung der geschaffenen Umwelt, Produktion und Verbreitung chemischer und biologischer Waffen und Disziplinierung der Zivilbevölkerung durch Strategien des Medien- und Polizeiterrors, der Lügen und der Manipulation.

Warum diese Studie?

Sechs Jahre später (2017) hat sich seit den letzten 50 Jahren offenbar wenig geändert, weder im Wirtschaftssystem noch in der Positionierung der Kirchen und der erwähnten Organisationen. Die Aufgabe, Herz und Seele des Westens zu sein (gemeint ist der Präsident der Europäischen Kommission, Jacques Delors, der dies am 5. November 1990 bei einem

Treffen mit einer Delegation von Staatsoberhäuptern von den Kirchen verlangte), führt zum Selbstbewusstsein, Zentrum zu sein, statt zu einem kritischen Bewusstsein.

Es gibt eine theologisch-kulturelle Spur, einen möglichen »Ökoton« (Übergangsbereich) wie Graham Adams die Mission der Kirche beschreibt, der nicht beschritten wird, anstatt einen Übergang zu erleben wie zwischen zwei biologischen Gemeinschaften, also hier zwischen Gemeinschaften, die sich begegnen, konkurrieren, integrieren oder sich kontaminieren, einen Möglichkeitsraum, in dem das Leben, wie wir es kennen, vom alternativen Horizont her erleuchtet wird. Aber das passiert nicht. Es ist nicht der Fall.

Der sogenannte globale Süden arbeitet auf kultureller und wirtschaftlicher Ebene entschlossen an der Dekolonisierung. Intersektionales Denken lässt die Komplexität der Situation besser sichtbar werden. Dabei wird die Schwierigkeit der Kirchen, ihren Glauben außerhalb nationalistischer Modelle und im Austausch mit den Mächten der Welt zu rechtfertigen, immer deutlicher.

Es handelt sich hier um langsame Prozesse des Übergangs, in denen es wichtig ist, die Hoffnung auf einen Wandel hin zur Gerechtigkeit weiter zu nähren, indem man den Prozess und seine Geschichte berücksichtigt sowie die Notwendigkeit, zu einem *status confessionis* zu gelangen.

Die Überlegungen dieser Studie sind keine müden und periodischen Wiederholungen: Sie zeigen die Positionierungen der verschiedenen Akteure auf, erneuern aber gleichzeitig hartnäckig die Proklamation der Befreiung von materiellen Bedingungen, die Vision der Agenda und ihre theologischen Grundlagen, auf denen sie um die Eröffnung der Debatte ringt.

Impulse für Gesprächsgruppen

1. Was sind die Kennzeichen des Neoliberalismus nach der Darstellung der Autorin?
2. Worin liegen die Unterschiede zum sogenannten Ordo-Liberalismus?
3. Welche Ziele verfolgte das Freiburger Memorandum von 1942 und wie wirkte es sich auf die bundesdeutsche Gesellschaft der Nachkriegszeit aus?
4. Wie stehen Sie zur Kritik des neoliberalen, globalen Wirtschaftssystems aus den angeführten Glaubensmotiven?
5. Was können Kirchen und die Theologie tun, um eine öffentliche Auseinandersetzung mit dem herrschenden Wirtschaftssystem voranzubringen? Wäre die Erklärung eines »*status confessionis*« dafür hilfreich?

Kapitel 2
Analyse des bestehenden Geldsystems und Umrisse für Veränderungen

Klaus Simon

Der Autor, Jahrgang 1948, ist Informatiker und Mitglied der Akademie Solidarische Ökonomie. Seine Schriften befassen sich vorwiegend mit den Hintergründen des fortwährenden Wirtschaftswachstums und des Geldsystems unter kapitalistischen Verhältnissen.

Das Wuchern der globalen Finanzanlagen in nie gekanntem Ausmaß ist ohne Zweifel eine krisenhafte Entwicklung. Wenn wir nach Ursachen suchen wollen, sind wir auf das Geldsystem verwiesen – und das ist nicht gerade ein Thema von lebhaftem Allgemeininteresse. Bereits der amerikanische Industrielle Henry Ford urteilte: »Wenn die Leute das gegenwärtige Bank- und Geldsystem verstünden, würde es vermutlich eine Revolution noch vor morgen früh geben«. Nach den Erfahrungen des 20. Jahrhunderts sollten zwar Revolutionen als Mittel der Wahl entfallen, ansonsten aber ist das eine bedenkenswerte Aussage: Das herrschende Geldsystem ist in Fords Meinung derart abwegig, dass es Ablösung noch vor morgen früh verdient! Doch das bemerken wir nicht, solange wir es nicht durchschauen.

Also müssen mal ein paar grundlegende Fragen auf den Tisch: Was eigentlich ist Geld und wie entsteht es? Warum wird die Geld- und Schuldenmenge immer größer? Weshalb gibt es einen Wachstumszwang? Wie arbeiten Banken? Weshalb existiert eine andauernde Geldentwertung? Wie geschieht die Umverteilung von unten nach oben? Sind Banken die Platzhirsche oder müssen sie sich mit anderen das Terrain teilen? Ist das Geschehen überhaupt noch unter Kontrolle? Und was sind die Resultate?

Auf all diese Fragen werden wir im ersten Teil dieses Beitrags Antworten suchen und dabei ebenso betrügerische Auswüchse wie grundsätzliche Fehlentwicklungen entdecken. Und erst diese Analyse ermöglicht es, im zweiten Teil die Umrisse eines künftigen Geldsystems zu skizzieren, welches die vorgefundenen Probleme dann endlich hinter sich lassen kann.

Teil 1: Probleme des heutigen Geldsystems

Was eigentlich ist Geld?

Seit Jahrtausenden schon stellen wir nicht mehr jeder für sich alleine her, was wir zum Leben brauchen. Sondern wir sind in Berufen spezialisiert und tauschen untereinander die hergestellten Produkte. Dieser Warenaustausch in der arbeitsteiligen Welt wäre normalerweise schwierig: Der frierende Bäcker müsste einen hungrigen Schneider suchen! Doch dank eines genialen Tricks geht es ganz leicht: Bäcker und Schneider müssen sich gar nicht finden, sondern tauschen einfach ihre Ware gegen Geld. Damit können sie dann anderswo einkaufen; der Bäcker eine Jacke und der Schneider ein Brot. Echt pfiffig. Dabei übt Geld drei elementare und höchst nützliche Funktionen aus:[1]

- Tausch- und Zahlungsmittel: Geld ermöglicht den übertragbaren Anspruch, für eine erbrachte Leistung eine Gegenleistung zu erhalten. Ebenso man kann Geld leihen und wieder zurückzahlen.
- Wertmaßstab: Geld dient als Recheneinheit und macht verschiedene Leistungen vergleichbar, indem man ihren Wert in Geld ausdrückt.
- Wertaufbewahrungsmittel: Mittels Gelds kann der Warenaustausch auf später verschoben werden, d.h. Geld ist ein Versprechen auf die Möglichkeit zukünftigen Kaufens.

---

1 Bundesbank. »Geld und Geldpolitik«. https://www.geld-und-geldpolitik.de; 09.03.2022.

Ursprünglich war Geld an dingliche Werte gekoppelt. Von Kleinasien aus verbreiteten sich ab dem 6. Jh. v. Chr. Münzen aus Edelmetall in der antiken Welt. Gold- und Silbermünzen blieben noch bis ins 20. Jahrhundert gesetzliches Zahlungsmittel. Im Mittelalter kamen dann erste Banken auf (ital. *Banchi*: Bänke, auf denen Geldwechsler ihre Geschäfte abwickelten). Bankiers nahmen das Gold ihrer Kunden in sichere Verwahrung und gaben ihnen dafür einen Schein, dessen Vorlage zur Auszahlung berechtigte. Ebenso stellten die Banken Wechselbriefe aus, die dem Inhaber die Auszahlung eines Geldbetrags in Gold- oder Silbermünzen anderswo zusicherten. So ließ sich der Zahlungsverkehr im Fernhandel wesentlich erleichtern. Mit Beginn des Frühkapitalismus wuchs dann die Rolle des Geldes enorm. Im 17. Jahrhundert entwickelte sich allmählich das europäische Notenbankwesen: Notenbanken kauften Gold und Silber sowie Wechselbriefe an und gaben im Gegenzug Banknoten aus. Wer eine Banknote besaß, konnte sich den Betrag jederzeit in Münzen auszahlen lassen.

Schon früh bildete sich das Buchgeld bzw. Giralgeld heraus (ital. *giro*: Umlauf). Bei den Girobanken konnten Kaufleute Konten eröffnen und nun Guthaben von Konto zu Konto bewegen. Es handelt sich also um Geld, das nur in den Kontobüchern der Banken verzeichnet war und dem Kontoinhaber ähnlich einem Wechsel die Auszahlung eines Betrags zusicherte. Dieses »stofflose« Buchgeld hat sich heute weitgehend durchgesetzt. Wir kippen nicht mehr die Geldkassette um und zählen (»Kassensturz«), sondern schauen auf dem Kontoauszug nach.

Hilfreich für das Verständnis ist der niederländische »Tulpenrausch« von 1633 bis 1637. Zwiebeln besonders schöner Tulpen gewannen damals beständig an Wert und wurden schließlich in der vielfachen Menge Gold aufgewogen. Es bestand die Erwartung, dass die Zwiebeln künftig noch wertvoller sein würden – bis die Spekulationsblase von einem Tag auf den anderen platzte. Demnach kann im Grunde alles die genannten Geldfunktionen erfüllen (ganz gleich, ob damals Tulpenzwiebeln oder heute Bitcoins), sofern eine gesellschaftlich akzeptierte Zuschreibung von Wert besteht. Der Wert von Geld kommt also immer *durch Ver-*

einbarung zustande, nämlich durch Erwartung und Vertrauen, dass die heute gültige Relation von Leistung und Geld auch morgen noch gelten wird. Selbst reale Werte wie Gold sind gar nicht wirklich real, sondern nur vereinbart. Bei Lichte besehen kann man Gold weder essen noch trinken. Nur weil sich begründet hoffen lässt, dafür etwas zu erhalten, hat Gold überhaupt einen Wert.

Sicherheit und allgemeine Gültigkeit erlangt Geld dann aber erst in Form gesetzlicher Zahlungsmittel. In modernen Gesellschaften erfolgt der Umgang mit Geld innerhalb eines *staatlichen Rechtsrahmens*: So müssen beispielsweise Händler gesetzliche Zahlungsmittel annehmen, Banken Kontostände bar auszahlen, und auch das Schuldner-Gläubiger-Verhältnis ist rechtlich geregelt. Und die Sicherheit von Bankeinlagen wird durch ein staatliches Sicherungssystem garantiert.

Geld lässt sich demnach wie folgt definieren:

- Geld ist ein allgemein anerkanntes Äquivalent für Güter und Leistungen, das im Rahmen einer Rechtsordnung geregelt und über staatliche Institutionen abgesichert ist.
- Es besitzt die elementaren Funktionen Tausch- und Zahlungsmittel, Wertmaßstab sowie Wertaufbewahrungsmittel.
- Der Wert von Geld beruht auf Vertrauen und Vereinbarung.

Geld ist also eine hilfreiche Sache und macht das Gelingen von Marktbeziehungen wesentlich leichter. Doch das heutige Geld weist noch eine weitere Besonderheit auf – und die hat es in sich.

Geld als Kapital

Geld ist jederzeit in Sachwerte überführbar und umgekehrt. Wer über Geld verfügt, hat wirtschaftliche Vorteile. Die bestehen auch dann, wenn man sich das Geld nur leiht. Man kann beispielsweise Saatgut kaufen, ein Feld bestellen und später die Ernte verkaufen. Deshalb war es schon in frühen Kulturen üblich – z. B. Sumer und Babylon –, für das befristete Überlassen von Geld- oder Sachmitteln einen vereinbarten Aufschlag zu verlangen: den *Zins* (lat. *census*: Abschätzung).

Auch die Bankiers des Mittelalters gewährten solcherart Kredite. Sie verliehen dabei die Geldmittel gegen Zins, die ihnen ihre Kunden zur Aufbewahrung übergeben hatten (das ist im Grunde seltsam und ähnelt einer Theatergarderobe, welche die abgegebenen Mäntel für die Dauer der Vorstellung gegen Entgelt weiterverborgt). Es war dies der Anfang einer Entwicklung, welche bereits die Weichen in Richtung der gegenwärtigen Verhältnisse stellte: Die Landesherren waren auf Kredite für Söldner und Rüstungsgüter angewiesen und gewährten den Privatbanken im Gegenzug umfangreiche Privilegien, die sie zum Teil bis heute behielten. Die Formierung fürstlicher Territorialstaaten der frühen Neuzeit und die Kapitalkonzentration der Banken entwickelten sich Hand in Hand.[2] Die uralte Verlockung, aus Geld ohne direkte Arbeitsleistung noch mehr Geld zu machen, hatte nun Institutionen hervorgebracht, die sich genau damit befassten.

Der Anspruch auf Zins wird bis heute damit begründet, dass der Kreditgeber vorübergehend auf sein Geld verzichtet, sowie mit dem Risiko, das Geld vielleicht nicht zurückzuerhalten. Man sagt in diesem Sinne, Zins ist der Preis des Geldes, wenn es verliehen wird. Das klingt vollkommen normal und ist es zunächst auch. Das Problem ist die milliardenfache kommerzielle Wiederholung dieses Vorgangs. Was dabei passiert, hat überhaupt nichts mehr mit Menschen zu tun, die sich gegenseitig mit Geld aushelfen und dafür Verzicht leisten. Sondern im großen Stil wird Geld verliehen, das Reiche übrig haben – und zwar einzig, um daraus vermöge Zins noch mehr Geld zu machen.

Also: Aus Geld wird Geldkapital, wenn es befristet zur Gewinnerzielung eingesetzt wird. Somit hat das derzeitige Geld noch eine weitere Funktion, die seinen Charakter entscheidend prägt: die *Kapitalfunktion*. Sie ermöglicht es einerseits, gewinnbringend mit Geld zu handeln: Geld wird dabei zur Ware. Und andererseits lässt sich Geld gegen eine »Nutzungsgebühr« – gegen den Kapitalzins – verleihen, und diese Gebühr vereinnahmt der Kapitaleigner privat als Entgelt. Er muss dafür *keine*

---

2 Vgl. Scheidler, Fabian. *Das Ende der Megamaschine*. 8. Aufl. Wien: Promedia, 2016, 80ff.

Leistung erbringen außer der vorübergehenden Überlassung seines Kapitals (das er ohnehin übrig hat) sowie dem Risiko, es eventuell nicht zurückzuerhalten (gegen das er sich absichern kann).

Dabei fallen allerdings Nebenwirkungen auf. Zum einen ist es ebenso unnormal wie ungerecht, dass jene, die schon viel haben, vermöge Zinses immer noch mehr bekommen – zumal es zu Lasten aller anderen geht, wie wir bald sehen werden. Zum andern besteht ein mathematisches Problem, wenn der vereinnahmte Zins dem Kapital zugeschlagen und erneut gegen Zins verliehen wird. Dieser *Zinseszinseffekt* führt zu nichtlinearem Anwachsen des Kapitals, was sich auf Dauer der wirtschaftlichen Umsetzbarkeit ebenso entzieht wie unserer Vorstellungskraft. Zwar lässt sich der Verlauf einer Exponentialfunktion (z. B. jeweils verdoppelte Menge Reiskörner auf den Schachbrettfeldern) nicht einfach auf die Realität übertragen – und doch werden wir Verhältnisse vorfinden, die einer exponentiellen Entwicklung bedenklich ähneln. Es gibt also durchaus Gründe, den Kapitalzins zu kritisieren. Die Geschichte dieser Kritik reicht von den Priestern des alten Israel über Aristoteles und den römischen Kaiser Diokletian bis Karl Marx, Silvio Gesell und John Maynard Keynes.

Es wächst und wächst

Geldvermehrung ist von großer Faszination – aber im Grunde Eselei, das wussten schon die Brüder Grimm. Sobald der Goldesel sein Werk verrichtet hat, ist mehr Geld vorhanden als vorher – zur allgemeinen Verzückung der Anwesenden. Und auch wenn die Kapitaleigner ihr Kapital nebst Kapitalzins zurückerhalten, verfügen sie plötzlich über mehr, als sie vorher hatten. Wenn das oft genug geschieht, müsste sich ein Vermögenswachstum bemerkbar machen. Wir wollen das in der Praxis überprüfen und betrachten dazu die deutschen Bankeinlagen. Zum Vergleich halten wir die Entwicklung der Wirtschaftsleistung dagegen, sie wird im Bruttoinlandsprodukt BIP ausgewiesen (der Umsatz von

Gütern und Dienstleistungen pro Jahr nach Abzug aller Vorleistungen). Das Ergebnis zeigt die folgende Abbildung:

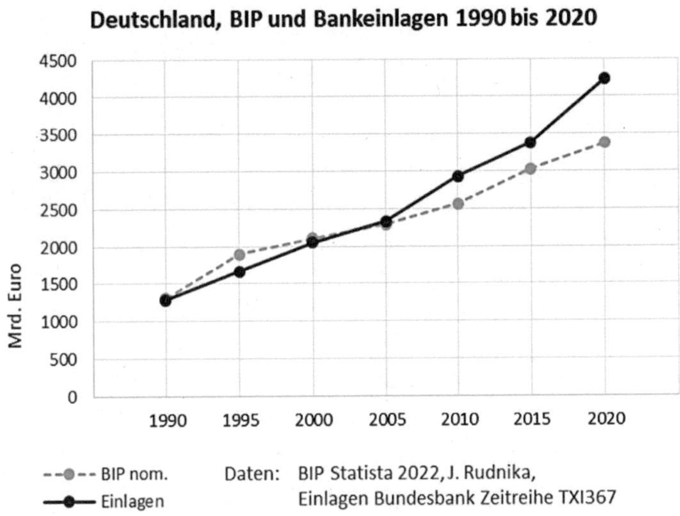

Abbildung 1: Es ist ein deutliches Anwachsen zu sehen; das BIP ist innerhalb von 30 Jahren um rund 2.000 Mrd. Euro gewachsen und die Bankeinlagen sogar um knapp 3.000 Mrd. Euro. K. Simon 2022.

In der Realität wachsen demnach Bankeinlagen und Wirtschaft – von kurzzeitigen Schwankungen abgesehen – seit Jahrzehnten unentwegt. Dass sie das gemeinsam tun, überrascht wenig: Geld muss proportional zur Wirtschaftsleistung wachsen (gleiche Umlaufgeschwindigkeit vorausgesetzt). Doch wir sehen die Bankeinlagen nicht *wie* die Wirtschaft wachsen, sondern *stärker* als diese. Bedeutet das, dass sich die Vermögen nun immer mehr von den realen Werten entfernen? Und müsste das nicht einer steten Geldentwertung gleichkommen? Wir werden schon bald eindeutige Antworten auf diese Fragen finden. Jetzt aber stellen wir erstmal fest: Die Wirtschaftsleistung und mehr noch die Vermögen sind in Deutschland seit Jahrzehnten gewachsen – das belegen die Zahlen. Und die Frage lautet: Warum eigentlich?

Woher kommt das Immermehr?

Für die Wirtschaft ist Geldkapital von immenser Bedeutung. Die Unternehmen müssen heute schon Anlagen und Ausgangsstoffe finanzieren, wenn sie morgen fertigen und übermorgen verkaufen wollen. Den finanziellen Vorschuss dafür liefern Kapitaleigner. Das sind teils die Unternehmer selbst, überwiegend aber externe Kapitalgeber wie Banken, Schattenbanken oder Aktionäre. Sie alle erbringen mit ihrem Kapital eine *Promotionsleistung*[3] und vereinnahmen später einen Teil des erarbeiteten Mehrwerts als Entgelt: den Kapitalzins. Die Vorfinanzierung der Produktion wäre zwar auch anders möglich (dazu im Teil 2 dieses Beitrags), doch für die derzeitige Form von Wirtschaft ist Kapital tatsächlich der Dreh- und Angelpunkt und gibt ihr den Namen *kapitalistische Wirtschaftsweise*.

Wenn die Kapitaleigner in der Wirtschaft investieren, erhalten sie ihr Kapital *vermehrt* zurück. Sie werden das vermehrte Kapital erneut investieren und so *wiederum vermehren*. Dieser Prozess wird *Kapitalakkumulation* genannt, also Anhäufung: Aus Kapital wird immer mehr Kapital, genau das macht sein Wesen aus. Wir sehen, was dadurch zwangsläufig passiert:

---

3 Vgl. Binswanger, Hans Christoph. *Die Wachstumsspirale*. 2. Aufl. Marburg: Metropolis, 2006, 366.

Abbildung 2: Kapital und Wirtschaft wachsen gemeinsam Schritt um Schritt. K. Simon 2022.

Die Unternehmen müssen zusätzlich erwirtschaften, was die Kapitaleigner an Zins haben wollen. »Der Geldschwund, der sich aus den Zinszahlungen an die Bank ergibt, ist wesentlich verantwortlich für den Wachstumszwang«.[4] Doch nicht nur die Wirtschaft muss wegen der Zinslast wachsen. Umgekehrt braucht auch das um Zins vermehrte Kapital eine gewachsene Wirtschaft, sonst lässt es sich nicht erneut investieren! Das ist wie Ei und Henne – und ohne Wachstum funktioniert es jedenfalls nicht.

Rendite und Profit mögen uns als das Normalste der Welt erscheinen, viele Menschen können es sich kaum anders vorstellen. Doch den wenigsten ist klar, dass damit ein Wachstumszwang einhergeht. Dieser Zwang ist ernst, so ernst, dass in Deutschland die Sicherstellung »stetigen und angemessenen Wirtschaftswachstums« sogar per Gesetz vorgeschrieben ist. Hans Matthöfer, 1978 bis 1982 deutscher Finanzminister, formulierte es schon damals zutreffend: »Wachstumsstillstand bedeutet Massenarbeitslosigkeit und damit den katastrophalen wirtschaftlichen

4 Binswanger, 331.

Zusammenbruch der Bundesrepublik Deutschland«.[5] Der Grund ist klar: Kommt es zu längeren Wachstumseinbrüchen, hat das Kapital keine Aussicht auf Erträge mehr; es drohen dann Kursstürze und Bankrotte.

Die fortdauernde Anhäufung von Kapital erzwingt also ein stetes Wachsen der Wirtschaft. Nicht die Marktwirtschaft an sich, sondern die *kapitalistische* Marktwirtschaft ist die Ursache ständigen Wachstums. Denn die endlos voranschreitende Warenzirkulation ist nur eine Auswirkung des endlos voranschreitenden Kreislaufs von vereinnahmten Profiten und deren erneuter Investition: *Das* ist des Pudels Kern! Das Geldsystem im Kapitalismus muss diesem Wachstumszwang Rechnung tragen und es ist vollständig darauf zugeschnitten.

Geldarten und Geldmenge

Unter der *Geldmenge* versteht man den Bestand an Zahlungsmitteln *außerhalb des Bankensektors* – also das Geld, welches in der Volkswirtschaft vorhanden ist: Industrie, private Haushalte sowie Staat. Es liegt in zweierlei *Geldarten* vor:

- *Bargeld* (Banknoten, Münzen),
- *Buchgeld* (auch *Giralgeld* genannt); Buchgeld ist stoffloses Geld und besteht lediglich aus dem Eintrag einer *Forderung auf Bargeld* gegenüber den Banken.

Zur Veranschaulichung: Wenn man sich Obst als Analogon zu Geld vorstellen wollte, dann wären Äpfel und Birnen ebenso Unterbegriffe wie Bargeld und Buchgeld.

Bargeld ist gesetzliches Zahlungsmittel mit allen damit verbundenen Sicherheiten, Buchgeld dagegen ist es nicht. Da jedoch die Zusage der Banken besteht, Buchgeld jederzeit in Bargeld auszuzahlen, wird Buch-

5 SPIEGEL (1980): »Die fetten Jahre sind vorbei«. https://www.spiegel.de/politik/die-fetten-jahre-sind-vorbei-a-e117ea5e-0002-0001-0000-000014316057; 20.03.2022.

geld als Zahlungsmittel allgemein akzeptiert und ermöglicht heute ganz selbstverständlich den bargeldlosen Zahlungsverkehr.

Zu Informationszwecken weist die Bundesbank Anteile der Geldmenge gesondert aus: die sog. *Geldmengenaggregate*. Das klingt komplizierter als es ist, auch privat würde man beispielweise Girokonto und Sparbuch unterscheiden. Um im obigen Bild zu bleiben: Man kann die Äpfel zählen und die Birnen (Aggregate). Man kann ebenso beide zusammenzählen, dann hat man die Menge allen Obstes (Geldmenge). Im Euroraum sind die Geldmengenaggregate wie folgt definiert:

- *M1*: Bargeldumlauf nebst Sichteinlagen (täglich fällig, z. B. Tagesgeldkonten),
- *M2*: zu M1 kommen noch kurzfristige Termin- und Spareinlagen hinzu (Laufzeit bis 2 Jahre, z. B. Sparbücher),
- *M3*: nun werden zu M2 noch kurzfristige Wertpapiere aufsummiert (z. B. Repogeschäfte, dazu später mehr).

M3 umfasst also den Bargeldumlauf plus Einlagen sowie Wertpapiere mit kurzer Laufzeit. Dieser Anteil der Geldmenge ist unmittelbar nachfragewirksam und stellt eine wesentliche Orientierungshilfe für die Konjunkturerwartung dar; man liest in Verlautbarungen der Bundesbank häufig über die Entwicklung von M3. Die gesamte Geldmenge unterliegt dagegen keiner Laufzeitbeschränkung, sie umfasst *alle* Einlagen und Wertpapiere (jene mit kurzer Laufzeit sind nur ein Teil davon). In der folgenden Abbildung sehen wir die Entwicklung des Bargeldumlaufs, M3 und der gesamten Geldmenge im Vergleich:

In der Grafik überrascht der geringe Bargeldumlauf, 2020 lag er bei nur 6,2 Prozent der gesamten Geldmenge. Viele Menschen verbinden den Begriff Geld noch immer mit der Vorstellung von Bargeld. Doch es gibt derzeit 16 Mal mehr Buchgeld als umlaufendes Bargeld!

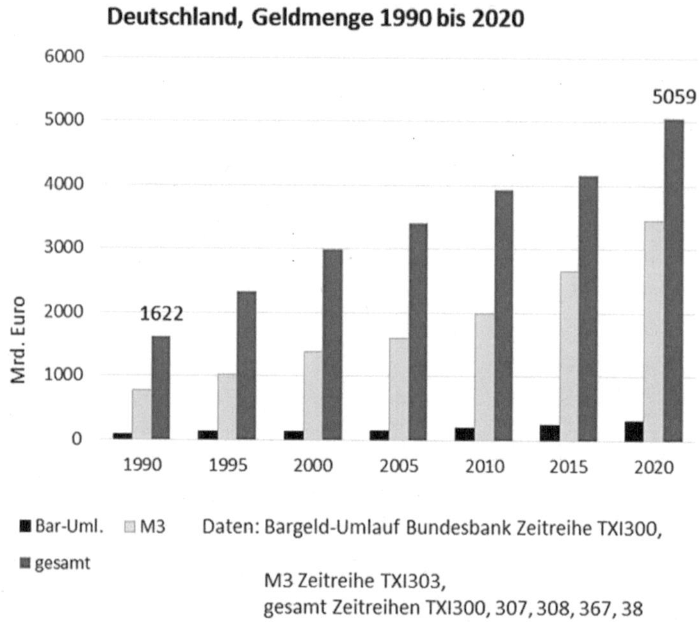

Abbildung 3: Die gesamten Geldmenge ist in den gezeigten drei Jahrzehnten um 3.437 Mrd. Euro gewachsen: Das ist Faktor 3,1! K. Simon 2022.

Fassen wir noch einmal zusammen: Die Geldmenge ist der Bestand an Zahlungsmitteln außerhalb des Bankensektors. Sie wird in sog. Aggregaten ausgewiesen, das wichtigste davon ist M3. Der Anteil des Bargeldumlaufs an der Geldmenge ist nur ganz gering. Die gesamte Geldmenge wächst fortwährend und hat sich in Deutschland in den letzten drei Jahrzehnten um rund 3.400 Mrd. Euro ausgedehnt.

Banken

Wo aber kommt das Geld her? Werfen wir einen Blick auf den Entstehungsort: das Bankensystem. Und dieses ist zweigeteilt.

a) Zentralbank
Die Zentralbank (auch Notenbank genannt) ist eine überstaatliche Behörde, welche über Hoheitsrechte auf dem Gebiet der Geldpolitik verfügt. Zentralbank des Euroraums ist die *Europäische Zentralbank (EZB)* – ein Organ der Europäischen Union. Die Bundesbank ist mit der Euro-Einführung im Range einer *nationalen Zentralbank* geblieben, die jedoch nun der EZB untersteht. Die Bundesbank stellt im deutschen Bankensystem den Bargeldumlauf sowie Zentralbank-Kredite für Geschäftsbanken zur Verfügung.

b) Geschäftsbanken
Geschäftsbanken (auch monetäre Finanzinstitute genannt) sind der Bankenaufsicht unterstellte Unternehmen, welche das von der Zentralbank erhaltene Bargeld an den Privatsektor ausgeben sowie Bank-Dienstleistungen anbieten. Geschäftsbanken fungieren dabei als Bindeglied zwischen Zentralbank und Volkswirtschaft. Geschäftsbanken und Bundesbank bilden zusammen das deutsche Bankensystem.

Wollen wir die Dienstleistungen der Geschäftsbanken betrachten, so ist zum einen das *Aktivgeschäft* zu nennen. Es umfasst vor allem die Kreditvergabe an Bankkunden und heißt so, weil sich diese Beträge auf der Aktivseite der Bankbilanz finden: *Forderungen der Bank* an die Kunden.

Zum andern gibt es das *Passivgeschäft.* Dieses umfasst die Einnahme und Wiederausgabe von Bankeinlagen sowie das Überweisen von Buchgeld der Bankkunden. Es heißt so, weil sich diese Beträge auf der Passivseite der Bankbilanz finden: *Forderungen der Kunden* an die Bank.

Und wie entsteht Geld?

Der weitaus größte Teil des Geldes kommt zur Welt, indem Banken einen Kredit ausreichen. Dabei sichern sie dem Kontoinhaber einen Guthaben-Betrag zu. Früher wurde die Zusicherung als Zeile in Bücher eingetragen (»gebucht«), heute als Datensatz in Datenbanken. Durch die Buchung entsteht Geld, denn der Kontoinhaber kann damit bargeldlos bezahlen oder sich Bargeld auszahlen lassen. Die Banken indessen haben die Buchung einfach nur eingegeben, man könnte auch sagen »erfunden« – eben geschöpft: *Die Menge dieses Geldes gab es vor der Buchung noch nicht.*

Es besteht für heutiges Geld keine irgendwie geartete Deckung mehr, der Goldstandard ist schon seit 1971 aufgehoben. Seitdem konnte sich die Geldmenge völlig frei und losgelöst von realer Entsprechung entwickeln: durch Geldschöpfung aus dem Nichts. Wieder müssen wir die Zweiteilung beachten:

a) Zentralbankgeld

Zum Zentralbankgeld zählen der Bargeldumlauf sowie die Guthaben der Geschäftsbanken bei der Zentralbank. Zentralbankgeld wird durch einen Buchungsvorgang aus dem Nichts geschöpft. Eine Zentralbank kann also jederzeit Zentralbankgeld erschaffen, einfach so. Entweder durch den Ankauf von Vermögenswerte wie Wertpapiere, Gold oder Devisen; sie schreibt dann dem Verkäufer den Betrag auf seinem Konto gut. Oder die Zentralbank schreibt einer Geschäftsbank einen Kreditbetrag auf deren Girokonto gut. Auch durch diese Buchung entsteht neues Zentralbankgeld.

Und wie ist das mit den Banknoten? Die bringt die Zentralbank nicht selbst in Umlauf. Sie liegen zunächst auf Vorrat. Erst durch das Buchen eines Kreditbetrags auf das Zentralbankkonto einer Geschäftsbank verfügt diese über Zentralbankgeld und wird nun Banknoten abrufen und in Umlauf bringen; von da an zählen diese Banknoten zur Geldmenge.

b) Geschäftsbankenfeld (Buchgeld)
Wir hatten bereits festgestellt, dass eine riesige und ständig wachsende Menge Buchgeld existiert – weit mehr als Bargeld (vorige Abbildung). Wenn dieses Buchgeld nicht von der Zentralbank kommt – woher dann? Es sind die Geschäftsbanken, die das Buchgeld hervorbringen. Buchgeld entsteht, indem ein Guthaben auf das Girokonto eines Bankkunden geschrieben wird: »aus dem hohlen Bauch«.[6]

Wenn Geschäftsbanken Vermögenswerte ankaufen (z. B. Wertpapiere oder Immobilien), bezahlen sie diese mit von ihnen erzeugtem Buchgeld, welches sie dem Verkäufer auf seinem Girokonto gutschreiben. Im weitaus überwiegenden Fall aber entsteht Buchgeld durch Kreditvergabe an Bankkunden. Auch das funktioniert wiederum einfach durch eine Buchung:

Aktiva	**Passiva**
10.000 Euro Kreditforderung	10.000 Euro Sichtguthaben

Im Beispiel verfügt der Kreditnehmer auf seinem Girokonto jetzt über ein Guthaben von 10.000 Euro, dafür muss er Zins und Tilgung leisten. Die Bilanz der Geschäftsbank verlängert sich durch diese Buchung um 10.000 Euro – *und das sind 10.000 Euro, die es vor dem Knopfdruck noch nicht gab.* Die Geldmenge hat sich dadurch erhöht.[7]

Das Ausmaß der Kreditgeldschöpfung wird den Geschäftsbanken nicht vorgeschrieben, somit kann das Bankensystem elastisch auf erhöhte Geldnachfrage reagieren. Endlos Kredite vergeben können Geschäftsbanken allerdings trotzdem nicht, denn sie müssen über Zentralbankgeld verfügen und davon für jeden ausgereichten Kredit 1 Prozent Reserve bei der Zentralbank hinterlegen. Ferner müssen sie Eigenkapitalanforderungen erfüllen (vgl. Banken-Reformpaket »Basel III«). Auch müssen sie abfließende Kreditbeträge (Barauszahlung, Überweisung an

---

6 Peukert, Helge. *Das Moneyfest.* Marburg: Metropolis, 2013, 26.

7 Zur genaueren Beschreibung vgl. z. B.: Simon, Klaus. *Kapitalkrise*. Marburg: Büchner, 2023, 28ff.

andere Banken) mit Zentralbankgeld begleichen, sofern die Abflüsse die Zuflüsse übersteigen. Und sie müssen den Erwerb dieses Zentralbankgelds durch Geschäftstätigkeit finanzieren. Was aber ist eigentlich die Geschäftstätigkeit einer Bank? Das steht bei Erich Kästner: »Sie borgen sich Geld für fünf Prozent und leihen es weiter zu zehn«.

Entscheidend für das Verständnis ist der amtliche Satz, »dass die Kreditvergabe grundsätzlich ohne vorherige Zuflüsse von Kundeneinlagen stattfinden kann. Die Buchgeldschöpfung ist das Ergebnis eines Buchungsvorgangs«.[8] Die verbreitete Vorstellung, Geschäftsbanken könnten nur bar eingezahlte Ersparnisse ihrer Kunden als Kredit weiterreichen, ist unzutreffend. Vielmehr schaffen sie aus einer ganz geringen Menge Zentralbankgeld eine große Menge Buchgeld; so erklärt sich die vorhin gesehene Grafik.

Geldpolitik

Bisher haben wir die Entstehung von Geld betrachtet, z. B. durch Kreditvergabe. Geld verschwindet aber auch wieder aus den Bankbilanzen, z. B. durch Kredittilgung – was mit dem Löschen der zugehörigen Buchungszeile verbunden ist. Da früher oder später jeder Kredit getilgt wird, müsste die Geldmenge eigentlich gleichbleiben. Wir wissen aber, dass sie unaufhörlich wächst. Wie kann das sein? Die Antwort ist einfach: weil Jahr für Jahr mehr Kredite vergeben werden. Die Geldmenge darf nicht zu wenig wachsen (Investitionsklima!), aber auch nicht zu sehr (Inflationsgefahr!). Ein durchaus komplexer Prozess, den es in der Balance zu halten gilt. Wer hat dabei den Hut auf, wer steuert das Ganze? Die Steuerung erfolgt vermöge der Geldpolitik der Zentralbank. Vorrangiges Ziel ist einerseits Preisstabilität sowie andererseits ein Investitionsklima, das zu wachsender Kredit-Inanspruchnahme anreizt.

Mit ihrer Geldpolitik nimmt die Zentralbank Einfluss auf die Kreditvergabe durch Geschäftsbanken und damit letztlich auf die volkswirt-

8 Bundesbank. »Monatsbericht«, April 2017, 19.

schaftliche Wertschöpfung. Wichtigstes Instrument klassischer Geldpolitik ist der Leitzins: »Höhere Zinssätze stärken den Anreiz zum Sparen und verteuern die Kreditaufnahme. Wenn dadurch weniger Geld ausgegeben wird, also weniger Waren oder Dienstleistungen gekauft werden, dämpft dies tendenziell die gesamtwirtschaftliche Nachfrage und somit die Preisentwicklung. Umgekehrt führen niedrigere Zinssätze in der Tendenz zu einer steigenden (auch kreditfinanzierten) Nachfrage und somit zu einem höheren Preisniveau«.[9] Es ist unschwer zu bemerken, dass die Steuerung durch die Zentralbanken sehr indirekt wirkt und mit Verzögerungen behaftet ist – ähnlich einem Lenkrad mit zu viel Spiel. Warum eigentlich gibt es diesen merkwürdigen zweiteiligen Geldkreislauf, der nur indirekt steuerbar ist? Und das komplizierte Durcheinander von Bar- und Buchgeld? Warum ist die Geldschöpfung nicht einzig der Zentralbank vorbehalten? Darum:

Zinsüberschuss

Das vorfindliche Bankensystem einschließlich der gängigen Buchgeld-Schöpfung ist nicht das Ergebnis eines wohlüberlegten Entwurfs, sondern des historischen Tauziehens zwischen Staaten und Banken (nebst hinter ihnen stehenden Kapitaleignern). Großbanken verfügen über großen Einfluss und zeigen wenig Neigung, sich das Geldschöpfungsprivileg nehmen zu lassen. Dank dieses Privilegs können sie die Ausweitung der Kreditvergabe je nach Geschäftslage selbst steuern. Und von der Kreditmenge hängt der *Zinsüberschuss* ab.

Das Zinsergebnis der Geschäftsbanken ergibt sich als Differenz zwischen dem Einlagezins, den sie für Guthaben zahlen müssen (Zinsaufwendungen), sowie dem Kreditzins, den sie von Schuldnern erhalten (Zinserträge). Diese Differenz wird als Zinsüberschuss ausgewiesen, er lag in den letzten zwei Jahrzehnten im deutschen Bankensektor pro Jahr

---

9 Bundesbank. »Geld und Geldpolitik«, 2022. https://www.geld-und-geldpolitik.de; 09.03.2022.

zwischen 80 und 96 Mrd. Euro![10] Der Zinsüberschuss stellt natürlich nicht 1:1 das Betriebsergebnis der Banken dar, ist aber eine wesentliche Einkommensquelle.

Das Versorgen der Wirtschaft mit Krediten ist ohne Zweifel eine wichtige, wenn auch vergleichsweise einfache Aufgabe. Wie verhältnismäßig ist es, dass Geschäftsbanken für das Erfüllen dieser Aufgabe jährliche Einnahmen kassieren, die 2015 fast einem Drittel des gesamten Bundeshaushalts entsprachen?

Schuldgeldsystem

Wir erinnern uns: Die Geldmenge ist der Bestand an Zahlungsmitteln außerhalb des Bankensektors – also das Geld, welches in den Sektoren Staat, Industrie sowie private Haushalte vorhanden ist (die sog. Nichtbanken). Das Gros der Geldmenge besteht aus Buchgeld. Und Buchgeld wird überwiegend durch Kreditvergabe hervorgebracht. Halt mal, dies würde ja bedeuten, dass der Geldmenge eine ebenso große Menge an Krediten gegenübersteht. Wenn die Geldmenge wächst, müsste die Kreditmenge gleichfalls wachsen. Auch das wollen wir anhand der Praxis überprüfen und staunen nicht schlecht: Es stimmt!

---

10 Bundesbank. »Bankenstatistiken 2021«. https://www.bundesbank.de/resource/blob/804030/d38064939a197f570444878f70f6ecfc/mL/viii-gewinn-und-verlustrechnungen-der-banken-data.pdf; 09.03.2022.

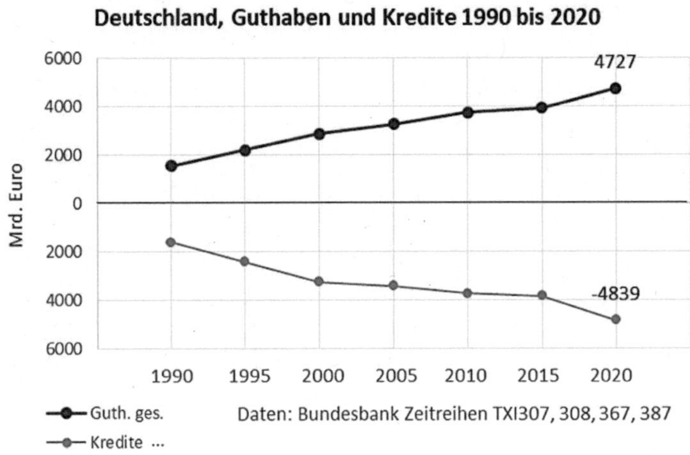

Abbildung 4: Zu den Guthaben der Nichtbanken gibt es eine nahezu gleich große Menge von Krediten an Nichtbanken. K. Simon 2022.

Es ist demnach gar nicht fraglich, *ob* die Kreditmenge zusammen mit der Geldmenge wächst. Vielmehr zeigen die Daten, dass über den Daumen tatsächlich *jedem Euro Guthaben ein Euro Kredit gegenübersteht.* Kredite aber – das sind Schulden! Deshalb spricht man von *Schuldgeld.* Die Geldmenge wächst immer dann, wenn jemand Schulden macht. Dabei »erzeugt eine zinsbehaftete Kreditgeldschöpfung strukturell Wachstums- und Verschuldungszwänge«.[11] Wir wissen ja bereits, warum in diesem Geldsystem die Geldmenge ständig wachsen muss. Nun wissen wir zusätzlich, dass damit zugleich die Schuldenmenge ständig wachsen muss! Klingt unbehaglich.

Schuldenmachen bedeutet die Inanspruchnahme finanzieller Vorleistungen und ist insbesondere als Vorschuss für die Produktion von grundlegender Bedeutung in der Wirtschaft. Gegen ein ausgeglichenes Kreditnehmen und -tilgen im Wechsel wäre rein gar nichts einzuwen-

11 Peukert, Helge. *Die große Finanzmarkt- und Staatsschuldenkrise.* 5. Aufl. Marburg: Metropolis, 2013, 594.

den. Das Schulden-Problem im herrschenden Geldsystem ist jedoch ein anderes:

- Die Notwendigkeit fortwährender Geldmengenausweitung erzwingt ein ebenso fortwährendes Anwachsen der Schuldenmenge. Das führt systematisch in die *Überschuldung* der Gesellschaft.
- Immer mehr Anteile der erarbeiteten Wertschöpfung wandern deshalb in Form von Kreditzins an die Kapitaleigner und machen diese immer reicher.

Schulden sind nicht einfach da, sondern jemand muss sie als Kredit aufnehmen und Zins sowie Tilgung leisten. Im Nichtbanken-Bereich kommen dafür nur die Sektoren Staat, Industrie und private Haushalte infrage. Es ist völlig klar: Wenn in der Volkswirtschaft einer der Sektoren Schulden abbaut (z. B. die privaten Haushalte nehmen weniger Kredit auf), muss ein anderer Sektor Schulden aufbauen (z. B. der Staat verschuldet sich mehr). Denn in Summe muss die Höhe der Schulden der Geldmenge entsprechen und mit ihr zusammen wachsen. Das bedeutet nichts Geringeres als: *Mittels Sparen lassen sich Schulden gar nicht abbauen!* Sparen kann in diesem System allenfalls Schuldenmengen von einem Sektor in den anderen verschieben. Die Sektoren der Volkswirtschaft müssen in Summe wachsende Kredite (= Schulden) aufnehmen – entsprechend der wachsenden Geldmenge. *Einzig ein Rückgang der Geldmenge (Abschmelzen von Vermögen) könnte in Summe zu weniger Verschuldung führen!*

Noch ein Wort zu Staatsschulden: Sie ermöglichen der Gesellschaft reale Optionen und in diesem Sinne kann man sie positiv sehen. Doch Befürworter ungebremster Staatsschulden vergessen das Ausmaß notwendiger Zinszahlungen. Der Bund musste 2023 mehr als 40 Milliarden Zinslast für seine Schulden zahlen. »Erhöhen sich die Zinsen mittelfristig um nur einen Prozentpunkt, steigen die Zinskosten allein des Bundes um bis zu 17 Milliarden Euro pro Jahr«.[12]

12 Bund der Steuerzahler (2024). https://www.steuerzahler.de/aktion-position/staatsverschuldung/staatsverschuldung/?L=0; 23.05.2024.

Wenn ein Staat dringliche Aufgaben zu erfüllen hat, die seine Steuereinnahmen übersteigen (z. B. eine wirtschaftliche Rezession abwenden): Warum halten wir es dann für normal, dass er sich dafür Geld am Kapitalmarkt leihen und ab nun Zins zahlen muss, der schlussendlich auf den Konten reicher Privatpersonen landet?

Inflation

Inflation (lat. *inflare*: »aufblähen«) bezeichnet einen über mehrere Perioden anhaltenden Anstieg des Preisniveaus. Man kann dann für einen Geldbetrag weniger Waren und Dienstleistungen kaufen als zuvor. Die Ursache liegt zumeist in Knappheitseffekten, und diese wiederum können die Folgen falscher Politik, Mangelsituationen oder steigender Nachfrage sein (z. B. im Ergebnis höherer Geldumlaufgeschwindigkeit). Obendrein soll aber ein generelles Phänomen nicht übersehen werden: Wir hatten bereits festgestellt, dass die Geldmenge stärker als die Wirtschaftsleistung wächst, d. h. dass sich die Äquivalenzrelation zwischen Gütern und Geld fortwährend verändert. Müsste nicht allein das schon zu einem steten Kaufkraftschwund des Geldes führen? Zunächst werden wir anhand der Praxis prüfen, ob denn unser Geld tatsächlich dauernd an Wert verliert.

a) Vermögensinflation

Unter Vermögensinflation versteht man den Wertverlust von Geld gegenüber Anlagewerten wie Immobilien, Kunstwerken, Gold usw. Wir nutzen den Goldpreis als Indikator und erschrecken: Der Wert des Geldes gegenüber Gold ist zwischen 2002 und 2020 auf weniger als ein Fünftel geschrumpft; der Preis für eine Feinunze Gold stieg von 320 auf 1.706 Euro![13] Immer mehr überschüssiges Geld ist in Anlagewerte geflossen – zum Zwecke des Hortens oder der Spekulation auf Preisstei-

13 Gold.de (2022): Aktuelle Goldpreisentwicklung. https://www.gold.de/kurse/goldpreis/entwicklung/; 11.12.2022.

gerungen. Die dadurch wachsende Nachfrage hat zu einer deutlichen Vermögensinflation geführt.

b) Verbraucherpreisinflation

Unter Verbraucherpreisinflation versteht man den Kaufkraftverlust von Geld gegenüber Gebrauchsgütern (z. B. Möbel) und Verbrauchsgütern (z. B. Lebensmittel); mit dem Wort Inflation ist zumeist die Verbraucherpreisinflation gemeint. In Deutschland lag die Inflationsrate seit Mitte der 1990er Jahre durchschnittlich unter 2 %. Ab Ende 2021 stieg sie dann und erreichte 10 %.[14] In der Realität kommt es demnach zu unterschiedlichen Inflationsraten pro Jahr. Dennoch zeigt sich die Wirkung von Inflation anhand längerer Zeiträume äußerst eindrucksvoll; es findet tatsächlich eine stete Geldentwertung enormen Ausmaßes statt: Ein US-Dollar verfügt heute nur noch über 3,5 % der Kaufkraft, die er im Jahr 1900 hatte. Die restlichen 96,5 % hat die fortwährende Inflation gefressen: mit einer durchschnittlichen Inflationsrate von harmlos erscheinenden 2,97 % pro Jahr.[15]

Zugleich sind die Einkommen gestiegen. Solange die inflationsbedingte Teuerung durch Lohnerhöhungen, Rentenanpassungen usw. ausgeglichen wird, könnte man meinen: kein Problem! Dennoch ist Inflation für Sparer ein herber Verlust: Der Wert eines Sparguthabens halbiert sich bei moderater Inflation von 2 % bereits innerhalb von 35 Jahren, bei 4,5 % sogar innerhalb von nur 15 Jahren! Wer durch Sparen vorsorgen will, muss mit den Inflationsverlusten leben oder sein Geld am Kapitalmarkt anlegen – und das ist nicht ohne Risiko. Kreditnehmer dagegen entrichten bei der Tilgung einen entsprechend geschrumpften Gegenwert, für sie ist Inflation ein Gewinn.

---

14 Statistisches Bundesamt 2022. »Pressemitteilung« Nr. 438.

15 I. Webster (2022). Consumer Price Index Inflation Calculator https://www.in2013dollars.com/us/inflation/1900?amount=100; 27.12.2022.

Unser täglicher Transfer nach oben

Nein, nicht wir gelangen nach oben. Gemeint ist unser Geld. Neben Kreditzinsen (Anteile der Wertschöpfung werden an die Kapitalgeber abgeführt) wirken noch weitere Mechanismen, die Geld aus der Gesellschaft abziehen und zu den Kapitaleignern lenken. Am bekanntesten ist die Vereinnahmung des Profits in der Produktion. Doch es gibt noch mehr, z. B. die Privatisierung öffentlicher Güter (Gewinne, die vorher der Gesellschaft zur Verfügung standen, fließen nun an Privat). Eine weitere Form funktioniert über die Preise. Wenn ein Spekulant Güter aufkauft und später teurer wiederverkauft (etwa Grund und Boden), hat er einen Gewinn. Der wird jedoch in direkter Weise von der Allgemeinheit durch höhere Preise finanziert.

Und dieses Phänomen wirkt nicht nur bei gezielter Spekulation, sondern immer – nämlich durch den Zinsanteil an den Preisen. Damit ist der Anteil an privaten Konsumausgaben gemeint, der durch Kapitalkosten verursacht wird. Im jeweiligen Endpreis eines Produkts verbirgt sich eine ganze Kaskade von Kapitalkosten (überwiegend Zinslast), die von Stufe zu Stufe durchgereicht werden. Ohne diese wären die Güter viel billiger! Die folgende Grafik zeigt schematisch, wie die Kapitalkosten der jeweiligen Auftragnehmer in den Endpreis des Produkts einfließen; in diesem Fall in die Wohnungsmiete, die ein privater Investor erhebt:

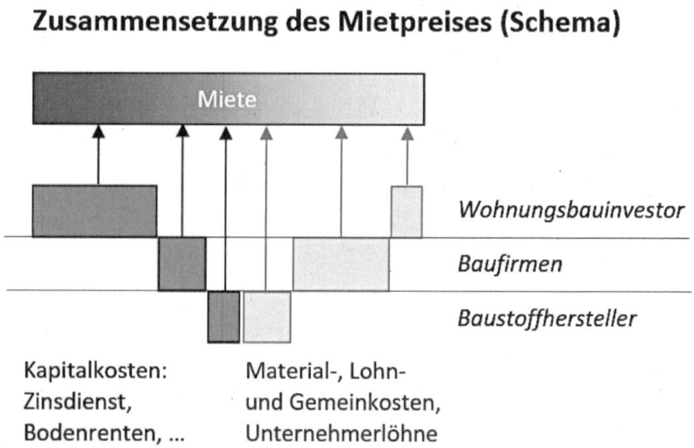

Abbildung 5: Die Kapitalkosten der jeweiligen Auftragnehmer gehen in den Endpreis ein. K. Simon 2022.

Wir haben nunmehr das Geldsystem und die Banken kennengelernt, weiterhin das Phänomen der Überschuldung, das nichts anderes ist als die systembedingte Kehrseite der wachsenden Vermögen. Und ebenso, dass diese Vermögensanhäufung durch die Umverteilung über Kreditzins, Privatisierung und Zinsanteile an den Preisen zusätzlich verstärkt wird. Doch das alles ist nur die Spitze des Eisbergs. Die Banken und Finanzunternehmen drehen ein noch viel größeres Rad. Und dabei stoßen wir auf unglaubliche Geschichten.

Spekulation

Spekulation bedeutet die profane Ausnutzung von Kurs-, Zins- oder Preisunterschieden innerhalb eines Zeitraums zum Zwecke der Gewinnmitnahme. Dabei kommen häufig Wertpapiere zum Einsatz. Typische Formen sind Aktien oder festverzinsliche Anleihen, aber auch Optionsscheine oder Derivate (Finanzwetten auf künftige Kurse irgendeines Basiswertes). All diese Papiere versprechen Kapitaleinkünfte.

Geschäftsbanken hebeln sich gegenseitig Kredite in Billionenhöhe auf. Es geht so: Eine Bank nimmt bei einer anderen Bank Kredit und kauft davon Wertpapiere. Auf deren Sicherheit nimmt sie erneut Kredit und kauft wiederum Wertpapiere – usw. Die Bilanzsumme der Bank wird aufgebläht, ohne dass dafür zusätzliches Eigenkapital nötig ist. Und mit den auf Pump erworbenen Wertpapieren lassen sich Spekulationsgewinne machen. Man nennt den gezielten Aufbau einer solchen Kreditkaskade *Hebeln.* Mitte 2008 hatten einige deutsche Banken ihre Bilanzsumme auf mehr als das 50fache ihres Eigenkapitals gehebelt (Eigenkapital meint jenen Vermögensanteil, der den Bankeigentümern gehört, der also frei von Rückzahlungspflichten ist). Die Menge dieser gegenseitigen Kredite, die sog. Interbankkredite, lag 2008 im deutschen Bankensektor bei 4 Billionen Euro. 2011 waren davon allein 1.140 Mrd. Euro in »derivativen Finanzinstrumenten« angelegt – also in Finanzwetten!

Das Spekulationsgeschäft ist zur wesentlichen Einnahmequelle der Geschäftsbanken geworden. Die Devise lautet ganz einfach: Mehr Gewinne durch mehr Schulden. Es funktioniert freilich nur, solange die Spekulationsgewinne höher ausfallen als die Kreditkosten. Brechen die Gewinne weg, fällt im ungünstigen Fall das gesamte Kartenhaus ein – wie zur Finanzkrise 2008 geschehen. Doch als sich die Banken verwettet hatten – da wurden sie gerettet.

Nach der Finanzkrise 2008 brachte die Politik Finanzmarktreformen auf den Weg, die eine verbesserte Bankenregulierung zum Ziel hatten. Das Hauptaugenmerk lag auf dem Vorhalten von genügend Eigenkapital und Liquidität sowie dem Vorhandensein einer angemessenen Risikokontrolle durch Geschäftsbanken. Trotz zäher Verhandlungen konnte man sich allerdings nicht auf eine EU-weite Finanztransaktionssteuer einigen; die wäre ein wirksames Mittel gegen Spekulation. Insgesamt fielen die Reformen halbherziger aus als nach der Weltwirtschaftskrise. Das hat Gründe: Staaten können heute den Banken nur noch bedingt Vorschriften machen, denn die entziehen sich ausgeübtem Druck, indem sie problematische Teile ihrer Bilanzen oder gleich ganze Geschäftsfelder in Schattenbanken auslagern.

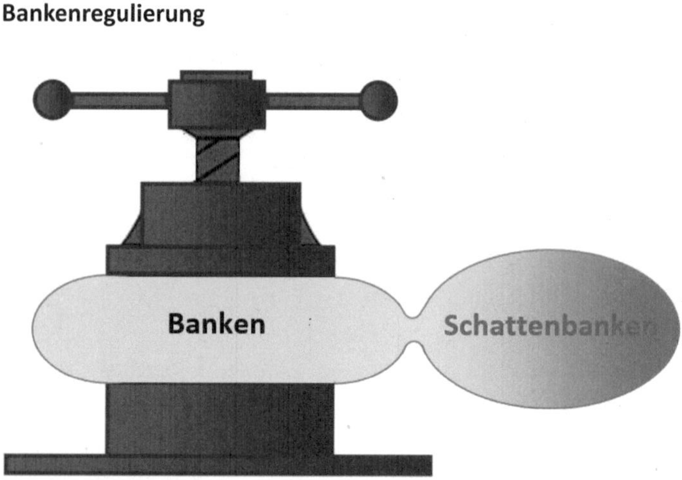

Abbildung 6: Das Bankengeschäft weicht bei Regulierungsdruck in den Schattenbankbereich aus. K. Simon 2022.

Schattenbanken

Der Begriff *Schattenbank* ist einerseits zutreffend: Es geht um Unternehmen, die bankenähnliche Finanzgeschäfte im Schatten abwickeln – nämlich außerhalb des Scheinwerferlichts der Bankenaufsicht (die ja nur für Geschäftsbanken zuständig ist). Andererseits erscheint es verwirrend, dass Schatten*banken* gar *keine Banken* sind und zum Nichtbankenbereich zählen. Zum Schattenbankensektor gehören: Geldmarktfonds, Investmentfonds (z. B. Aktien-, Renten- oder Hedgefonds), Wertpapierhändler, kreditgewährende Kapitalgesellschaften, Zweckgesellschaften, Briefkastenbanken, firmeneigene Holdings usw.

Schattenbanken handeln mit Finanzprodukten verschiedenster Art. Nicht nur die Unternehmen, auch die gehandelten Produkte sind vielgestaltig und von größter Kreativität. Im Wettlauf um immer neue Finanzprodukte ist deren Konstruktion mittlerweile derart komplex, dass sie für Außenstehende kaum noch zu durchschauen ist.

Bei Kreditgewährung durch eine Schattenbank kann diese nicht einfach Buchgeld schöpfen und dem Kreditnehmer gutschreiben. Dieses außerordentliche Privileg hat sie nicht, sie ist keine Geschäftsbank. Vielmehr wird vorhandenes Geld zwischen Marktakteuren vermittelt. Die Finanzierung über Schattenbanken weist also einen grundlegenden Unterschied zu Bankkrediten auf: *Es entsteht kein neues Buchgeld.*

Das wichtigste Finanzinstrument der Schattenbanken ist das *Repogeschäft.* Es umfasst den Verkauf von Wertpapieren nebst Rückkaufvereinbarung. Die Laufzeit von Repogeschäften liegt zwischen ein bis zwei Tagen und einem Jahr. Sie lassen sich mit einer Pfandleihe vergleichen: Nachfrager benötigen Geld und hinterlegen als Pfand ein Wertpapier, Anbieter besitzen Geld und verleihen es gegen dieses Pfand.

Große Geschäftsbanken agieren oft zugleich als Zwischenhändler am Repomarkt und beschaffen sich dort auch selbst Geldmittel. Schattenbanken- und Bankensystem sind also eng miteinander verflochten. Und die Sache hat noch einen weiteren brisanten Aspekt: Die begehrtesten – weil sichersten – Wertpapiere zur Absicherung von Repogeschäften sind Staatsanleihen. So haben die Staaten ungeachtet aller Risiken ein direktes Interesse an Schattenbanken, denn die Nachfrage nach Staatsanleihen drückt deren Zins!

Um das wirkliche Ausmaß des Schattenbankensektors zu sehen, müssen wir auf weltweite Daten übergehen und nutzen dazu die Berichte des Financial Stability Board (FSB):[16]

16 FSB. »Global Monitoring Report on Non-Bank Financial Intermediation 2021«. https://www.fsb.org/wp-content/uploads/P161221.pdf; 26.07.2022.

Finanzvolumen der wichtigsten Finanzakteure Ende 2020

	Finanzvolumen (Bill. USD)	Prozentanteil
Schattenbanken	226,6	48,3
Geschäftsbanken	180,4	38,5
Zentralbanken	41,9	8,9
Öffentliche Finanzinstitute	19,9	4,2
Summe	**468,7 Bill. USD**	**100,0 %**

Das Finanzvolumen der Schattenbanken hat das der Geschäftsbanken bereits überschritten, sie sind mittlerweile die Nummer 1 in der Finanzwelt!

Der gewachsenen Bedeutung entsprechend gibt es ein Interesse der Aufsichtsbehörden, den Schattenbankensektor schärfer zu kontrollieren als bisher. Aber das ist nicht so einfach: Anders als das staatliche Sicherungssystem des Bankensektors ist das private Sicherungssystem des Schattenbankensektors marktbasiert und vor Zusammenbrüchen nicht gefeit: Der Kurs von Wertpapieren kann ins Bodenlose fallen. Liquidität fließt dann sehr schnell ab und wegen ihrer Verflechtung mit Geschäftsbanken sowie Unternehmen greifen Engpässe rasch um sich. Dabei ist insbesondere problematisch, dass sich Schattenbanken meist sehr kurzfristig finanzieren und mit geringer Eigenkapitalquote agieren. Sie müssen keine Bonitätsprüfungen bestehen und sie verfolgen riskantere Strategien als Geschäftsbanken. Es geht in ihrer Sicht ja gar nicht darum, Risiken zu vermeiden, sondern als Renditequelle zu nutzen und sie möglichst kontrolliert zu managen – was natürlich nicht immer gelingt. So besteht z. B. eine typische Hedgefonds-Strategie darin, geliehene Aktien zu verkaufen (»Leerverkäufe«) und darauf zu spekulieren, diese vor Ende der Leihfrist billiger zurückkaufen zu können …

Und es gibt noch ein weiteres Problem: Im Schattenbankensektor sind neben soliden auch dubiose Akteure am Werk, etwa bei zweifelhaften Verbriefungen: Zweckgesellschaften verbriefen vorliegende Kreditbestände von Banken zu handelbaren Wertpapieren, deren Marktwert auf erwarteter Zins- und Tilgungszahlung beruht. Die Rückzahlungswahrscheinlichkeit der zugrundeliegenden Kredite ist dem Wertpapier allerdings nicht mehr anzusehen. Banken stoßen auf diese Weise Kreditbestände ab, bei denen Rückzahlungsprobleme bestehen bzw. zu erwarten sind (sog. faule Kredite) – vorsätzlich zum Nachteil der Käufer.

Eine weitere Methode ist das Auslagern fauler Kreditbestände aus den Bilanzen der Geschäftsbanken in Schattenbank-Zweckgesellschaften; dadurch können die Banken drohende Eigenkapitalerhöhungen umgehen.

Finanzindustrie

Wenn wir die Inhalte der letzten Seiten zusammenfassen, so lässt sich sagen: Das Geldsystem ist nur ein Teil des Ganzen, es wird umschlossen vom *Finanzsystem*. Dessen Aufgabe besteht ganz allgemein darin, finanzielle Mittel von Anbietern zu Nachfragern zu vermitteln. Das tun Finanzintermediäre (Banken, Versicherer, Investmentfonds, …) mittels der Finanzmärkte und der finanziellen Infrastruktur.

Das weltweit verwaltete Gesamtvolumen aller Finanzprodukte bildet die *globalen Finanzanlagen*. Bei deren Anblick reibt man sich die Augen, sie haben mittlerweile astronomische Ausmaße erreicht. Die folgende Grafik zeigt die surreal anmutenden Daten im Vergleich zum weltweiten BIP:

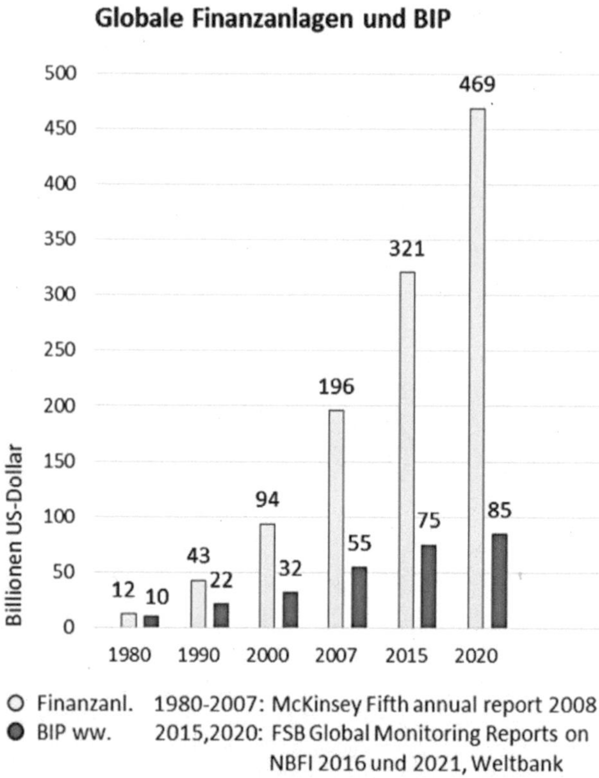

Abbildung 7: Die globalen Finanzanlagen sind von 1980 bis 2020 um Faktor 39 gewachsen! K. Simon 2022.

Die globalen Finanzanlagen umfassen diejenigen Vermögensgegenstände, die auf Dauer finanziellen Anlagezwecken dienen. Sie sollen Rendite tragen, einzig dafür sind sie da. Wenn es heute 39mal so viele gibt wie 1980, verlangt das die 39fache Menge an Anlagemöglichkeiten! Und noch etwas: 1980 lagen die Finanzanlagen in der Größenordnung des weltweiten BIP, mittlerweile sind sie um Faktor 5,5 größer! Wir sehen tatsächlich die völlige Loslösung des finanzwirtschaftlichen Bereichs von der Güterwirtschaft, die Menge des Kapitals hat mittlerweile den Bezug zu realen Werten weitgehend verloren.

Das alles hat gravierende Konsequenzen:

- Die Realwirtschaft kann die riesige Menge anlagesuchenden Kapitals nicht mehr aufnehmen. Aber irgendwohin muss das Kapital, um Verwertung zu finden. Genau das ist der Grund der zunehmenden Bedeutung von Finanzprodukten aller Art.
- Die neoliberale Entwicklung samt Privatisierungswelle, Deregulierung und Spekulation nahm in den 1990er Jahren Fahrt auf – und zwar als Folge der gegenüber 1980 bereits um Faktor 4 gewachsenen Finanzanlagen. Es mussten um Faktor 4 größere Anlagemöglichkeiten her! Das gelang zunächst, doch haben Deregulierung und Spekulation zu noch rasanterem Kapitalwachstum geführt, das Problem ist nun größer als je zuvor.

Bei alledem ist nichts versehentlich schiefgelaufen und da ist auch nichts, was sich durch Reformen korrigieren ließe. Vielmehr handelt es sich um das *zwangsläufige Resultat fortwährenden Kapitalwachstums.* Genau das führt schlussendlich in ein Übermaß an Kapital, das nach ständig mehr Anlagemöglichkeiten verlangt. Die Sache erinnert irgendwie an das Märchen vom süßen Brei. Immer mehr und noch mehr Brei, der bis in die letzten Winkel quillt: in Wasserwerke, Krankenhäuser, Altenheime, Kraftwerke – mit dem immer gleichen Ziel, noch mehr zu werden. Im Märchen ist es ein kleines Mädchen, welches das erlösende »Töpfchen steh!« ausruft.

Kapitalismuskritik thematisiert traditionell den Profit in der Produktion. Wie sehr sich die Verhältnisse geändert haben, mag eine einfache Abschätzung zeigen: 2020 betrug der weltweite Umsatz von Gütern und Dienstleistungen (BIP) 85 Billionen US-Dollar, die weltweiten Finanzanlagen dagegen lagen bei 469 Billionen US-Dollar. Das bedeutet nichts anderes, als dass die Rendite für Finanzinvestoren nun mehr als fünffach größer ist als die Profite aus realwirtschaftlicher Produktion! Längst sind Finanzinvestoren die Hauptakteure kapitalistischer Aneignung. Von den 147 einflussreichsten Industrieunternehmen sind drei Viertel Finanzkonzerne, unter den 50 mächtigsten kommen 49 aus der Finanzindustrie:[17] ein exklusiver Club von Banken, Fondsgesellschaften und Versicherungen. Das alte Sprichwort ist zur vollen Perfektion gelangt: *Geld regiert die Welt.*

All die sog. Finanzintermediäre sind hauptsächlich damit befasst, aus Kapital noch mehr Kapital zu machen – fernab jeder realen Entsprechung. Geld als nützliches Zahlungsmittel wird pervertiert zu Casino-Chips, die mittels Abzocke der Bereicherung gerissener Spielteilnehmer dienen. Ist diese Einschätzung übertrieben? Nein, das tatsächliche Ausmaß übersteigt jegliche Vorstellungskraft:[18]

Tägliche Kapitalbewegungen 2007 (in Mrd. US-Dollar)

Hedgefonds-Kapital	1.100
Währungshandel	1.900
Derivatehandel	3.859

Zum Vergleich: Der weltweite Warenverkehr hatte 2007 ein Volumen von 26 Mrd. US-Dollar pro Tag. Nur weniger als ein halbes Prozent aller Kapitalbewegungen galt überhaupt noch realen Gütern, alles andere war Spekulation. Ja, richtig gelesen: ein halbes Prozent! Und das ist in neuerer Zeit keineswegs besser geworden, allein der Währungshandel umfasste 2019 rund 6.590 Mrd. US-Dollar je Handelstag.[19]

Den Unternehmensgewinnen der Realindustrie steht eine wirkliche Wertschöpfung gegenüber. Die Gewinne der Finanzindustrie sind dagegen für die Gesellschaft schädlich (z. B. Nahrungsmittelspekulation)

17 Vitali, Stefania J. Glattfelder, S. Battiston (2011): »The network of global corporate control«. arxiv.org/pdf/1107.5728.pdf; 27.12.2022.

18 Jahnke, Joachim. Grafik 03035, (2013). http://infoportal.uk/index_files/03035.gif; 20.07.2022.

19 Statista (2022): »Devisenmarkt – Umsätze pro Handelstag bis 2019« https://de.statista.com/statistik/daten/studie/239512/umfrage/umsaetzepro-handelstag-am-weltweiten-devisenmarkt/; 20.07.2022.

oder zumindest wertlos (z. B. Kursgewinne – und auch die sind unterm Strich schädlich, weil sie zum Wachsen des Missverhältnisses zwischen Geld und realen Gütern beitragen).

Dauerkrise

Über die Finanzkrise 2008 mit ihren betrügerischen Machenschaften ist viel geschrieben worden.[20] Z. B. brachte Goldman Sachs 2007 das Wertpapier ABACUS 2007AC1 auf den Markt. Auch hier entledigte sich die Bank fauler Kredite durch verbrieften Weiterverkauf und hatte dabei den Käufern versichert, dass eine unabhängige dritte Partei die Kreditprodukte ausgewählt habe. Dies war der Hedgefonds Paulson, der allerdings heimlich Papiere ausgesucht hatte, die hochwahrscheinlich faul werden würden. Paulson wettete dann auf den Wertverlust dieses Wertpapiers – und gewann natürlich. Damit der Hedgefonds Paulson das Wertpapier konstruieren durfte, hatte er vorher 15 Mio. Dollar an Goldman Sachs gezahlt. Die Käufer des Abacus-Papiers aber hielten schon bald einen wertlosen Zettel in Händen; so die Deutsche Industriebank IKB; sie verlor fast ihr gesamtes Investment. Carl Levin, Vorsitzender des US-Senatsausschusses zur Untersuchung der Finanzkrise, sprach von schäbigen, riskanten und betrügerischen Praktiken sowie dreckigen Geschäften.

Diese sicherlich zutreffende Einschätzung sollte allerdings nicht dazu verleiten, die Ursache *allein* in der Gier der Akteure oder mangelnden politischen Rahmenbedingungen zu suchen. Es sind die Zwänge des Systems – seine Spielregeln –, welche die Manager zu Missetaten veranlassen. Doch warum führt das System immer wieder in destruktive Strudel, die doch eigentlich niemand wollen kann?

Die Ursache liegt in der Annahme, Finanzmärkte würden von selbst vernunftgeleitet und zweckgerichtet zum Gleichgewicht führen, indem Marktteilnehmer keine Gewinnchance ungenutzt lassen. Jedes etwa un-

20 Vgl. z.B.: Simon, Klaus. *Zwickmühle Kapitalismus.* Marburg: Tectum, 2013, 87ff.

vernünftige Resultat müsste dann das Ergebnis bewusst unvernünftigen Handelns sein. Diese idealisierte Vorstellung übersieht in bemerkenswerter Blindheit, dass wirklich vernunftgeleitete Markthandlungen einen Informationsgleichstand der Akteure voraussetzen. Genau den gibt es in der Praxis nie! Vielmehr nutzen Marktteilnehmer ihren Informationsvorsprung skrupellos zum Nachteil anderer aus (z. B. bei betrügerischen Verbriefungen). Dabei sind die Märkte bei steigenden Kursen von Euphorie und fehlender Vorsicht geprägt, bei fallenden von Hysterie und panischer Angst. In beiden Situationen kann von Rationalität keine Rede sein!

Deregulierte Finanzmärkte sind nicht »stabil an sich«. Ihre Krisen sind zwar durch externe Störfaktoren *veranlasst* und aber von innen heraus *verursacht* – zwanghaft und immer gleich. Hyman Minsky gelangte bereits in den 1980er Jahren zur Einsicht, dass kapitalistische Finanzierungsprozesse aus innerer Ursache destabilisierende Kräfte entwickeln. Die Vorhersagen Minskys haben sich mehrfach bestätigt. Das System blieb trotzdem ungeschoren. Folglich wurden neue Verfahren nötig, mit der Dauerkrise umzugehen.

Das geschah erstmals zur Finanzkrise 2008. In einem bis dahin beispiellosen Schritt weitete die US-Notenbank Fed ihre Repotransaktionen stark aus (machte sich also selbst zum Schattenbank-Akteur). Und sie kaufte obendrein große Mengen fauler Wertpapiere auf, was einer teilweisen Sicherung des Schattenbankensystems durch Zentralbankgeld gleichkam. Dabei flutete sie den Finanzmarkt massiv mit Liquidität, indem sie ihre Bilanz mehr als verdoppelte; diesem Beispiel folgten andere Notenbanken bald nach. Das alles war ein historisches Novum, welches Joscha Wullweber zutreffend mit dem Begriff Zentralbankkapitalismus umschreibt.[21]

Das Finanzsystem indessen kam aus dem Krisenmodus nicht heraus. So musste der Aufkauf von Wertpapieren mit Zentralbankgeld 2019 und

---

21 Wullweber, Joscha. »Zentralbankkapitalismus«, in: Bundeszentrale für politische Bildung, https://www.bpb.de/shop/zeitschriften/apuz/geldpolitik-2022/507732/zentralbankkapitalismus/; 26.07.2022.

2020 erneut anlaufen und vor allem ist das Fluten des Finanzmarkts nun zur Normalität geworden: Von 2007 bis Anfang 2022 wurde die Bilanz der Fed um Faktor 9 aufgebläht (bei anderen Notenbanken ist es ähnlich). Diese Mittel ermöglichen den Geschäftsbanken die massenhafte Vergabe von Spekulationskrediten – eine zusätzliche Schwemme anlagesuchenden Kapitals, das weitgehend im Finanzsektor verbleibt und dort unter stetem Kreisen Rendite gebärt. Daraus folgen notwendig weitere Vermögensinflation und weitere Spekulationsblasen, d. h. *jede Stabilisierung des marktbasierten Finanzsystems durch Zentralbanken legt zugleich den Grundstein der jeweils nächsten Destabilisierungsphase.* »Es muss also konstatiert werden, dass das derzeitige Finanzsystem ein ständiger Krisenherd, gewissermaßen ein ›Notfallpatient‹ ist«.[22]

Die künstlich aufrechterhaltene Stabilisierung wird immer fragiler und es bleibt zu befürchten, dass das System ungeachtet aller Interventionskünste irgendwann trotzdem kollabieren wird. Seine Legitimation hat es jedenfalls verloren. Das Finanzsystem hat ein Eigenleben entwickelt und dient überwiegend nicht mehr der Bereitstellung von Geldmitteln für die produktive Ökonomie – sondern der Spekulation.

Die unvermeidlichen Resultate

Will man nun die Ergebnisse all dessen betrachten, so wird immer wieder auch Positives angeführt. Schließlich bewirkt der Wunsch nach Rendite Risikobereitschaft und Kreativität. Kapitalismus ist von ungeheurer Innovationskraft und dies verdankt sich in direkter Weise dem Finanzsystem – gar keine Frage. Dabei kam es allerdings immer schon zu systembedingten Fehlentwicklungen, die sich in Form hemmungsloser Ausbeutung von Natur und Arbeitskräften sowie krass ungerechter Verteilung zeigten. Und all das hat sich in den letzten Jahrzehnten verschärft, nunmehr vor allem in Ländern des globalen Südens.

---

22 Wullweber, Joscha. *Zentralbankkapitalismus*. Berlin: Suhrkamp, 2021, 235.

Das wohl schwerwiegendste Folgeproblem ist der Wachstumszwang, den wir gleich am Anfang festgestellt hatten. Denn fortdauerndes Wirtschaftswachstum führt nicht nur zur Erschöpfung von Ressourcen, sondern auch zur Störung der Ökosysteme. Ein weiteres Ankurbeln der Realwirtschaft durch gigantische Investitionsprogramme ist heute keine verantwortbare Option mehr. Von besonderer Brisanz ist der Klimawandel, auch er ist einfach nur die Kehrseite der Wachstumswirtschaft. Die Modellpfade P1 bis P4 des IPCC-1,5-Grad-Berichts zeigen, wie die globale Erwärmung abwendbar sein wird: Entweder indem riesige Mengen CO_2 unterirdisch verbracht werden (das ist aus heutiger Sicht undenkbar) oder indem der weltweite Endenergiebedarf stagniert bzw. um ein Drittel sinkt – und das aber ist mit der Idee fortwährenden Wirtschaftswachstums nicht vereinbar.[23] Wir werden uns wohl auf eine schrumpfende Wirtschaft einstellen müssen – und genau damit kann Kapitalismus aber nicht mehr funktionieren.

Doch nicht nur die Wirtschaft »an sich« ist unter kapitalistischen Bedingungen zu fortwährendem Wachstum verurteilt, auch die konkreten Akteure bis hin zu den großen Konzerngruppen müssen ständig wachsen. Sie können dabei nicht anders, als sich auf einen gnadenlosen Verdrängungswettbewerb einzulassen, der politisch und – wenn das nicht reicht – militärisch geführt wird. Das ist ein weiterer wunder Punkt. Von den weltweit vorhandenen Atomsprengköpfen entfielen 2023 allein auf die USA und Russland 11.133. Das reicht gleich mehrfach, um die Menschheit und Teile des höheren Lebens auszulöschen. So gesehen gibt es nichts Gefährlicheres als Großmächte und eine Gesellschaft, die ihr Sicherheitsbedürfnis der erhofften Balance wahnwitziger Vernichtungsapparaturen anvertraut, ist irregeleitet.

Alle weiteren unangenehmen Resultate sind im Grunde gleichfalls Wachstumsprobleme: Die Vermögen wachsen stärker als die realen Werte und zusammen mit ihnen wächst die Überschuldung. Und noch etwas wächst dabei unvermeidlich: die soziale Ungleichheit. Auch sie

---

23 Vgl. z.B.: Simon, Klaus. *Warum Klimaschutz bisher verpufft und wie er gelingt*. Marburg: Büchner, 2021, 144ff.

ist systembedingt und ergibt sich unmittelbar aus der privaten Vereinnahmung von Kapitalzins. Jene, die so reich sind, dass sie Geld verleihen können, werden davon noch reicher: *Wer viel hat, dem wird gegeben.* Jene aber, die ärmer sind, können das nicht und sie werden obendrein durch Umverteilung von unten nach oben zusätzlich abkassiert: *Wer wenig hat, dem wird genommen.* Dabei ist es zunehmend schwierig für Staaten, diesem widersinnigen Geschehen durch Ausgleichsmaßnahmen etwas entgegenzusetzen, z. B. in Form von Spitzensteuersätzen um 90 Prozent (wie in den USA zwischen 1944 und 1964 erfolgreich praktiziert!). Denn längst weichen die Kapitaleigner international aus und spielen mit den Nationalstaaten Hase und Igel.

Das Kapital wächst also mehr als alles andere ringsum, und weil sich aber stets nur hundert Prozent verteilen lassen, muss mit dem Immermehr der Kapitaleigner notwendig das Immerweniger aller anderen einhergehen. Das kennen wir von Monopoly: Am Ende hat einer fast alles und die anderen fast nichts. Nicht nur bei diesem Spiel, auch in der Realität entstehen auf diese Weise unsägliche Verteilungsverhältnisse. Wir hatten in Deutschland ein fortwährendes Anwachsen der Bankeinlagen gesehen. Schön, wir werden immer reicher. Doch wer eigentlich ist ›wir‹? Die folgende Grafik gibt Auskunft:

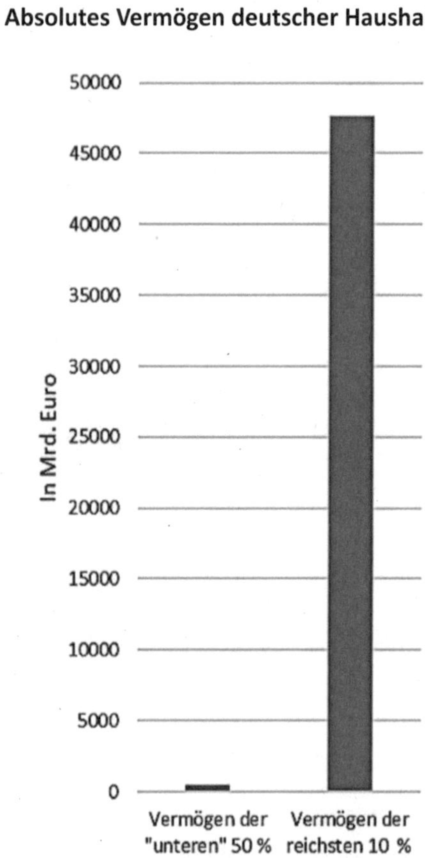

Abbildung 8: Es zeigt sich die enorme Ungleichheit deutscher Vermögen. Wikipedia 2020.

Das Gesamtvermögen des obersten Zehntels in Deutschland nimmt fortwährend zu – zum Nachteil aller anderen. Die Oberen bekommen immer größere Anteile des Kuchens: Auf die Ein-Prozent-Spitzengruppe entfallen mittlerweile bereits 35 Prozent von allem, während für die untere Hälfte (des gesamten Volkes!) nur noch 1,3 Prozent übrigbleiben.

Weltweit sieht die Sache nicht anders aus. Die ärmere Hälfte der Menschheit verfügten 2019 über rund 6 Billionen US-Dollar Gesamtvermögen, das reichste Zehntel dagegen über rund 300 Billionen![24] Von 2009 bis 2018 ist das Gesamtvermögen der unteren Hälfte leicht gefallen, während das obere Zehntel einen Vermögenszuwachs von stattlichen 71 Billionen US-Dollar verzeichnete! Und Von 2019 bis 2021 haben dann allein die zehn reichsten Männer ihr Vermögen nochmals verdoppelt.

Ungleichheit ist eine Form sozialer Differenzierung und als solche nicht generell zu kritisieren. Sie wird dann zum Problem, wenn die Chancengleichheit fehlt und Grenzen überschritten werden, die nicht mehr als akzeptabel gelten. Ist die gezeigte Vermögensverteilung noch akzeptabel? Waren nicht eigentlich Gleichheit und Brüderlichkeit die Grundwerte westlicher Demokratie?

Im Ergebnis der empörenden Fehlverteilung kommt es zu wachsendem Demokratieverdruss; immer mehr Menschen fühlen sich abgehängt. Das Prinzip der Demokratie kann dafür allerdings nichts, die Demokratie ist selbst Opfer neoliberaler Unterwanderung. Heiner Geißler hatte gewarnt: »Wenn es der Politik nicht gelingt, endlich die überfällige Reform der internationalen Finanzmärkte durchzusetzen, sind die westlichen Demokratien in der jetzigen Form nicht mehr zu retten«.[25] Mittlerweile wissen wir: Es ist der Politik nicht gelungen und die Erosion ist in vollem Gange. Die Spielregeln des Finanzmarktkapitalismus vertragen sich nicht mit Demokratie: Effiziente Finanzmarkteingriffe – beispielsweise zum Kontern von Marktmanipulationen – müssen rasch und unbemerkt geschehen, man kann nicht vorher in 25 beteiligten Ländern darüber diskutieren.[26] Das hat dazu geführt, dass vorgeblich souveräne Nationalstaaten der Regie unangreifbarer Finanzinstitutionen unterstellt sind, welche deutlich autokratische Züge aufweisen und mit Demokratie rein gar nichts zu tun haben.

---

24 Credit Suisse. *Global Wealth Report 2019*.

25 G. Grandt (2018). https://www.goodreads.com/book/show/19185155-2018---deutschland-nach-dem-crash; 09.03.2022.

26 Peukert. *Das Moneyfest*, 62.

Der Finanzmarktkapitalismus hat durch Vermögenskonzentration bislang ungekannten Ausmaßes die elitäre Ein-Prozent-Spitzengruppe hervorgebracht. Es sind die Vertreter dieser transnationalen Finanzelite, »die durch ihren Kapitalbesitz und/oder die Verfügungsgewalt über Kapital an den Hebeln der Macht sitzen und direkt oder indirekt Kontrolle über uns ausüben«.[27]

Fazit

Bei unseren Betrachtungen ist zum einen das merkwürdige zweiteilige Bankensystem mit seiner Zentralbank- und Buchgeldschöpfung aufgefallen. Neben unzulänglicher Steuerung und damit verbundenen Risiken zeichnet es sich dadurch aus, dass Milliarden-Einnahmen an die Geschäftsbanken statt in gesellschaftliche Aufgaben gelenkt werden. Dies ist wohl der Gesichtspunkt, den Henry Ford bei seinem anfangs zitierten Ausspruch vor Augen hatte. Das herrschende Geldsystem ist nicht das Ergebnis vernünftiger Erwägungen, sondern des Machtpokers zwischen Staaten und Großbanken nebst Großkapitaleignern.

Zum andern haben wir ein Problem festgestellt, das Ford vermutlich nicht bemängelt hätte: Die Praxis, im großen Stil Kapital gegen Entgelt zu verleihen, führt zu *grundlegenden Fehlfunktionen*, die hier noch einmal zusammengefasst sind:

- Durch Kapitalzins entsteht fortdauernd ein Mehr an Geld, das erarbeitet werden muss. Eine Folge davon ist der Wachstumszwang der Wirtschaft.
- Geld ist ein Äquivalent für Ware und kann das in stabiler Weise nicht sein, wenn es selbst zur Ware gemacht wird. Das Geld wächst dadurch stärker als die realen Werte. Dies führt zu steter Geldentwertung; die Wertaufbewahrungsfunktion des Geldes ist gestört.

---

27 Murray, Georgina. »We are the 1%: Über globale Finanzeliten«, in: Bundeszentrale für politische Bildung, https://www.bpb.de/shop/zeitschriften/apuz/181768/we-are-the-1-ueber-globale-finanzeliten/#footnotetarget-5; 27.09.2013.

- Heutiges Geld kommt größtenteils als Buchgeld durch Kreditvergabe in Umlauf. Der Geldmenge steht deshalb eine nahezu gleichgroße Menge Kreditschulden gegenüber. Die Überschuldung der Gesellschaft ist das Spiegelbild des Überreichtums einer Minderheit.
- Über den Zins aus stetig wachsender Verschuldung fließen immer größere Wertschöpfungs-Anteile dem Kapital zu. Weitere Quellen sind die Zinsanteile an den Preisen, Subventionen, Spekulation sowie Aneignung aus Eigentumsrechten und realwirtschaftlicher Produktion. Auf all diesen Kanälen gelangt unentwegt Geld an die Kapitaleigner. Die Gesellschaft ist ihnen regelrecht tributpflichtig.
- Im Ergebnis dieser ständig steigenden Zuflüsse wächst das Kapital immer mehr und braucht dementsprechend mehr Anlagemöglichkeiten. Die neoliberale Entwicklung samt Privatisierungswelle, Deregulierung und Spekulation war die Folge dessen. Seitdem ist der Geist aus der Flasche, Stand 2020 ist das anlagesuchende Kapital nun bereits 39fach größer als 1980.
- Die riesige Kapitalmenge findet in der Realsphäre gar nicht mehr ausreichend Anlagemöglichkeiten und weicht in die Finanzindustrie aus. Hier zirkuliert Geld wie in einer Blase, welches losgelöst von der Realsphäre Rendite ohne Wertschöpfung generiert.
- Infolge der ausufernden Kapitalflut befindet sich das Finanzsystem im fortdauernden Krisenmodus und muss mit Steuerzahlergeld sowie unkonventionellen Zentralbank-Eingriffen künstlich über Wasser gehalten werden.

Die Aufzählung ist ernüchternd, zumal alle Aussagen mit Daten belegt sind. Das wuchernde Kapital findet in der Realsphäre nicht mehr ausreichend Verwertung – aber wie kann das denn sein? In der realen Welt türmen sich gewaltige Herausforderungen auf: Bekämpfung von Hunger und sozialer Ungleichheit, Entmüllen der Ozeane, Aufforstung, Renaturierung, Klimaschutz: All diese Aufgaben warten dringlich auf Investitionsmittel. Warum fließt das Kapital nicht dorthin, wo es gebraucht wird? Weil die vielbeschworene Allokationsfunktion des Zinses Finanzmittel eben gar nicht an die volkswirtschaftlich notwendigen Stellen lenkt, sondern einfach nur an die profitablen – und das ist keineswegs dasselbe! Der Milliardär Ray Dalio spricht von in Überfluss vorhandenem Geld, das sich an der Spitze der Gesellschaft verstopft und nicht mehr nach unten durchgereicht werden kann. »Das System ist kaputt«.[28]

Ein letztes Beispiel mag Dalio's Fazit verdeutlichen. Wie oben gezeigt sind im Ergebnis der fortdauernden Kapitalvermehrung die Summe aller Kapitalanlagen seit 1980 39fach gewachsen: auf 469 Billionen US-Dollar Stand 2020! Und wie hoch man die Zinssätze dieser Finanzanlagen auch veranschlagen mag: es geht um einen Aderlass in deutlich fünfstelliger Milliardenhöhe, der weltweit Jahr für Jahr allein als Rendite für Finanzinvestoren abfließt. Hinzu kommen noch die Kapitalgewinne aus kapitalistischer Produktion, Mieten/Pachten, Subventionen sowie Privatisierung. Die Aneignung des Wertes fremder Arbeit ist zum umfassenden Geschäftsmodell geworden. Künftige Generationen werden sich wahrscheinlich wundern, wie seltsam es bei uns zuging. Und wann eigentlich wundern wir uns?

Teil 2: Umrisse eines künftigen Geldsystems

Nachdem nun Auswüchse und Grundfehler des bestehenden Geld- und Finanzsystems beschrieben wurden, kann die Vision des Künftigen knapper ausfallen. Sind die Fehler erstmal verstanden, ist das künftige System rasch umrissen. Oder anders formuliert: Das neue Geldsystem ist das alte – abzüglich seiner bisherigen Mängel.

Es gibt eine Reihe von Ansätzen, welche den im Teil 1 beschriebenen Problemen zu Leibe rücken wollen – und zwar durchaus unterschiedli-

28 manager magazin (2020): »Diese Milliardäre sind gegen den Kapitalismus«. https://www.manager-magazin.de/politik/weltwirtschaft/davos-weltwirtschaftsforum-milliardaere-gegen-kapitalismus-a-1304202.html; 12.08.2020.

che. Viele Wege führen nach Rom, aber welchen sollen wir wählen? Demokratische Verhältnisse vorausgesetzt braucht ein solcher Weg Mehrheiten von Menschen, die ihn auch wirklich gehen wollen. Das und nichts anderes wird am Ende darüber entscheiden, in welche Richtung und wie weit die Schritte gehen. Das Aushandeln eines künftigen Geldsystems ist Sache der gesamten Gesellschaft.

Die wohl konsequenteste Form, bisherige Nachteile des Geldes zu überwinden, besteht in der grundsätzlichen Abkehr von Markt und Geld. Das klingt utopisch, ist aber zum Teil schon Realität. So lassen sich beispielsweise mit Subsistenzwirtschaft oder Erzeuger-Verbraucher-Genossenschaften »Märkte von unten« organisieren. Diese und ähnliche Aufbrüche sollten in der künftigen Gesellschaft jede erdenkliche Unterstützung erfahren. Wenn es aber darum geht, die gesamte Wirtschaft solcherart zu organisieren, lassen sich auf absehbare Zeit wohl keine Mehrheiten finden. Wir sind gut beraten, uns einstweilen eine Gesellschaft vorzustellen, in der es neben neuen Formen des Wirtschaftens noch immer Reste des industriellen Systems sowie Markt und Geld gibt. Allerdings sollten dann möglichst viele der alten Fehler überwunden sein.

Soweit eine kurze Vorbemerkung. Es folgen nun zwei Beispiele von Reform-Überlegungen.

Vollgeld

Wir wissen noch: Heutiges Geld besteht zu einem kleinen Teil aus Zentralbankgeld und zu einem großen Teil aus Buchgeld, das Geschäftsbanken nach quasi eigenem Ermessen schöpfen. Das Vollgeldsystem möchte genau das ändern, Geld soll nun einzig aus Zentralbankgeld bestehen. Die Idee geht auf Irving Fisher zurück, der sie bereits 1935 formulierte (»100%-Money«). Fisher hatte die ausufernde Buchgeldschöpfung als wesentliche Ursache der Weltwirtschaftskrise erkannt. Heute wird der

Ansatz u.a. von Joseph Huber vertreten,[29] ebenso vom Verein Monetative e.V.

Geschäftsbanken erbringen im Vollgeldsystem nach wie vor die gewohnten Bankdienstleistungen, jedoch müssen sie zu 100 Prozent der Kundenforderungen Zentralbankgeld als Sicherheit halten – statt bisher nur 1 Prozent. Sie sind damit nicht mehr Schöpfer von Buchgeld, sondern nur noch Vermittler von Zentralbankgeld. Neben Gesetzgebung, Administration und Rechtsprechung soll die Zentralbank als vierte Gewalt fungieren (»Monetative«), die über Währung und Geld wacht: einerseits unabhängig von Regierung und Parlament, andererseits aber auch unabhängig von Bankeninteressen. Zu ihren Aufgaben gehören insbesondere das Schaffen allen Geldes sowie das Kontrollieren der Geldmenge. Die Monetative soll allein dem Gesetz verpflichtet sein.

Die Vorteile des Vollgeldsystems sind:

- Der unverdiente Gewinn der Geschäftsbanken bei der Buchgeldschöpfung entfällt, das Schaffen von Geld wird kommerziellen Interessen entzogen.
- Die Zentralbank hat die Kontrolle über die gesamte Geldmenge und kann sie direkter als heute steuern.
- Kundeneinlagen werden durch Geschäftsbanken treuhänderisch verwaltet; bei Ausfall einer Bank sind die Einlagen nicht gefährdet, da entsprechende Zentralbankguthaben bestehen. Das gesamte Finanzsystem wird unter Vollgeldbedingungen stabiler.

In einigen Vollgeld-Ansätzen reichen die Reformschritte sogar bis zur Forderung zinsfreien Geldes, um das Geldsystem nicht mehr zum ökonomischen Wachstumstreiber zu machen.[30]

In den meisten Entwürfen aber gibt es nach wie vor Zins und Geschäftsbanken dürfen Kredite weiterhin gegen Zins verleihen – und zwar auch auf Grundlage von Eigenkapital oder Mitteln, die sich die

29 Vgl. z.B. Huber, Joseph. *Monetäre Souveränität.* Marburg: Metropolis, 2018.

30 Vgl. z.B. Impulszentrum Zukunftsfähiges Wirtschaften. »Vollgeldreform«, https://www.imzuwi.org/index.php/site-map/articles/98-infothek/utopedia/152-vollgeldreform; 22.05.2024.

Banken aus verzinsten Einlagen bzw. am Kapitalmarkt beschafft haben. Finanzmärkte bleiben im Grunde erhalten. Eine gut verständliche Übersicht zu Vollgeld findet sich im Verein Monetative e.V.[31]

Modern Monetary Theory

Einen etwas anderen Fokus hat die Modern Monetary Theory (MMT). Sie rückt in den Mittelpunkt, dass Staaten ihre Fähigkeit zur Geldschöpfung nutzen können und sollen, ohne sich dabei verschulden zu müssen. Die Grundannahmen der MMT gehen letztlich auf Georg Friedrich Knapp zurück, der sie um 1920 vortrug. Vor etwa 25 Jahren entwickelte sich daraus in den USA die heute als MMT bekannte Theorie. Bekannte deutsche Vertreter sind Dirk Ehnts und Maurice Höfgen.

Der Staat erhält in der MMT-Sicht volle Souveränität über seine eigene Währung. Da er selbst das Geld herausgibt, kann er immer zahlen – und zwar *ohne sich vorher Geld über Steuern oder Anleihen beschaffen zu müssen.* Die Rolle der Zentralbank ist gleichfalls souverän. Sie soll unabhängig von der Regierung handeln, allerdings den Wirtschaftszielen des Staates verpflichtet sein.

Geld kann nach Auffassung der MMT nie ein limitierender Faktor sein. Vielmehr sind es die Ressourcen, die begrenzt sind – und mit Ressourcen ist das gesamte wirtschaftliche Potenzial bis hin zu Arbeitskräften gemeint. Dieses Potenzial gilt es in Wert zu setzen, dabei fehlende Geldmittel können und müssen geschaffen werden. Es ist die Vollauslastung der Volkswirtschaft, welche die mögliche Obergrenze der Geldmenge markiert. Das Schaffen von Geld geschieht also nach gesellschaftlichem Erfordernis – und das ist Gegenstand von Inflationsbedenken. Dem wird entgegengehalten, dass die MMT bei wachsender Geldmenge eine gleichfalls wachsende Wirtschaftsleistung vorsieht und obendrein Geldmengenkorrekturen über Steuererhebung möglich sind.

---

31 Monetative FAQ: Was ist Vollgeld? https://monetative.de/faq-vollgeldreform/; 22.05.2024.

Die Vorteile der MMT-Sicht sind:

- Notwendige gesellschaftliche Aufgaben können erfolgen, ohne dass sich der Staat dafür verschulden muss.
- Die Volkswirtschaft kann voll ausgelastet werden, ohne dass dies an fehlenden Investitionsmitteln scheitert.

Die MMT ist kein eigentlicher Reformansatz, sondern eine bestimmte Sichtweise makroökonomischer Zusammenhänge. Reformansätze können sich diese Sichtweise zu Eigen machen und mit anderen Elementen kombinieren. Eine gut verständliche Übersicht zur MMT findet sich bei Maurice Höfgen.[32]

Einordnung

Vollgeldsystem und Modern Monetary Theory werden kontrovers diskutiert. Und es finden sich auch gegenteilige Reformansätze, die z. B. eine strikte Kopplung des Geldes an die Warenmenge vorsehen.[33] Bei der Diskussion der verschiedenen Sichtweisen stellt sich allerdings die immer gleiche Frage, inwieweit sie für die Zukunft überhaupt taugen, denn es gibt ein grundsätzliches Hindernis:

Aktuell stehen wir einerseits vor einem riesigen Investitionsbedarf z. B. für die Überwindung weltweiter Armut oder für die Behebung von Umweltschäden, andererseits aber vor der Notwendigkeit wirtschaftlichen Schrumpfens auf ein ökologisch vertretbares Maß. *Wir brauchen also mehr Investitionsmittel – und das bei gleichzeitig rückläufiger Gesamtwirtschaft.* Diese Forderung ist in der Geschichte ohne Beispiel! Und sie ist überdies im bisherigen Denken unlösbar, denn da müsste bei jeder Geldmengenerhöhung – sprich mehr Investitionsmittel – die Wirtschaft wachsen anstatt schrumpfen. Man erkennt sofort, dass hier ein Problem lauert; wir werden es im Abschnitt Geldwertstabilität genauer betrach-

32 Höfgen, Maurice. MMT-FAQ, https://mauricehoefgen.com/mmt-modern-monetary-theory-faq-haufige-fragen-hofgen; 22.05.2024.

33 Vgl. z.B. Kenawi, Samirah. *Die Quadratur des Geldes.* Bd.1 bis 4 (Books on Demand, 2023.

ten. Es geht also um wirklich neue Anforderungen, und die verlangen die gezielte Instrumentalisierung von Geld zur Lösung gesellschaftlicher Aufgaben.

Wollte man sich nun beispielsweise die Umsetzung einer Vollgeld-Reform vorstellen, so würde das die Praxis bereits erheblich verändern. Durch Wegfall der Buchgeldschöpfung entfällt einer der Treiber von Vermögensungleichheit und Überschuldung und das Geldsystem wird krisensicherer. Zugleich ist deutlich, dass die Grundprobleme des Kapitalzinses zwar abgemildert jedoch keineswegs aus der Welt geschaffen werden. Nach wie vor kann Rendite den Kapitaleignern ein »bedingungsloses Grundeinkommen« bescheren, während für die Mehrheit immer weniger übrigbleibt. Nach wie vor wird die Notwendigkeit des sorgsamen Umgangs mit der Mitwelt vom Diktat fortwährenden Wirtschaftswachstums durchkreuzt.

Es gibt also wirklich gute Gründe, die missliche Lage nicht nur teilweise, sondern grundsätzlich zu überwinden. Sollte sich die künftige Gesellschaft dazu entschließen, dann ist allerdings mehr Veränderung nötig, als die bisher angerissenen Reform-Überlegungen leisten. Die nachfolgenden Skizzen gehen für diesen Fall von Vollgeld und souveräner Staatsfinanzierung aus, unterstellen diese aber der Vision einer deutlich weitergehenden Lösung. Und die lautet:

Entkapitalisierung

Gleich in den ersten Abschnitten hatten wir gesehen: Wenn Kapitaleigner in der Wirtschaft investieren, erhalten sie ihr Kapital *vermehrt* zurück. Sie werden das vermehrte Kapital erneut investieren und *wiederum vermehren* – und so immer weiter. Solcherart Akkumulation macht das grundsätzliche Wesen des Kapitalismus aus und man kann dieses Wesen nicht verändern, indem man an den Stellschrauben des Geldsystems dreht. Das Geldsystem ist zwar der zentrale Mechanismus fortwährender Anhäufung, nicht aber deren Ursache!

Alle heutigen Formen von Profit und Rendite beruhen letztlich auf Kapitalzins, nämlich auf dem Prinzip, Kapital gegen Entgelt zu verleihen. Wenn wir die krisenhaften Folgen dessen nicht mehr wollen, müssen wir uns von diesem Prinzip verabschieden. Und dabei geht es nicht um Zins allein, sondern vielmehr um den Abschied von der privaten Vereinnahmung *jeglicher* Kapitalerträge – und das betrifft dann nicht nur die Renditen aus der Finanz- und Realindustrie. Dirk Löhr schreibt, man muss dazu alle »für Spekulanten interessanten Bestandswerte mit Ewigkeitswert« (also auch Bodenschätze, Land usw.) »über eine Änderung der Eigentumsordnung konsequent ›entkapitalisieren‹«.[34] Denn nur wenn wirklich keine Investition mehr Kapitalerträge erbringen kann, lässt sich verhindern, dass Privatkapital in andere Anlageformen ausweicht. Ein entkapitalisiertes Geldsystem erfordert demnach die *Entkapitalisierung der gesamten Gesellschaft*.

Dieser Gedanke findet sich zumindest ansatzweise auch bei John Meynard Keynes, dem es letztlich um das »allmähliche Verschwinden eines Verdienstsatzes auf angehäuftem Reichtum« ging. Ihm schwebte vor, dass die erwarteten Erträge aus Kapitalinvestitionen schrittweise gegen null geführt würden: »der sanfte Tod des Rentiers«.[35]

Für unsere Überlegungen bedeutet das: Die Veränderungen des Geldsystems im Sinne der Vollgeld- und MMT-Vorstellungen müssen einhergehen mit dem Unterbinden jeder Möglichkeit, aus Geld mehr Geld zu machen. Gemeint ist damit nicht, dass die Oma kein Zimmer vermieten darf oder der Malermeister keine Gewinne macht. Gemeint ist, dass kein Mensch mehr dank seines Kapitals Millionär werden kann.

Und die Finanzmärkte? Sobald die Mittel für notwendige Investitionen konsequent vom Staat bereitgestellt werden statt von privaten Investoren, sind Finanzmärkte mit ihren Institutionen und Produkten

---

34 Löhr, Dirk. »Vollgeld – von Allzweckwaffen und blinden Flecken«, *Humane Wirtschaft* 02/2011, 27.31.

35 Onken, Werner. »Marktwirtschaft ohne Kapitalismus«, 2020, https://www.werner-onken.de/files/modern_green/downloads/Dezentralisierung/Onken_Marktwirtschaft-ohne-Kapitalismus_Kapitel.8.pdf; 12.08.2020.

voll und ganz überflüssig (und wenn der gewinnbringende Handel mit Geld und Finanzprodukten unterbunden ist, könnten sie auch gar nicht mehr funktionieren). Die Grundidee, dass Nachfrager finanzielle Mittel auf Märkten suchen, hat keinerlei Substanz, sobald sie die gewünschten Mittel bei einer demokratischen Bank einfach erhalten können. Keynes hat einmal geschrieben, dass er sich »eine recht umfängliche Vergesellschaftung der Investitionen« vorstellen könnte.[36] Genau das ist gemeint: Investitionsmittel werden von der Gesellschaft zur Verfügung gestellt und nicht mehr von privaten Investoren, die sich daran bereichern.

Geldwertstabilität

Wir hatten gerade gesehen, dass eine Entkapitalisierung notwendigerweise mit Änderungen der Eigentumsordnung verbunden ist. Dieses Erfordernis besteht auch unter dem Blickwinkel der Geldwertstabilität. Während 1980 die globalen Finanzanlagen noch in der Größenordnung des weltweiten BIPs lagen, übertreffen sie dieses mittlerweile mehr als fünffach und übersteigen die realen Werte also bei weitem. Sobald nun die Riesenvermögen nicht mehr Rendite tragen können – was ja das Ziel von Entkapitalisierung ist –, werden sie nachfragewirksam! Eine gigantische Nachfrageinflation wäre die unvermeidliche Folge. Wenn der Anlauf eines neuen Geldsystems gelingen soll, müssen die Riesenvermögen abgeschmolzen werden, bis sich die Geldmenge wieder in einer vernünftigen Relation zu realen Werten befindet. Das bedeutet zwar einen Eingriff in private Eigentumsrechte (dazu im nächsten Abschnitt), doch anders geht es nicht.

Und auch das Erfordernis gesteigerter Investitionen führt geradewegs zu Fragen der Eigentumsordnung. Wenn es aufgrund heutiger Anforderungen um eine schrumpfende Gesamtwirtschaft gehen muss, kann nicht mehr wie gewohnt dem Geldmengenwachstum (gesteiger-

---

36 Harman, Chris. »Die zwei Gesichter des John Maynard Keynes«, 2008, Marxists' Internet Archive, https://www.marxists.org/deutsch/archiv/harman/2008/11/keynes.html; 12.08.2020.

te Investitionsmittel) mit wachsender Wirtschaftsleistung entsprochen werden. Zwar bliebe dann noch das Erheben von Steuern zur Geldmengenkorrektur. Doch geht man von der derzeitigen Steuerlast aus und erhöht angenommen die Geldmenge wesentlich, so müsste das zu wesentlich höheren Steuern als derzeit führen; klingt wenig verlockend.

Wenn aber dennoch durch Geldmengenerhöhung zusätzliche Investitionen möglich werden sollen und müssen – wie kann es dann ohne Inflationsgefahr gelingen, in gleicher Höhe Geld dem Kreislauf zu entziehen? Durch die Vergesellschaftung großer Unternehmen! Sobald der Überschuss mittelständischer Unternehmen steuerlich gedeckelt ist und der von großen Unternehmen direkt an die Gesellschaft fließt, kann der demokratische Staat Anteile dieses Geldes dem Kreislauf entziehen. Und zwar genau jene Anteile, welche die Oberschicht nun nicht mehr für hemmungslosen Luxus nutzen kann. Das hätte zugleich einen ökologischen Nutzen, denn das reichste Zehntel der Menschheit hat zwischen 1990 und 2015 über die Hälfte aller CO_2-Emissionen verursacht, die ärmere Hälfte der Menschheit dagegen nur 7 Prozent.[37] Ein Milliardär ist so klimaschädlich wie eine Million Menschen.[38] Damit wäre dann Schluss.

Darf man denn das?!

Man kann es als ungerecht empfinden, jemandes Überreichtum ab einer Obergrenze zu beschneiden oder Konzerne zu vergesellschaften. Man kann es gleichfalls als ungerecht empfinden, dass Überreichtum angehäuft werden durfte und sich Konzerne überhaupt zusammenballen konnten. Und welche der beiden Empfindungen behält das letzte Wort?

37 Oxfam (2022): »Corona-Pandemie und Ungleichheit«, https://www.oxfam.de/ueber-uns/aktuelles/corona-pandemie-ungleichheit-10-reichste-maenner-verdoppeln-vermoegen; 25.09.2022.

38 Oxfam (2022): »Ein Milliardär ist so klimaschädlich wie eine Million Menschen«, https://www.oxfam.de/ueber-uns/aktuelles/oxfam-studie-milliardaer-so-klimaschaedlich-million-menschen; 03.12.2022.

Zur Klärung ist ein Blick in unsere Verfassungstexte hilfreich, sie beinhalten schließlich die Gesamtheit der Grundsätze, nach denen wir leben wollen und sollen. Nehmen wir die Verfassung des Freistaats Bayern: *Steigerungen des Bodenwertes stehen der Allgemeinheit zu (nicht dem Eigentümer), alle wirtschaftliche Tätigkeit muss dem Gemeinwohl dienen, die Ansammlung von Riesenvermögen in den Händen Einzelner sowie die Zusammenballung wirtschaftlicher Macht sind unzulässig* (Artikel 161, 151, 123 und 156). Nanu? Oder die Hessische Landesverfassung: *Schlüsselindustrien sind in Gemeineigentum zu überführen sowie Großbanken und Versicherungen staatlich zu verwalten* (Artikel 41). Und auch das Grundgesetz der Bundesrepublik schützt privates Eigentum einerseits, verpflichtet es aber zugleich, *dem Wohle der Allgemeinheit zu dienen – und sieht andernfalls dessen Enteignung vor* (Artikel 14). Die im Teil 1 dargestellte empörende Fehlverteilung dient auf gar keinem Fall dem Wohl der Allgemeinheit!

Unter Rückgriff auf die Verfassungstexte lautet die Frage also gar nicht: Darf man denn das?! Sondern sie lautet: Muss man das nicht eigentlich?! Besonders naheliegend ist dabei die Vergesellschaftung von Unternehmen, deren Gewinne sich aus der Nutzung von Gemeingütern speisen. Mineralölkonzerne z. B. verdienen weit mehr an der Förderung des Rohstoffs als an der Weiterverarbeitung. Doch mit welchem Recht?

Wenn hier nun von Vergesellschaftung die Rede ist, dann ist damit weder Umsturz noch Diktatur gemeint, sondern eine zutiefst demokratische Umwälzung. In einem fortwährenden Diskussionsprozess muss die künftige Gesellschaft normative Fragen klären und schlussendlich per Volksentscheid und Verfassung verbindlich festlegen. Als Ergebnis wäre eine Art Gesellschaftsvertrag denkbar, der beispielsweise beinhaltet, was eigentlich unter Gemeinwohl zu verstehen ist, welche Obergrenzen für Einkommen und Vermögen bestehen, welche Arbeit wie entlohnt werden soll, wie eine entkapitalisierte Eigentumsordnung auszugestalten wäre und wie ein entkapitalisiertes Geldsystem. Falls es zur Umsetzung eines solchen Gesellschaftsvertrags kommt, dann und nur dann könnte Geld zu einem nützlichen Instrument werden, das der sorgsamen Nutzung der Mitwelt dient statt der stetig wachsenden Bereicherung einer Minderheit. Die Vergabe gesellschaftlicher Investitionsmittel bzw. deren Konditionen könnten dann sozialen und ökologischen Kriterien unterstellt werden statt einzig monetären Zielsetzungen wie derzeit. Entwürfe eines Geldsystems mit etwa diesen Umrissen finden sich in den parallelen Beiträgen von Christian Felber und Norbert Bernholt.

Von da nach dort

Der schönste Entwurf hilft freilich wenig, wenn unklar bleibt, wie er sich jemals umsetzen ließe. Also stellt sich die Frage, vermöge welcher Kräfte ein gesellschaftlicher Umbau wie der hier skizzierte überhaupt erfolgen kann? Die Antwort muss ehrlicherweise lauten: Das weiß derzeit niemand genau. Zwar sind wir gemeinsam darauf angewiesen, dass es gelingt, aber wie soll es gehen?

Mitunter wird deshalb versucht, die Entwürfe nach ihrer Machbarkeit zu staffeln. Der Vollgeldansatz erschiene dann leichter umsetzbar als etwa das Konzept einer entkapitalisierten Gesellschaft. Doch das könnte sich als Täuschung erweisen. Geschäftsbanken werden sich das Geldschöpfungsprivileg keineswegs »leichter« nehmen lassen! Wenn sich Kapitalismus derart zähmen ließe, könnte man ihn auch gleich ganz überwinden. Nein, es bleibt eher zu vermuten, dass sich unter stabilen Bedingungen keiner der hier beschriebenen Ansätze verwirklichen lässt. Man kann ein bestehendes System erst dann verändern, wenn es instabil geworden ist – vgl. die Resultate der DDR-Volksaufstände 1953 und 1989. Genau diese Instabilität ist heute aber wahrscheinlicher denn je! Das Finanzsystem lässt sich nur noch künstlich aufrechterhalten wie im Teil 1 gesehen. Sobald es kollabiert, kommt das gesamte kapitalistische Gefüge außer Tritt. Dann entsteht ein Zeitfenster für Neues.

Dieses Neue kann nicht aus Revolutionen erwachsen, nicht aus dem Kampf von Klassen gegeneinander. Wohin das führt wissen wir mittlerweile: in die nicht enden wollende Diktatur eines Politapparats. Nein, der Aufbruch muss quer durch alle Schichten und aus dem tief empfundenen Verstehen erwachsen, dass bisherige Fehler überwunden werden müssen. Wer die anstehende Veränderung solchermaßen demokratisch und gewaltfrei erhofft, muss sich Mehrheiten vorstellen, die diese Veränderung tatsächlich wollen. Und das ist bisher noch nicht in Sicht. Es gab allerdings Zeiten, da war auch die Überwindung der Feudalordnung noch nicht in Sicht oder die Überwindung der Schwerkraft mittels Flugapparaten. Daraus zu schließen, es könne niemals gelingen, wäre ein Irrtum – damals wie heute.

Geben wir also dem Gedanken an Veränderung eine Chance und denken wir ihn einmal zu Ende. Die bisherigen Spielregeln lösen unsere Probleme nicht, sondern verschärfen sie zusehends. Wir brauchen ein neues Verständnis von Ökonomie und Gesellschaft – mit einem Geldsystem im Zentrum, das nicht mehr dem Kapital dient, sondern uns allen.

Impulse für Gesprächsgruppen

1. Woran liegt es, dass die globalen Finanzanlagen aktuell mehr als 5fach größer sind als das weltweite BIP (Bruttoinlandsprodukt), während 1980 beide Werte noch in gleicher Größenordnung lagen?
2. Weshalb wächst im heutigen System die Geldmenge immer weiter und weshalb wachsen in gleichem Ausmaß die Kreditschulden?
3. Ist es mit den westlichen Werten ›Gleichheit und Brüderlichkeit‹ vereinbar, wenn in Deutschland die 1-Prozent-Spitzengruppe bereits über mehr als ein Drittel allen Vermögens verfügt und die reichsten 10 Prozent über gut zwei Drittel, während die Hälfte des gesamten Volkes so gut wie kein Gesamtvermögen besitzt?

4. Wie beurteilen Sie Simons Vorstellungen für ein anderes Geldsystem?
5. Wie könnten Kirchen und Nicht-Regierungsorganisationen (NGOs) für einen Umbau des Wirtschafts- und Finanzsystems eintreten, ohne auf die Muster einer sozialistischen Planwirtschaft zurückzugreifen?

II Neuorientierung

Kapitel 3 Alternative: Solidarische Gesellschaft - Aufbruch zu einem neuen Geldsystem

Norbert Bernholt

Norbert Bernholt (Jahrgang 1953) hat Volkswirtschaftslehre und Theologie in Göttingen studiert, war lange Zeit als Lehrer am Wirtschaftsgymnasium tätig, ist Geschäftsführer der Akademie solidarische Ökonomie und hat mehrere Bücher und Aufsätze zu einer solidarischen Gesellschaft veröffentlicht.

Mut zum Aufbruch

In dem 1983 erschienenen kleinen Buch »Anleitung zum Unglücklichsein«[1] erzählt Paul Watzlawik die schöne Geschichte von einem Betrunkenen, der unter einer Straßenlaterne steht und offensichtlich mit großem Eifer nach etwas sucht. Ein Polizist kommt daher und fragt ihn, was er verloren habe. Der Mann antwortet: »Meinen Schlüssel«. Daraufhin suchen beide mit vereinten Kräften nach dem verlorenen Schlüssel – allerdings ohne Erfolg. Schließlich fragt der Polizist, ob der Mann denn sicher sei, den Schlüssel gerade hier verloren zu haben. Der Mann antwortet. »Nein nicht hier, sondern dort hinten – aber dort ist es viel zu finster«.

Eine absurde Geschichte? Eigentlich nicht, den meisten dürfte diese Strategie im persönlichen Alltag durchaus vertraut sein. In unserer alten Denkstruktur verfangen suchen wir zunächst im gewohnten, für uns hellen und vertrauten Bereich nach geeigneten Lösungen und finden – mit Watzlawik gesprochen – immer mehr von demselben. Wir suchen

---

1 Vgl. Watzlawik, Paul, *Anleitung zum Unglücklichsein* (1983). Neuauflage München: Piper, 2005, 27f.

am falschen Ort und machen dadurch auf die Dauer gesehen, das Elend immer größer. Eine Anleitung zum Unglücksichsein …

Was für das Individuum gilt, gilt auch für eine ganze Gesellschaft. Es ist nicht zu übersehen, es wird zusehends ungemütlicher auf unserem Planeten. Ökologische Katastrophen wie Überschwemmungen oder Hitze und Trockenheit sind auch im reichen globalen Norden angekommen. Hinzu kommen gravierende soziale und ökonomische Probleme. Die Notwendigkeit von wirklich grundlegenden Änderungen unserer Lebensweise ist eigentlich nicht zu übersehen. In der allgemeinen gesellschaftlichen Diskussion spricht man aber unbeirrt weiterhin von Krisen. Krisen, die irgendwann sicher vorbeigehen, wenn man nur hier und da auch mal etwas ändert, etwa statt mit Dieselmotoren mit E-Autos durch die Gegend fährt. Wir, die Gesellschaften des reichen Nordens, suchen und suchen weiter unter der Laterne und machen so das Elend immer größer. Eine Anleitung zum Unglücklichsein …

Mit dem Ansatz einer solidarischen Gesellschaft, wie ich ihn auf den folgenden Seiten zumindest in Umrissen vorstelle, möchte ich alle ermuntern, den wohligen Schein der Laterne zu verlassen und sich ins Dunkel zu trauen. Wir versprechen damit nicht das Paradies, sehen hier aber eine großartige Chance, den Schlüssel für ein nachhaltiges, zukunftsfähiges Leben auf dieser Erde zu finden. Es geht um eine Geschichte des Aufbruchs, eine Geschichte, die Mut machen kann und die eigene Phantasie anregen soll. Wir haben es in der Hand, ob wir das Leben hier auf der Erde so gestalten können, dass wir wirklich mit der südamerikanischen Bewegung des »buen vivir« sagen können »Ein gutes Leben für alle ist möglich.«

Das Vertraute kritisch anschauen

Doch einen Schritt zurück: Zur Rechtfertigung der kapitalistischen Wirtschaftsweise berufen sich die Befürworter:innen gerne auf den Wissensstand und die Philosophie des 18. Jahrhunderts – die Zeit der

Aufklärung. Es ist eine Zeit, in der die Menschen, genau genommen die weißen männlichen Menschen, ihre eigene Würde entdecken und sich selber in den Mittelpunkt allen Lebens auf dieser Erde stellen. Diese Menschen sehen sich als die einzigen Wesen auf diesem Planeten, die ein eigenes Bewusstsein haben und überhaupt im Sinne der Vernunft handeln können. Der Rest der Schöpfung ist eben nicht zum Denken fähig und damit unwertes Material. Pflanzen und Tiere sind in dieser Sichtweise nichts weiter als Objekte. Der (weiße männliche) Mensch versteht sich als die Krone der gesamten Schöpfung und leitet daraus u.a. die Aufgabe ab, die Natur nicht nur zu erforschen, sondern sie auch zu beherrschen. Dieser Aufgabe hat er sich nun exzessiv gewidmet.

Auf der positiven Seite sind die sich daraus ergebenden Erkenntnisse in den Naturwissenschaften und in der Medizin bis heute für uns alle ein Segen. Auf der negativen Seite unterliegen diese Männer natürlich einer maßlosen Selbstüberschätzung.

So wird die Geschichte erzählt,[2] dass Descartes den Hund seiner Frau lebendig zerlegte und angesichts des vor Schmerzen heulenden Tieres behauptet habe, das sei nichts weiter als der Anschein von Schmerz, ein Reflex gewissermaßen. Man solle sich dadurch nicht in die Irre führen lassen. Tiere seien ja gar nicht zu Empfindungen von Schmerz in der Lage.

Wenn man sich die heutige industrielle Tierhaltung oder die riesigen Felder mit Weizen, Mais oder anderen Pflanzen anschaut, haben wir uns noch gar nicht so weit von dieser Denkweise entfernt. Tiere und Pflanzen werden zu einer Sache degradiert, die man nutzen kann, um damit (viel) Geld zu verdienen.

Auch das Frauenbild dieser Zeit ist bis heute nicht aus der Welt. Frauen wurden im günstigen Fall als Mensch zweiter oder dritter Klasse oder auch einfach als Objekt angesehen, mit denen man machen konnte, was man wollte. Jedenfalls hatten sie – quasi naturgemäß – dem

---

2 Vgl. Hickel, Jason, Maja Göpel, et al., *Weniger ist mehr. Warum der Kapitalismus den Planeten zerstört und wir ohne Wachstum glücklicher sind*, München: Oekom, 2022, 88f.

zu folgen, was diese Männertruppe ihnen vorschrieb. An dieser Stelle möchte ich gerne Jean Jaques Rousseau zitieren, der sich über die Erziehungsgrundsätze für Frauen auslässt: Er schreibt: »Die ganze Erziehung der Frauen muß sich auf die Männer beziehen, ihnen gefallen, ihnen nützlich sein, sich von ihnen lieben und ehren lassen, sie aufziehen, solange sie jung sind, sie umsorgen, wenn sie groß sind, ihnen das Leben angenehm und süß machen, das sind die Pflichten der Frauen zu allen Zeiten, und das muß man sie von Kindheit an lehren.«[3]

Noch krasser ist das Bild der Sklaven. Ihnen wurden keinerlei Rechte zugebilligt »Sklaven müssen sein, sonst wäre Zucker zu teuer.«[4] Können wir bei Voltaire – hier allerdings ironisch gemeint – lesen. Weil eben Menschen, die nicht weiß waren, als Wilde, als Objekte und nicht als Menschen angesehen wurden, hatten die meisten Menschen in dieser Zeit auch keinerlei Bedenken, Sklaven wie Tiere zu behandeln. Große Philosophen wie Hobbes oder Locke unterhielten Sklavenhandelsgesellschaften und verdienten sich eine gute Nase mit dem Sklavenhandel.

Ein Blick in die heutige Welt zeigt, dass wir uns bis heute nicht ausreichend von diesem elitären Menschenbild gelöst haben. Wir lassen überall auf der Welt Menschen unter erbärmlichen Bedingungen und für einen Hungerlohn für unseren Wohlstand arbeiten, plündern den Planeten aus usw. usw. Viele Menschen hier im globalen Norden verhalten sich noch immer so, als seien sie die Herrscher allen Lebens auf dieser Erde.

In unserem Zusammenhang ist ein weiterer Gedanke aus dieser Zeit von großer Bedeutung. Da wir vernunftbegabte Wesen sind, so wird argumentiert, versuchen wir so zu handeln, dass wir dabei möglichst große persönliche Vorteile erzielen. Es ist der große Lobgesang auf den Egoismus und damit die Festschreibung des Egoismus als die dominante Antriebsfeder menschlichen Handelns. Bis heute spielt – nicht nur in

3 Rousseau, Jean-Jacques, *Emile oder über die Erziehung*, aus dem Französischen von Hermann Denhardt, Hamburg: Felix 1998, 561.

4 Voltaire: *Candide oder der Optimismus*, aus dem Französischen von Hans Magnus Enzensberger, Frankfurt am Main: Suhrkamp, 1965, 103.

der wissenschaftlichen Ökonomie – das Konstrukt des »homo oeconomicus«, den stets rational handelnden und auf seinen Vorteil bedachten Menschen, eine große Rolle in der gesellschaftlichen Diskussion. Von Kindesbeinen an hören wir, dass wir letztlich Egoisten sind und uns entsprechend verhalten wollen. Spätestens mit Beginn der Schulzeit lernen die Kinder, sich egoistisch zu verhalten, sich zu optimieren, wo es nur geht. Wer dieses Spiel nicht mitmacht, ist schnell draußen. Die ganze Welt scheint ein riesiger Markt zu sein, auf dem sich 8 Milliarden befinden. Menschen, die alle ihren Egoismus ausleben wollen, behaupten müssen. Im 20. Jahrhundert rechtfertigt August Hayek, der große Vordenker des Neoliberalismus, auf diesem Menschenbild aufbauend, den Markt als ein geniales Spiel, auf dessen Regeln wir uns alle eingelassen haben. Dieses Spiel bringe dann die besten Ergebnisse für die gesamte Gesellschaft hervor.

Zusammenfassung

Eine extrem menschenzentrierte Weltsicht, verbunden mit der These, der Egoismus sei die wichtigste Motivation für menschliches Verhalten, hat den Menschen des globalen Nordens einen grandiosen materiellen Wohlstand beschert. Die Menschen waren noch nie so reich, haben noch nie so lange gelebt und hatten noch nie so viel freie Lebenszeit wie heute. Die Kehrseite der Medaille ist ein ausgebeuteter Planet, ein aus dem Gleichgewicht geratenes Ökosystem und eine extrem gespaltene Weltgesellschaft. Es mutet an, wie der Ritt in Richtung Abgrund.

Die neue Welt

Eine Welt, die auf Beziehung aufbaut

Die Frage, die sich nun aufdrängt, ist, ob wir schlauer geworden sind. Mittlerweile ist viel passiert. Wir sind in der Erforschung der Natur ein ganzes Stück weiter als um 1750 herum. Wir sind auf dem Mond gelandet, haben die Quantenphysik entdeckt, wissen wie Atomkerne aufgebaut sind. Können wir auch fundierte Aussagen darüber machen, was die Menschen eigentlich antreibt und glücklich macht?

Nach dem heutigen Stand der Wissenschaften ist das Welt- und Menschenbild des 18. Jahrhunderts nicht mehr haltbar. Die verschiedenen Wissenschaften sagen uns recht einmütig, dass wir uns die Welt als ein gigantisches Beziehungsgeflecht vorstellen müssen. Die Welt ist Beziehung. Will man das Leben auf diesem Planeten verstehen, muss man sich mit den zugrunde liegenden Beziehungen beschäftigen. Wie auch immer dieses Beziehungsnetz funktionieren mag: Wir Menschen müssen akzeptieren, dass wir ein Teil, aber nicht die Herrscher dieses großen Gewebes sind. Damit müssen wir uns von dem Weltbild des 18. Jahrhunderts verabschieden. Um uns an diese immer noch neue Rollenzuweisung auch sprachlich zu erinnnern, werde ich im weiteren Text nicht mehr von unserer »Umwelt« sprechen, sondern den Begriff »Mitwelt« verwenden.

Aber gleichgültig welche Begrifflichkeiten wir verwenden, wir tun gut daran, uns in dieses Beziehungsgeflecht einzuordnen, wenn wir überleben wollen. Genau das fällt uns schwer, wir bleiben – um im Anfangsbild zu bleiben – lieber unter der Laterne und verharren im alten Weltbild, wohlwissend, dass es dort nicht mehr viel zu finden gibt.

Im Rahmen dieses Textes werde ich mich darauf beschränken, aus soziologischer Sicht zu beleuchten, was es bedeuten könnte, wenn letztlich alles Beziehung ist, und wir selber Beziehungswesen sind. Der Gegensatz zum alten mechanistischen Weltbild, wie ich es oben beschrieben habe, springt unmittelbar ins Auge, und so werden wir um ein paar

Schlussfolgerungen nicht herumkommen, die letztlich das bisherige individuelle und gesellschaftliche Leben durcheinanderwirbeln und neue Regeln für das Zusammenleben erfordern.

Als integraler Teil eines großen organischen Systems kann es nicht mehr das Ziel menschlichen Handels sein, nach Herrschaft in diesem System zu streben. Mit diesem Ansinnen können wir Menschen nur scheitern. Statt Durchsetzungsvermögen ist Empathiefähigkeit gefragt. Eine neue solidarische Gesellschaft muss folglich Strukturen, Rahmenbedingungen und Anreize zur Verfügung stellen, die die Fähigkeit, sich in das Gegenüber hineinversetzen zu können, das Gegenüber wert zu schätzen, fördert. Denn alles Handeln wirkt in diesem Netz wieder auf die Handelnden zurück. In der Gesellschaft muss sich eine Kultur entwickeln, in der gute und gelingende Beziehungen gepflegt und gestaltet werden können.

Resonanztheorie

In seiner Resonanztheorie, die Hartmut Rosa vollkommen zu Recht eine Gesellschaftstheorie nennt, beschreibt Rosa ausführlich die individuelle und gesellschaftliche Bedeutung gelingender Beziehung. Ich will zumindest kurz die unterschiedlichen Arten und Qualitäten von Beziehungen, die Rosa unterscheidet, vorstellen, um anschließend die Bedeutung für eine solidarische Gesellschaft zu erörtern.

Rosa unterscheidet zwischen drei Ebenen von Beziehungen zu unserer Mitwelt, die alle gleichermaßen gepflegt und kultiviert werden müssen. Da ist zunächst die Beziehung zwischen den Menschen, die horizontale Ebene. Von ebenso großer Bedeutung ist die diagonale Beziehung, also die Beziehung der Menschen zur Natur und den alltäglichen Dingen. Und schließlich gibt es vertikale Beziehungen. Hiermit sind religiöse und spirituelle Beziehungen gemeint. Individuell kann die Intensität der Beziehungen in diesen drei Feldern höchst unterschiedlich sein. Ein Musiker hat vielleicht eine extrem enge und intensive Beziehung zu seinem Instrument und nur eine sehr brüchige zu seiner Mutter. Idealerweise haben wir Menschen in allen drei Feldern gute und gelingende Beziehungen.

Hinsichtlich der Qualität der Beziehungen unterscheidet Rosa drei Varianten: Es gibt stumme Beziehungen, Echobeziehungen und wirklich resonante Beziehungen.

Stumme Beziehungen liegen vor, wenn zwischen den Beteiligten einer Gruppe keine Beziehungen aufgebaut werden können. A antwortet nicht auf Signale von B. In unserer auf Beschleunigung, Optimierung und Gewinnmaximierung orientierten Gesellschaft ist diese Beziehungsform weit verbreitet. Die Menschen formulieren für sich individuelle Ziele und versuchen diese möglichst eigenständig umzusetzen, ohne dabei sonderlich auf die Bedürfnisse anderer einzugehen. Es ist das typische Verhalten in der Welt des Kapitalismus.

Im umgekehrten Fall, wenn also zwischen den Beteiligten eine 100-prozentige Übereinstimmung vorliegt, ist dies nach Rosa allerdings noch keine resonante Beziehung. Rosa spricht hier von Echobeziehungen. Sie führen seiner Ansicht nach zu sogenannten Echokammern, in denen keine Entwicklungen mehr stattfinden. Im politischen Bereich können Echobeziehungen äußerst gefährlich sein. Wir erleben das, wenn sich Menschen beispielsweise in populistischen Bewegungen zusammenfinden, um dort »mit einer Stimme« für ein bestimmtes Anliegen zu kämpfen. Dieses Phänomen gab es schon vor Trump und den vielen anderen heutigen Populisten.

Wirklich resonante Beziehungen brauchen Verschiedenheit. Es sind Beziehungen, in denen ein lebendiger Austausch stattfindet und gegenseitige Veränderungen möglich sind. Auf ein bestimmtes Signal von A (z.B. einer Meinungsäußerung) antwortet B mit einer irgendwie anders gearteten Antwort. Dies ist dann der Ausgangspunkt für eine schwingende Beziehung mit fortlaufenden Rückkopplungen und Veränderungen. In der Resonanz wird also nicht der Einklang zwischen A und B angestrebt, sondern die Lebendigkeit der Beziehung, die unbedingt zwei unterschiedliche Pole benötigt. Resonante Beziehungen sind dynamisch und erfordern die Akzeptanz von Unterschieden und die Offenheit für

Veränderungen. Die Resultate von derart resonanten Beziehungen sind unvorhersehbar, sie sind für alle Beteiligten also unverfügbar. Es bedarf daher einer Portion Mut, wenn man sich auf resonante Beziehungen einlässt.

Care-Ethik

In einer Welt, in der es vornehmlich um gelingende Beziehungen geht, kann dies nicht folgenlos für Moral und Ethik sein. Die solidarische Gesellschaft hat daher eine große Sympathie für eine Care-Ethik, wie sie zunächst in den 80er Jahren von Carol Gilligan[5] angestoßen wurde und sich seither stetig weiterentwickelt hat.

Folgt man diesem Ansatz, hat nicht unter allen Umständen das abstrakte Recht Vorrang, sondern das Lebende um mich herum, das Netz, in dem ich lebe. Die konkrete Fürsorge für meine Mitwelt wiegt im Zweifelsfall stärker als abstrakte, universelle Gerechtigkeit. Diese Ethik der Fürsorge kann allerdings nur in Kombination mit einer wertschätzenden Kommunikation, wie sie etwa in der Resonanztheorie oder auch in der gewaltfreien Kommunikation entwickelt worden ist, gelingen.

Das mag abstrakt klingen. Ich will sie daher an einer in der Literatur häufig genannten Geschichte, dem sogenannten »Heinz-Dilemma«, verdeutlichen.[6]

Die Frau von Heinz, dem »Helden« dieser Geschichte, war sehr schwer erkrankt. Glücklicherweise hatte jedoch ein Apotheker ein vielversprechendes Medikament gegen ihre Erkrankung entwickelt. Er verkaufte das Medikament zu einem hohen Preis, den er mit seiner Arbeitszeit und den sehr teuren Inhaltsstoffen begründete. Da Heinz das Geld für das Medikament nicht hatte, bat er all seine Freunde und Familien-

---

5 Vgl. Gilligan, Carol, *In a Different Voice: Psychological Theory and Women's Development.* Cambridge, MA: Harvard University Press, 1982.

6 Vgl. Kohlberg, Lawrence, *Essays on Moral Development*, Volume 1: The Philosophy of Moral Development: Moral Stages and the Idea of Justice. San Francisco: Harper & Row, 1981.

mitglieder um Hilfe, doch er bekam die Mittel, um seine sterbenskranke Frau zu retten, nicht zusammen. In seiner Verzweiflung bat er den Apotheker, ihm das Medikament zu einem für ihn noch tragbaren Preis herauszugeben. Doch dieser lehnte es ab, Heinz das Medikament auszuhändigen, ohne es vollständig bezahlt zu bekommen. Auch vielfaches Bitten half hier nichts. Der Apotheker wollte durch das Medikament möglichst viel Geld verdienen.

So kehrte Heinz zu seiner Frau zurück und musste zusehen, wie sie im Sterben lag. Er stand nun vor der Entscheidung, ob er seine geliebte Frau sterben lassen oder das Medikament in dieser Nacht stehlen sollte.

Nach üblichen rechtlichen Kriterien ist die Sache klar. Der Mann hat nicht das Recht, den Apotheker zu bestehlen. Im Sinne der Care-Ethik fällt die Entscheidung freilich anders aus. Die Fürsorge um das Leben der Frau hat ein höheres Gewicht als das abstrakte universelle Recht.

Individuelle Freiheit

Eine weitere wichtige Konsequenz des hier beschriebenen modernen Weltbildes ist eine neue Sicht auf den Begriff der Freiheit. Im Geist der Aufklärung hat die individuelle Freiheit des Individuums einen sehr hohen Rang, wie sieht es aber in einem auf Beziehungen aufbauenden Weltbild aus? Auch hier gilt es wieder abzuwägen. Unbestritten muss beispielsweise die Meinungsfreiheit geschützt bleiben. Fraglich ist es dagegen, wie die weitgehenden Freiheiten von Wohnungseigentümer:innen, Kapitaleigner:innen, Autofahrer:innen (»Freie Fahrt für freie Bürger«), Konsument:innen etc. zu bewerten sind. Das Bestehen auf individueller Freiheit ist vielfach nicht mehr als das Durchsetzen egoistischer Interessen der Mächtigen. Ein solcher Freiheitsbegriff führt letztlich zu brutalster Diktatur. Er kennt nur das Recht des Stärkeren, des Glücklicheren und den rücksichtslosen Konkurrenzkampf. In der Gesellschaft setzen sich die Kräfte durch, die die eigene Freiheit möglichst ausweiten und denen es durch möglichst große Rücksichtslosigkeit gelingt, die Freiheit anderer zu unterdrücken. Logisch betrachtet ist dieses Freiheitsverständnis, wie man unschwer erkennen kann, nicht haltbar. Politisch hat er leider eine enorme Anziehungskraft.

Im neuen Weltbild gehört sich kein Mensch nur sich selbst, sondern ist immer ein Teil eines großen Verbundes. Er ist Teil der Natur, Teil einer Gesellschaft, Teil einer Familie etc. und damit in vielfacher Hinsicht in einen größeren Zusammenhang eingebunden. Schon vom Moment der Zeugung an gehört kein Mensch mehr sich selbst, wird »fremdbestimmt« und kann nicht über sich verfügen. So kann sich niemand seine Eltern aussuchen. Jeder und jede bekommt somit schon durch die Zeugung ein Paket von Fremdbestimmung (genetisch und sozial) mit, von der sich keiner/keine loslösen kann. Wir wachsen in einer Familie auf, die wir uns nicht ausgesucht haben. Wir haben einen großen Bruder, der uns ständig drangsaliert, einen herrschsüchtigen Vater, usw.. Wir Menschen haben auch kaum Einfluss auf unseren Körper. Im Gegenteil, dieser beherrscht uns. Wir bekommen Hunger und Durst, Schweißausbrüche, körperliche Einschränkungen, werden krank, haben Schmerzen …

Schließlich müssen wir uns alle damit abfinden, dass wir altern und sterben werden. In all diesen Punkten sind wir Gefangene, können nicht wählen, haben keine Entscheidungsfreiheit, obwohl sie so wesentlich für unser Leben sind.

Die Philosophin Eva Redecker[7] geht noch einen Schritt weiter und weist darauf hin, dass wir nur gemeinsam frei sind. Sie knüpft damit an die aus Afrika stammende sogenannte Ubuntu-Rationalität an, dessen Kern sich in dem Satz »Ich bin, weil Du bist« zusammenfassen lässt. Nimmt man diese Perspektive ein, verändert sich unsere Interpretation der Welt grundlegend. Nun heißt es: Meine individuelle Freiheit hat ihre Bedingungen immer außerhalb meiner selbst. So muss mich zuallererst jemand geboren haben. Irgendjemand muss für mich Gemüse angebaut und geerntet haben, damit ich leben kann. Aus Sicht der gemeinsamen Freiheit, sind die Anderen nicht nur Grenze, sondern die Quelle meiner Freiheit. Damit ich überhaupt leben kann, benötige ich unbedingt und

7 Vgl. Redecker, Eva, *Revolution für das Leben. Eine Philosophie der Protestformen*. Frankfurt/Main: S.Fischer, 2020.

zwingend notwendig die Gemeinschaft und die natürliche Umwelt. Die Welt muss über Jahrtausende von Anderen für mich eingerichtet worden sein. Nicht nur die anderen Menschen, sondern diese Erde und ihre Bewohnbarkeit bilden die Bedingung dafür, dass wir auch in Zukunft überhaupt leben können. Wir Menschen sind Teil eines umfangreichen räumlichen und zeitlichen Netzes. Es gibt nur gemeinsame Freiheit. Aus diesem Verständnis heraus können wir uns keinen höheren Freiheitsgenuss vorstellen, als zu erleben, dass gemeinsam kluge und radikale Maßnahmen ergriffen werden, um den Reichtum der natürlichen Welt zu bewahren. Es ist ein riesiger Schritt in die Freiheit, wenn es uns gelingt wirtschaftliche Gewohnheiten hinter uns zu lassen, in denen wir systematisch niedertrampeln, was doch eigentlich zukünftige Freiheitsbedingung aller ist: das Ökosystem der Erde. Aus dieser Erkenntnis zeigt sich eine weite Welt, in der die anderen aufhören zu stören. Wir alle brauchen diesen Raum unbedingt und notwendigerweise, um auf dieser Erde ein gutes Leben einrichten zu können.

Habe ich bis jetzt weitgehend die Bedingungen beschrieben, in die wir hineingeboren werden, die wir also gar nicht ändern können bzw. sollten, gibt es natürlich auch Bedingungen, die wir durchaus ändern und gestalten können. Wir leben schließlich in einer von uns gestalteten Gesellschaft. Aber auch hier gilt: Freiheit bedarf eines durch die Gesellschaft gesetzten Ordnungsrahmens.

Solidarische Gesellschaft – konkret

Nach den bisherigen Überlegungen zu einem modernen Weltverständnis und einigen grundlegenden Gedanken zu einer daraus folgenden Ethik will ich nun konkreter werden und beispielhaft erörtern, wie einige gesellschaftliche Bereiche in einer solidarischen Gesellschaft gestaltet werden könnten. So schauen wir uns im Folgenden die Demokratie, die Arbeitswelt, die Unternehmen und dann vor allem das Geldwesen an.

Zunächst die positive Nachricht. Wir können Solidarität! Ein Beispiel:

Winter 2023/24 – Es regnet unaufhörlich in Norddeutschland, die Straßen in vielen Städten stehen unter Wasser. Die Wasserpegel der Flüsse steigen und steigen, überfluten ganze Innenstädte, die Keller füllen sich mit Grundwasser, und es besteht die reale Gefahr, dass Deiche brechen. In den Nachrichten sieht man, wie Menschen knietief im Wasser stehen, Sandsäcke schleppen und Menschen aus überschwemmten Wohnungen herausholen. Man erfährt, dass viele Bürger:innen alles andere liegen und stehen gelassen haben, um mit vereinter Kraft den Wassergewalten Schranken zu setzen.

Ja, wir können solidarisch sein, zusammenhalten und füreinander einstehen, wenn es darauf ankommt. Allerdings eben nur dann. Solidarität ist in unserer Gesellschaft nicht der Normalfall, sondern die Ausnahme. Das wollen wir mit unserer Vision einer solidarischen Gesellschaft ändern!

Beispiel: Demokratie

In unserer heutigen, individualistisch geprägten Gesellschaft ist Demokratie vor allem eine Regierungsform, in der es um das Ausbalancieren von Partikularinteressen geht. Die jeweiligen Parteien müssen rechtzeitig Bündnispartner sammeln und Macht aufbauen, um dann mit allen sozialen, rhetorischen und machtpolitischen Mitteln die eigenen Interessen durchzusetzen.

Anders in einer solidarischen Gesellschaft. Auch hier ein Beispiel:

Sonntagabend: Die Familie sitzt an einem kühlen Adventssonntag um den Abendbrottisch und berät, wohin es im kommenden Jahr im Urlaub gehen soll. Skandinavien oder Sizilien? Vor nicht allzu langer Zeit, als ich als pubertierender Sohn am Tisch saß, traf mein Vater evtl. noch in Absprache mit meiner Mutter die Entscheidung. Wir hatten zu folgen. Heute läuft das anders. Wir stimmen ab und so kann es kommen, dass ich als Fan des Südens im kommenden Jahr nach Schweden fahren muss. Das ist Demokratie. Die Mehrheit entscheidet, und wir sind alle gleich vor dem Urlaub …

In einer solidarischen Gesellschaft gehört Demokratie zum Alltag.[8] Die sogenannte »deliberative«, die beratschlagende, in Erwägung ziehende Demokratie bestimmt das Alltagsgeschehen. Wie wir im Alltag, in der Familie, im Beruf, in der Freizeit, bei politischen und gesellschaftlichen Diskussionen miteinander umgehen, wird durch differenzierte demokratische Umgangsformen bestimmt. Ich bin der Überzeugung, dass Demokratie lange vor irgendwelchen Abstimmungen beginnt. Sie kann als Regierungsform nur funktionieren, wenn sie eine in der Gesellschaft verankerte Lebensform ist. Die neue Form des Umgangs basiert auf Achtung, Einfühlen, Zuhören. Sie umfasst weit mehr als die reine Vernunft, sie bezieht persönliche Emotionen und Befindlichkeiten mit ein. Sie geht davon aus, dass es ein Bedürfnis der Menschen gibt, sich aufeinander einzuschwingen und soziale Resonanz zu erfahren. Viele Lebensbereiche werden in einer solidarischen Gesellschaft partizipativ gestaltet. Hierzu gehört nicht nur der politische Bereich, sondern auch die Wirtschaft, das Leben im Stadtteil, in der Region, im Mehrgenerationenprojekt, in Schulen etc. Für all diese Bereiche entwickeln sich passende demokratische Abläufe und Strukturen, die auf den oben beschriebenen Grundlagen aufbauen. Damit das gelingen kann benötigt die Demokratie ein kulturelles und strukturelles Umfeld, das ich hier kurz umreißen will.

Kulturelles Umfeld

Die Gesellschaft klärt, was für sie Gemeinwohl bedeutet

Es gibt einen gesellschaftlichen Konsens darüber, was in dieser Gesellschaft wichtig und bedeutsam ist, darüber was die Gesellschaft unter Gemeinwohl versteht. Dieser Konsens wird nicht vorgeschrieben und

---

8 Vgl. hierzu auch Lessenich, Stephan, *Grenzen der Demokratie. Teilhabe als Verteilungsproblem*. Ditzingen: Reclam, 2019, 25.

ist auch nicht in Stein gemeißelt. Er wird in der Gesellschaft prozesshaft gebildet und kann permanent hinterfragt werden.

Kultur des Zuhörens und der stetigen Verwandlung
Zuhören und Achtsamkeit sind – im derzeitigen Pädagogen-Deutsch ausgedrückt – Kernkompetenzen, die über die gesamte Schulzeit vermittelt und erworben werden. Die Bürger:innen haben in der Schule und in ihrer Sozialisation gelernt, dass eine resonante Demokratie und ein Leben in Freiheit nicht möglich ist, wenn sich die Akteure als Rassisten, Faschisten oder wie auch immer beschimpfen, und nicht bereit sind, eigene Positionen zu überdenken. Es gibt eine Kultur der ständigen Bereitschaft des Wandels, da alle wissen und erfahren haben, dass »In-Beziehung-Treten« Veränderung und Transformation bedeutet. Die Akteure verändern sich in diesem Prozess. Bei Konflikten, die eine Gruppe nicht selbstständig lösen kann, werden Moderationen hinzugezogen.

Entwicklungen sind nicht vorhersehbar
Alle Beteiligten leben in dem Bewusstsein, dass Ergebnisse resonanter Auseinandersetzungen ergebnisoffen sind. Resonante Beziehungen sind unverfügbar.

Kommunikationskultur
Es bildet sich eine Kultur, die sich an Grundregeln der gewaltfreien Kommunikation ausrichtet. Diese Regeln gelten in allen gesellschaftlichen Bereichen, auch im Parlament, bei Talkshows, Demonstrationen etc.

Konsensbeschlüsse gelten als anzustrebendes Ideal
Das Verfahren der Konsensierung ist ein zentraler Baustein einer resonanten Demokratie. Ich möchte daher etwas ausführlicher auf den Sinn und den Ablauf von Konsensbeschlüssen eingehen. Folgt man Wikipedia bedeutet Konsens »die übereinstimmende Meinung von Personen zu

einer bestimmten Frage ohne verdeckten oder offenen Widerspruch.«[9] »Entscheidungen im Konsens verlangen demnach oft keine ausdrückliche Zustimmung, vertragen sich aber auch nicht mit offener Ablehnung. Alle Gruppenmitglieder müssen einverstanden sein, oder bereit sein, ihre abweichende Meinung, bzw. ihre Bedenken gegen die zu treffende Entscheidung aufzugeben oder zurückzustellen. Sie tragen dann die Entscheidung trotz ihrer Bedenken mit.«[10] Konsensbeschlüsse verlangen also nicht zwingend eine einstimmige Zustimmung, sondern ein Mittragen der Entscheidung, auch wenn man selber eine andere Entscheidung befürwortet hat. Die Umsetzung dieses Ideals ist – schaut man sich die gegenwärtigen gesellschaftlichen Auseinandersetzungen an – kaum denkbar. Es bietet sich allerdings an, im Kleinen anzufangen, dieses Verhalten hier einzuüben, um dann im Weiteren auszuloten, inwieweit dieses Konsensprinzip anwendbar ist.

Die hier vorgeschlagenen Konsensbeschlüsse sind zunächst einmal nur in kleinen überschaubaren Gruppen möglich, die allerdings im Gesamtrahmen der neuen Demokratie den Kern einer demokratischen Gesellschaft bilden. Typische institutionelle Rahmen für Konsensbeschlüsse sind etwa: Gemeinschaftswohnprojekte, Commons, solidarische Landwirtschaft, kommunale Bürgerräte und kleine, solidarisch geführte Unternehmen. In vielen dieser Institutionen werden bereits Konsensbeschlüsse mit Erfolg praktiziert. Das Besondere an diesen Institutionen ist, dass sie ein gemeinsames und für sie bindendes Grundverständnis haben, mit dem sich die Mitglieder weitgehend identifizieren. Derartige Institutionen wird es in einer solidarischen Gesellschaft häufig geben.

Die hier vorgeschlagenen Konsensbeschlüsse laufen nach standardisierten Verfahren ab, auf die sich die jeweiligen Institutionen im Vorfeld verständigt haben. Wie oben bereits beschrieben, geht es weniger um das einstimmige Ergebnis, sondern vor allem um den vorherigen Diskussionsprozess, der von der gegenseitigen Wertschätzung der anderen Position und der anderen Person geprägt ist. Damit dieser Diskussions-

---

9 https://de.wikipedia.org/wiki/Konsens.
10 https://de.wikipedia.org/wiki/Konsensprinzip.

prozess wirklich gelingt, nehmen Institutionen, die sich für das Verfahren der Konsensierung entschieden haben, fast immer professionelle Moderationen für den gesamten Entscheidungsprozess in Anspruch.[11]

Demokratie ist gesellschaftlich gewollte Vielfalt
Kollektive Intelligenz entsteht nicht durch Gleichmacherei im Kollektiv, sondern gerade umgekehrt durch das Hervorheben des individuellen Potentials jedes Einzelnen in einem gemeinsamen Kontext. Das beste Kollektiv ist das, in dem die Individuen frei ihre eigenen Potentiale entwickeln können und dabei eine individuelle Beziehung zum Kollektiv pflegen. Jedes Individuum hat innerhalb dieses Prozesses weitestgehende Möglichkeiten, die eigenen Potentiale einzubringen und zu entwickeln.

Ich denke hier nicht an die Auszeichnung einer einzelnen Person als »Held oder Heldin für die solidarische Gesellschaft«, sondern an die Umsetzung resonanter Beziehungen, wie sie weiter oben beschrieben wurden. So schildert der Leiter des Zukunftsbüros in Vorarlberg seine Erfahrungen mit divers besetzten Bürger:innenräten: »90 bis 95 Prozent sind begeistert und wollen wieder teilnehmen und das Verfahren anderen empfehlen. Es gibt eine sehr große Bereitschaft der Bevölkerung, sich zu beteiligen – aber nicht parteipolitisch.«

Demokratie stärkt die kollektive Intelligenz
Eine resonante Demokratie fördert kollektive, von der Basis ausgehende, Entscheidungsprozesse. Forschungen weisen darauf hin, dass bei gelungenen kollektiven Prozessen die Gruppe eine kollektive Intelligenz hervorbringt, die die Klugheit jeder Einzelperson übersteigt (Emergenz). Hierzu ein kleines Gedankenspiel: Nehmen wir an, die regelmäßig stattfindenden gigantisch besetzten Klimakonferenzen auf der ganzen Welt würden nicht zentral in einem Kongresszentrum, sondern in den 300

11 Aus diesen Ausführungen dürfte klar geworden sein, dass die hier vorgeschlagene Konsensierung nichts mit der Konsensdemokratie, wie sie etwa im Europäischen Rat praktiziert wird, zu tun hat. Es geht nicht um Einstimmigkeit als Instrument zur Disziplinierung.

größten Städten stattfinden. Dort würden lokale Problemlösungsprozesse mit jeweils 100 Teilnehmenden über 10 Tage mit einem Budget von jeweils 500.000,00 Euro erarbeitet. Jede Stadt würde parallel und zeitgleich regionale Lösungsstrategien gegen den Klimawandel erstellen und sich parallel mit den Prozessen in den anderen Städten über Konferenzschaltungen, Städtepartnerschaften oder persönliche Kontakte der Teilnehmenden auseinandersetzen. Man kann sich unschwer vorstellen, welche kreativen Prozesse auf diese Art und Weise entstehen könnten – zudem zu einem wesentlich günstigeren Preis als bei den üblichen Mammutkonferenzen.

Strukturelles Umfeld

Zeit für gesellschaftliches Engagement

Eine resonante Demokratie nimmt viel Zeit in Anspruch, die allen Bürger:innen zur Verfügung gestellt werden muss. Eine solidarische Gesellschaft reagiert darauf, indem sie die Arbeitswelt neu strukturiert.[12] Die sogenannte Erwerbsarbeit nimmt in einer solidarische Gesellschaft im Durchschnitt nur 50% der wöchentlichen Arbeitszeit ein. Die weitere Hälfte des Arbeitspotentials steht für ehrenamtliche und dem Gemeinwohl dienliche Arbeit zur Verfügung. Menschen, die sich in irgendeiner Form verbindlich für demokratische Prozesse engagieren, erhalten hierfür eine angemessene Vergütung.

Demokratie bedarf kleiner Räume

Global organisierte Märkte sind nur begrenzt demokratisch gestaltbar. Eine resonante Demokratie benötigt überschaubare souveräne Einheiten, wie sie etwa in jüngerer Zeit von Wolfgang Streeck in seinem Buch »Zwischen Globalisierung und Demokratie« vorgestellt wurden. Streeck setzt sich unter Berufung auf Keynes und Polayni für die Bildung vieler kleiner Nationalstaaten ein. Zusammenfassend schreibt er: »Als Auf-

12 Hierzu mehr im nächsten Abschnitt.

fangvorrichtung für eine gesellschaftlich zurückeroberte und demokratisch zu sanierende politische Ökonomie kommt nur ein in eine konförderale Staatenordnung eingebetteter Nationalstaat in Frage. Dieser muss souverän sein, weil er anders nicht demokratisch sein kann.«[13] Ähnlich argumentiert Ulrike Guerot in ihrem 2016 erschienenen Buch »Warum Europa eine Republik werden muss«.[14] Demokratie braucht klare föderale Strukturen (Bund, Länder, Kommunen, Stadtteile, Wohn- und Lebensgemeinschaften). Sie muss in Organisationen (Schulen, Kirchen, Unternehmen, Verbände, Vereine …) gelebt werden.

Vielfältige Formen der Demokratie praktizieren
Repräsentative, direkte, deliberative[15] und andere Formen von Demokratie werden je nach Sachlage praktiziert. Bürger:innen beteiligen sich selbstverständlich an Entscheidungen, die das Wohl der Gemeinschaft oder eines Teils davon betreffen. Die Beteiligung kann je nach Sachlage sehr unterschiedlich sein. Es können mehrere Verfahren kombiniert werden.

Beispiel: Arbeitswelt

In dem Entwurf einer solidarischen Wirtschaft gehen wir von einer Arbeitswelt aus, die sich grundlegend von der jetzigen unterscheidet. Arbeit ist mehr als Erwerbsarbeit. Arbeit wird als »Tätigkeit für ande-

---

13 Streeck, Wolfgang, *Zwischen Globalisierung und Demokratie. Politische Ökonomie im ausgehenden Neoliberalismus*. Berlin: Suhrkamp, 2021, 509.

14 Vgl. Guérot, Ulrike, *Warum Europa eine Republik werden muss. Eine politische Utopie*. Bonn: J.H.W. Dietz, 2016.

15 Vgl. Wikipedia: »Die deliberative Demokratie betont öffentliche Diskurse, öffentliche Beratung, die Teilhabe der Bürger an öffentlicher Kommunikation und das Zusammenwirken von Deliberation und Entscheidungsprozess… Kernidee der deliberativen Demokratie ist, dass durch Austausch von Argumenten in einem (machtfreien) Diskurs Verständigung oder Konsens erzielt werden können und so gefundene Lösungen den Ansprüchen der Vernunft in sachlicher und moralischer Hinsicht gerecht werden.«

re« definiert. Daraus ergibt sich für die Bürger:innen ein Arbeitsalltag, der sich gleichermaßen aus der herkömmlichen Erwerbsarbeit und der Sorgearbeit bzw. gesellschaftlicher Tätigkeit zusammensetzt. Es gehört zum Alltag der Bürger:innen, sich in irgendeiner Art und Weise für die Gemeinschaft zu engagieren.

Denkbar ist, dass die Mehrheit der Bürger:innen etwa 20 Stunden einer Erwerbsarbeit nachgeht und etwa 20 Stunden im Subsistenzbereich (vor allem Sorgearbeit, aber auch Ehrenamt, Einsatz für das Gemeinwohl, Arbeit in Gremien etc.) tätig ist (vgl. Grafik).[16] Individuell sind natürlich viele andere Kombinationen möglich. Diese Arbeiten im Subsistenzbereich werden grundsätzlich der üblichen Erwerbsarbeit gleichgestellt und entsprechend angemessen entlohnt.

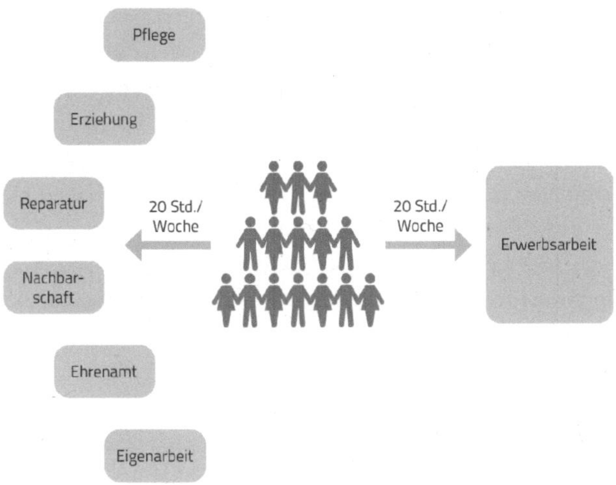

Abbildung 1: Aufteilung der Arbeit

Die Bürger:innen sollen nicht von »denen da oben« gesteuert werden, sondern selbstwirksam die Gemeinschaft mitgestalten können. Es ge-

16 Vgl. hierzu Paech, Niko, *Befreiung im Überfluss. Auf dem Weg in die Postwachstumsökonomie*. München: Oekom, 2012.

hört zum Alltag der Bürger:innen, sich in irgendeiner Art und Weise für die Gemeinschaft zu engagieren. Dieses Verhalten wird gesellschaftlich gefördert und vergütet.

Beispiel: Unternehmen

Mit dem Thema »Unternehmen« kommen wir nun in die Schaltzentrale der kapitalistischen Wirtschaftsweise. Ist es möglich, das angestrebte Ziel, die Produktion von Gütern und Dienstleistungen innerhalb einer kapitalistischen Wirtschaft am Gemeinwohl und nicht an der Gewinnmaximierung auszurichten? Die Frage wird man nur mit »Nein« beantworten können. Die Orientierung am Gewinn ist der letztlich nicht verhandelbare Wesenskern einer kapitalistischen Wirtschaft. Entsprechend sind die Stellschrauben in dem System gestellt. Den Eigentümer:innen und den Geldgeber:innen werden weitgehende Freiheiten eingeräumt, eine Verpflichtung zum Gemeinwohl ist dabei nicht vorgesehen.

Bis auf ganz wenige Ausnahmen haben folglich bei allen anfallenden unternehmerischen Entscheidungen letztlich immer die Eigentümer:innen das letzte Wort. Kommt es beispielsweise im Aufsichtsrat einer Aktiengesellschaft zu einer Pattsituation zwischen Vertretern des Kapitals und der Arbeit, entscheidet die Stimme des Aufsichtsratsvorsitzenden, der bzw. die immer eine Vertreter:in des Kapitals sein muss. Das führt u.a. dazu, dass eine gesellschaftlich noch so sinnvolle Investition keine Chance hat, umgesetzt zu werden, wenn die Investoren damit nicht eine für sie zufriedenstellende Rendite erzielen können. So kann es niemanden wundern, wenn an den schönsten Küsten dieser Welt riesige Hotels gebaut werden, und sich 5 km entfernt kein Investor für den Bau eines Krankenhauses oder den Unterhalt eines Altenpflegeheims finden lässt. Wenn es um die Interessen der Kapitalgeber:innen geht, muss sich die Allgemeinheit hinten anstellen.

Die Sichtweise einer solidarischen Gesellschaft sieht vollkommen anders aus. Langfristig wird es keine privaten Kapitalgeber, mit dem entsprechenden Machtpotential mehr geben. Ohne an dieser Stelle schon auf die mögliche Umsetzung einzugehen, sei hier das Modell eines typischen solidarischen Unternehmens vorgestellt.

Es sieht zunächst eine sukzessive Neutralisierung des Eigenkapitals vor, in dem alle erwirtschafteten Gewinne nicht den Kapitaleignern, sondern dem Unternehmen überschrieben werden. So erhöht sich sukzessive das Kapital des Unternehmens, bis irgendwann das Unternehmen sich selbst gehört, und die Macht der privaten Kapitalgeber nur noch marginal ist. Unternehmen, die mit einem neutralisierten Kapital arbeiten, sind letztlich vergesellschaftete Unternehmen, die partizipativ geleitet werden. Vergesellschaftung bedeutet dann nicht Verstaatlichung, sondern eine, nach demokratischen Regeln bestimmte Unternehmensleitung.[17]

Die solidarische Gesellschaft geht davon aus, dass unternehmerische Tätigkeiten die ganze Gesellschaft betreffen. Entsprechend werden weitere »stakeholder«, also Betroffene, mit in die unternehmerischen Entscheidungen einbezogen.[18] In mittleren und großen Unternehmen werden sogenannte Wirtschaftsräte gebildet, die die strategische Steuerung des Unternehmens bestimmen. Die Wirtschaftsräte sind drittelparitätisch mit Vertretern der Unternehmensleitung, der Beschäftigten und der Gesellschaft besetzt. Das Drittel der Gesellschaft setzt sich aus Vertretern der Kunden, der Umweltverbände und der jeweiligen Kommune zusammen.

Abbildung 2: Besetzung der Wirtschaftsräte

17 Im Rahmen dieses Aufsatzes kann ich dieses von dem Ökonomen Otmar Sik in den 60er Jahren des letzten Jahrhunderts entwickelte Konzept nicht ausführlich darstellen. Es ist ausführlich z.B. in Bender, Harald, Norbert Bernholt, et al., *Kapitalismus und dann? Systemwandel und Perspektiven gesellschaftlicher Transformation*. München: Oekom, 2012, 79–105, dargestellt.

18 Vgl. ausführlich Bender, Bernholt, et al., a.a.O.

Die drittelparitätische Besetzung des Wirtschaftsrates bewirkt zum einen, dass die Interessen der Öffentlichkeit unmittelbar in die strategische Steuerung des Unternehmens einfließen, sie bewirkt zusätzlich, dass sich keine starren und dauerhaften Koalitionen bilden können. Man wird in vielen einzelnen Fragen verhandeln müssen. In keinem Fall hat eine der Parteien automatisch die Mehrheit im Wirtschaftsrat.

In kleineren Unternehmen mit weniger als 50 Beschäftigten ist es meiner Ansicht nach nicht sinnvoll, betriebliche Wirtschaftsräte zu bilden. Trotzdem sollten diese Betriebe in eine demokratisch kontrollierte Planung der unternehmerischen Tätigkeiten eingebunden werden. Dies geschieht nun durch betriebsübergreifende Planungen für eine Region. Diese überbetrieblichen Wirtschaftsräte sind ebenfalls drittelparitätisch besetzt und ihre Aufgabe besteht im Wesentlichen darin, für eine Region langfristig nachhaltige Strukturen zu entwickeln und die Umsetzung dieser Planungen zu initiieren. So können regionale Wirtschaftsräte beispielsweise dazu beitragen, regionale Wirtschaftskreisläufe zu fördern und einer destruktiven Verdrängungskonkurrenz entgegenzuwirken. Denkbar ist ein Investitionsveto, das bei drohender Vernichtung von Arbeitsplätzen erfolgen darf, oder wenn eine zusätzliche Wertschöpfung nicht mit einer nachweislich besseren Ökobilanz einhergeht.

Beispiel: Geld[19]

Grundsätzliches Verständnis von Geld

Wenn wir in unserem heutigen System über Geld sprechen, gehören »Macht« und »Herrschaft« unmittelbar dazu. »Geld regiert die Welt« ist keine hohle Formel, sondern ein Faktum. Geld will herrschen, und es erzeugt die Illusion, auch herrschen zu können. Geld ist Macht pur! Mit

19 Die Ausführungen zu diesem Abschnitt beziehen sich auf mein 2023 veröffentlichtes Buch: *Sozial-ökologischer Umbau – wenn Geld dem Gemeinwohl dient* (Impulse für eine solidarische Gesellschaft). Marburg: Büchner, 2023, in dem die Thematik detaillierter erläutert wird.

der Kreditkarte in der Tasche kann ich als ein autonomes, souveränes und unabhängiges Individuum in jedes Geschäft gehen und schon liegt mir die Welt zu Füßen. Dies ist die Freiheit, von der viele Menschen träumen. Mit dieser Sicht auf das Geld wird allerdings vernebelt, dass wir in einem großen Netz menschlicher Beziehungen leben, und dass niemand ohne dieses Netz existieren kann.

Es wäre naiv anzunehmen, dass das Geld in einer solidarischen Gesellschaft seine verführerische Kraft gänzlich verlieren würde. Umso wichtiger ist es daher, Bedingungen zu schaffen, die das Geld weitgehend entmachten. Aus einem Instrument der Herrschaft muss sich Geld in einer solidarischen Gesellschaft in ein System des wechselseitigen Gebens und Nehmens umwandeln. Wir Bürger:innen werden in ein neues Verhältnis zu Geld hineinwachsen.

In einem solidarischen Geldsystem, das ich an dieser Stelle in den Grundzügen vorstellen möchte, definieren wir Geld nicht mehr als eine handelbare Ware, sondern als ein öffentliches Gut, das nur von einer demokratisch gewählten Institution in Umlauf gebracht werden kann. Pointiert ausgedrückt ist Geld dann ein Gutschein, den der Staat an seine Bürger:innen herausgibt, damit diese die von der Mitwelt zur Verfügung gestellten Mittel in einer angemessenen und nachhaltigen Weise nutzen.

Wer setzt das Geld in die Welt?

Fangen wir ganz vorne mit der Frage an, wie denn überhaupt Geld in die (solidarische) Welt kommt? Da gilt es zunächst daran zu erinnern, dass es eigentlich zu den hoheitlichen Aufgaben des Staates gehört, Geld zu schöpfen, also Geld in den Wirtschaftskreislauf einfließen zu lassen. In der kapitalistischen Wirtschaft hat der Staat dieses Recht weitgehend an die Privatbanken abgegeben. Dieses, von den Banken geschöpfte Geld, ist dann genau genommen nur ein Geldersatz, sogenanntes Giralgeld. In der alltäglichen Praxis hat diese Entscheidung allerdings kaum eine Bedeutung. Halten wir als erstes fest: In der solidarischen Gesellschaft hat ausschließlich der Staat das Recht zur Geldschöpfung. Hier folgen wir dem Ansatz des sogenannten Vollgeldes, in dem es eben nur Zentralbankgeld gibt.

Die nächste Frage ist dann, wie viel Geld der Staat schöpfen kann und darf? Die Meinungen in der Zunft der Ökonomen gehen hier durchaus auseinander. Gängige Meinung ist, dass die Geldmenge von der Menge der in der Wirtschaft produzierten Güter und Dienstleistungen abhängen sollte. Die Geldmenge und die Gütermenge sollten sich also weitgehend parallel entwickeln. Wir vertreten dagegen die Auffassung, dass die Geldmenge sich an den vorhandenen Ressourcen, also den Arbeitskräften und den vorhandenen Rohstoffen orientieren sollte. Die Begründung dafür werde ich weiter unten nachholen.

Weitgehende Einigkeit besteht dagegen darin, dass Geld formal durch einen Rechtsakt in die Welt gesetzt wird. Geld ist ein soziales Rechtsprodukt. Dies gilt sowohl für das kapitalistische wie für das solidarische Geldsystem. In beiden Systemen wird Geld aus dem Nichts geschaffen. In der kapitalistischen Wirtschaft ist dieser Rechtsakt ein Kreditvertrag. Indem die Bank XY einem Gläubiger einen Kredit über 2 Mill. Euro gewährt, wächst die Geldmenge um 2 Millionen Euro. Im Idealfall kauft der Gläubiger mit diesem Kredit eine neue Maschinenanlage. Geldmenge und Gütermenge wachsen parallel. Schwieriger wird es, wenn der Gläubiger den Kredit dafür verwendet, um einen anderen Kredit zu tilgen, oder um spekulativ Währungen oder Wertpapiere zu kaufen, die er dann sofort wieder verkauft. Dann wächst nur die Geldmenge und nicht die Gütermenge. Das läuft eine Zeit lang ganz gut, bis ein oder mehrere Gläubiger aus irgendwelchen Gründen die Kredite nicht mehr tilgen können. Die kreditgebende Bank hat jetzt keine realen Gegenwerte, und kommt damit selber in Bedrängnis. Dies ist dann der Start einer der vielen Finanzkrisen, die sich in schöner Regelmäßigkeit alle Jahre wieder einstellen.

An dieser Stelle möchte ich schon auf zwei gewünschte positive Effekte hinweisen, die sich daraus ergeben, wenn nur der Staat das Geld schöpft. Erstens verdient nun keine Privatperson mehr an dieser Schöpfung aus dem Nichts. Dem gegenwärtig übermäßigen Geldmengenzuwachs wird damit ein Riegel vorgeschoben. Zweitens ist die Herausgabe von Geld nicht mehr zwangsläufig mit der Aufnahme von Schulden verbunden. Staaten müssen sich nicht mehr bei privaten Banken verschulden, um handlungsfähig zu sein. In einer solidarischen Wirtschaft ist Geld kein Schuldgeld. Es kommt nicht durch einen Kreditvertrag in die Welt. Geld kann vom Staat theoretisch grenzenlos geschöpft werden, es muss nicht knapp sein. Die Herausgabe muss aber gesteuert werden – und zwar nach gemeinwohlorientierten Regeln. Damit kommt das Parlament ins Spiel.

Geldpolitik ist Sache des Parlaments

In einer demokratischen Gesellschaft kann nur das Parlament darüber entscheiden, wie viel Geld dem Kreislauf zur Verfügung gestellt wird und nach welchen Kriterien es verteilt werden soll. Das Parlament muss auf der Grundlage ökonomischer Fakten, also aufgrund der verfügbaren Ressourcen (Arbeit und Natur) und in Übereinstimmung mit dem Gesellschaftsvertrag festlegen, wie viel Geld in einer Periode bereitgestellt werden soll. Es formuliert also ein Geldmengenziel. Gegenwärtig liegt diese Aufgabe bei der Zentralbank, die allerdings in keiner Weise demokratisch legitimiert ist und so vielfach als verlängerter Arm der Interessen der Wirtschaft agiert.

Im europäischen Raum wäre es ein absoluter Tabubruch, dem Parlament in der Geldpolitik so viele Befugnisse zu geben. Bei der Mehrheit der Ökonomen herrscht die Meinung vor, das Parlament solle sich aus der Geldpolitik heraushalten, da sich Politiker:innen aus wahltaktischen Erwägungen nicht sachgemäß verhalten könnten. Sie würden etwa dazu neigen mit einer zu laxen Geldpolitik Wahlgeschenke zu machen und der Wirtschaft langfristig Schaden zufügen.

Hinter dieser Aussage verbirgt sich meiner Meinung nach ein befremdliches Demokratieverständnis. Man traut den Politiker:innen selbstverständlich zu, über Krieg und Frieden zu entscheiden, aber in

Fragen der Geldpolitik – einem enorm wichtigen Instrument zur Gestaltung des Allgemeinwohls einer Gesellschaft – wird dem Parlament keine Entscheidungsbefugnisse erteilt. Es gibt offensichtlich Bereiche in unserer Gesellschaft, in denen demokratische Entscheidungsfindungen unerwünscht sind. Man muss es wohl beim Namen nennen: es sind die Bereiche, in denen ernsthaft die Interessen von Kapitaleigentümer:innen bedroht sind. Wir hatten das gleiche Thema im vorherigen Abschnitt zur Unternehmensverfassung.

In einem solidarischen Geldsystem werden wichtige geldpolitische Entscheidungen dem Parlament übertragen. So legt das Parlament fest, wie viel neues Geld im kommenden Jahr zur Verfügung stehen soll. Dieses Geld stellt das Parlament in einem sogenannten Währungsregister der Gesellschaft zur Verfügung. Das ist der Rechtsakt, mit dem in einem solidarischen Geldsystem Geld geschaffen wird. Das im Währungsregister aufgelistete Geld ist Aktivgeld, es wird also nicht durch einen Kredit in die Welt gesetzt, es entstehen keine Schulden. Vielmehr nimmt der Staat an dieser Stelle sein nur ihm zustehendes Recht in Anspruch, neues Geld aus dem Nichts zu schöpfen.

Ganz praktisch bedeutet das, dass die jeweilige Regierung in ihrem Haushaltsentwurf über eine bestimmte Geldsumme verfügen kann, ohne Schulden zu machen. Ebenso steht der Zentralbank eine bestimmte Geldsumme zur Verfügung, die sie über Kredite an die Wirtschaft weitergeben kann. In der Abbildung 3 wird dargestellt, wie das Geld nun in die Gesellschaft einfließt.

Abbildung 3: Verteilung des geschöpften Geldes

Verteilung des Geldes durch die Regierung

Blicken wir zunächst auf die Regierungsbank. Der Regierung steht nun eine bestimmte Summe zur Verfügung, die sie über Gehälter, Transferzahlungen, staatliche Investitionen etc. in die Gesellschaft einfließen lassen kann.

Theoretisch könnte jede Regierung nun einen Geldregen auf die Bevölkerung niedergehen lassen. Die Regierung beziehungsweise das Parlament, in dem die Regierungspartei die Mehrheit hat, kann ja so viel Geld in das Währungsregister stellen, wie sie es möchte. Das wäre natürlich ökonomischer Unsinn und nebenbei bemerkt politischer Selbstmord, da nun eine hemmungslose Inflation ausbrechen würde. Die Grenzen der Geldschöpfung liegen – wie oben bereits angeführt – in den verfügbaren Ressourcen (Arbeit und Natur). Eine Wirtschaft benötigt das Geld zur Nutzung der vorhandenen Ressourcen. Mehr nicht. Dabei gilt entgegen der jetzigen Sichtweise, dass nicht das Geld, sondern die Ressourcen knapp sind. Wenn eine Regierung diesen Rahmen beachtet, verfügt sie trotzdem über erheblich mehr Spielraum als die jetzigen Regierungen, die bei der Finanzierung der Staatsausgaben auf die Steuereinnahmen und auf die Aufnahme von Krediten angewiesen sind. Der Ausbau des Schienennetzes oder die Ausstattung der Schulen muss nicht mehr an den mangelnden Finanzmitteln scheitern. Derartige Projekte können nur daran scheitern, dass nicht genügend Arbeitskräfte oder Rohstoffe zur Verfügung stehen.

Welche Möglichkeiten und neue Aspekte ergeben sich nun aus diesen neuen Handlungsspielräumen der Regierung. An dieser Stelle kann ich nur exemplarisch einige Aspekte anschneiden.

Arbeit angemessen würdigen

Zunächst ist ein enormer gesellschaftlicher Fortschritt beim Thema »Arbeit« möglich. Unsere gängige Sicht auf Arbeit ist letztlich ein Tunnelblick. Nur Erwerbsarbeit – egal was sich dahinter verbirgt – gilt als Arbeit, die dann entlohnt wird. Gesellschaftlich äußerst sinnvolle Tätigkeiten, wie die Erziehungsarbeit, die Pflege der alt gewordenen Eltern, ehrenamtliche Tätigkeiten bei der Feuerwehr oder im Schulelternrat gelten als Freizeit und werden gar nicht oder nur symbolisch bezahlt.

Es ist ein Skandal, dass in unserer Gesellschaft diese Tätigkeiten, ohne die unser gesellschaftliches Leben wie ein Kartenhaus zusammenbrechen würde, gar nicht oder miserabel bezahlt werden. Die Begründung lautet stets, die sogenannten reproduktiven Tätigkeiten seien eben nicht finanzierbar. Es könne nur das Geld ausgegeben werden, das im produktiven Bereich erwirtschaftet worden sei.

Weil wir diesen produktiven Bereich also dringend benötigen und sich hier Gewinne erzielen lassen, machen wir die sinnlosesten Sachen. Wir bauen Panzer, Hotelketten, erfinden dümmliche Werbekampagnen und produzieren 20 verschiedene Waschmittel, die sich im Wesentlichen durch die Farbe des Pulvers unterscheiden etc.

Damit können wir nun aufhören. Arbeit ist jede sinnvolle Tätigkeit für die Gemeinschaft und muss selbstverständlich angemessen bezahlt werden. Dem erziehenden Vater und der pflegenden Tochter stehen für ihre Tätigkeit genauso Einkommen zu wie dem Handwerker, der einen Wasserhahn repariert. Das nötige Geld dafür stellt die jeweilige Regierung zur Verfügung.

Mit dem solidarischen Geldsystem kann die entwürdigende Unterscheidung zwischen produktiver und reproduktiver Arbeit endlich beendet werden. Care-Arbeit erhält endlich die Wertschätzung, die ihr zusteht.

Staatsverschuldung

Die vieldiskutierte Problematik der Staatsverschuldung entfällt in einem solidarischen Geldsystem. Der Staat kann sich nunmehr über die Schöpfung neuen Geldes selbst finanzieren.[20] Sofern sich ein Land nicht übermäßig im Ausland verschuldet, sind Staatsschulden kein ernsthaftes Problem. Staaten können nun nicht mehr pleitegehen. Wie viel unnötiges Leid kann den Bürger:innen eines überschuldeten Landes – wie zuletzt Griechenland – erspart bleiben, wenn die Regierung nicht eine strikte von außen vorgeschriebene strenge Sparpolitik durchziehen muss. Die Bürger:innen eines Landes, das in eine wirtschaftliche Schieflage geraten ist, können nun selber entscheiden, wie sie aus der misslichen Lage wieder herauskommen wollen. Sie entscheiden, welche Opfer sie auf sich nehmen wollen. Keine Institution, kein fremder Staat, keine Bank kann den Menschen dieses Recht nehmen. Solidarische Ökonomie nimmt es ernst mit der Demokratie – auch oder gerade in Fragen der Wirtschaft und des Geldes.

---

20 Mit einer etwas anderen theoretischen Herleitung weist die Modern Money Theory (MMT) seit Jahren auf diese Möglichkeit hin. Diese Theorie hat in den USA eine weitaus größere Bedeutung als hier in Europa. So hat der Kandidat der Demokraten, Bernie Sanders, im Wahlkampf 2020 sein Wirtschaftsprogramm mit dieser Theorie untermauert.

Steuern neu denken

Die in der kapitalistischen Wirtschaft zentrale Finanzierungsfunktion der Steuern entfällt nunmehr. Der Staat muss den Bürger:innen nicht mehr zur Finanzierung der Staatsausgaben in die Taschen greifen. Dennoch wird es in einer solidarischen Gesellschaft aus mehreren Gründen Steuern geben.

Steuern sind weiterhin ein wichtiges Instrument der Wirtschaftspolitik. Sie können gezielt eingesetzt werden, um das Konsumverhalten oder auch das Investitionsverhalten der Menschen zu beeinflussen. So wird es möglicherweise weiterhin Tabaksteuern, Mineralölsteuern, Alkoholsteuer usw. geben.

Steuern können auch eingesetzt werden, um große Vermögensunterschiede auszugleichen. Das kann durch Vermögenssteuern oder auch Erbschaftssteuer geschehen. Der Staat muss die Möglichkeit haben, um noch einmal das Bild des Gutscheins aufzugreifen, Gutscheine, die er ausgegeben hat, auch wieder einzuziehen, um ein bestimmtes, der Gemeinschaft nicht zuträgliches Verhalten zu unterbinden bzw. unattraktiv zu machen. Auf die sogenannte Lenkungsfunktion der Steuern wird die Wirtschaftspolitik in einer solidarischen Ökonomie also nicht verzichten. Wie genau das Steuersystem nachher im Detail ausgestaltet ist, muss die solidarische Gesellschaft demokratisch entscheiden.

Schließlich sind Steuern ein wichtiges Instrument, um dem Kreislauf auch wieder Geld zu entziehen. Bis jetzt habe ich nur geschildert, wie der Staat Geld in den Kreislauf hineinpumpen kann. Er muss aber auch die Möglichkeit haben, dem Kreislauf wieder Geld zu entziehen. Es ist wie bei einem See. Wenn der See nicht überfließen soll, muss es neben dem Zufluss auch einen Abfluss geben. Hier muss man sich klar machen, dass mit jedem Euro, der über Steuern an den Staat gezahlt wird, dem Kreislauf dieses Geld nicht mehr zur Verfügung steht. Die Geldmenge verringert sich. Steuern sind damit ein wichtiges Instrument zur Dämpfung der Inflationsrate. Ich werde weiter unten noch ausführlicher auf diesen Aspekt eingehen.

Zusammenfassung

Geld ist in einer solidarischen Gesellschaft ein öffentliches Gut.

Die Menge des Geldes, welches sich in Umlauf befindet, soll Jahr für Jahr demokratisch – auf wissenschaftlich erhobenen Daten basierend – entschieden werden.

Die Ausgabe des Geldes wird nicht von der zu erwartenden Rendite, sondern von den von der Gemeinschaft festgelegten Gemeinwohlzielen abhängig gemacht (also z.B. ob mit dem Vorhaben wünschenswerte ökologische und soziale Parameter erfüllt werden können).

Die Unterscheidung zwischen produktiver und reproduktiver Arbeit kann entfallen.

Die neue Rolle der Zentralbanken

Ebenso wie in einer kapitalistischen Wirtschaft wird in einer solidarischen Gesellschaft die Vorfinanzierung der Produktion über Kredite erfolgen. Neu ist, dass diese Kredite nun ausschließlich von der Zentralbank und nicht von Privatbanken ausgegeben werden. Außerdem gelten grundlegend andere Vergabekriterien.

Schauen wir uns zuerst die Zentralbanken neuen Typs an. In der solidarischen Gesellschaft ist die Zentralbank nicht mehr für die Geldpolitik verantwortlich. Die Verantwortung liegt nun beim Parlament. Die Zentralbank führt diese Geldpolitik aus. Man muss sich die Zentralbank also als eine Behörde vorstellen, die die Vorgaben des Parlaments ausführt. Ganz konkret könnte das etwa bedeuten, der Sitz der Zentralbank für Deutschland ist weiterhin Frankfurt. Diese Zentralbank hat in der ganzen Republik zahlreiche Filialen, die die jeweiligen Bankgeschäfte vor Ort erledigen. Wir nennen diese Filialen Regionalbanken, die es nun in jeder Stadt und jedem etwas größeren Dorf gibt. Die Regionalbanken wickeln den üblichen Zahlungsverkehr ab, führen Kundenkonten, die nun aber Konten bei der Zentralbank sind, beraten in

Geldangelegenheiten und vermitteln Kredite sowohl an Unternehmen als auch an Haushalte.

Modalitäten der Kreditvergabe

Die Art und Weise der Kreditvergabe benötigt allerdings etwas Aufmerksamkeit. Mit den Modalitäten der Kreditvergabe werden wichtige Voraussetzungen dafür geschaffen, dass das vom Staat herausgegebene Geld im Sinne des Gemeinwohls verwendet wird. Wie läuft die Kreditvergabe nach den neuen Spielregeln ab? Nehmen wir z.B. an, ein mittelgroßes Unternehmen in Paderborn benötigt für eine neue Maschinenhalle einen Kredit von 2 Millionen Euro. Der Vorstand geht zur zuständigen Regionalbank und beantragt einen Kredit in der entsprechenden Höhe.

Wie heute auch, bekommt das Unternehmen das Geld nicht einfach ausgezahlt. Es muss sich einer Kreditprüfung unterziehen. Bezieht sich die heutige Kreditprüfung darauf, ob die kreditfinanzierte Investition eine Rendite erbringen kann, werden nun neben den ökonomischen auch soziale und ökologische Kriterien herangezogen. Dies ist keine revolutionäre Neuerung. Manche Unternehmen lassen sich bereits jetzt mit derartigen mehrdimensionalen Bilanzen, prüfen. Vielen Leser:innen dürfte die von der Gemeinwohlökonomie entwickelt »Gemeinwohlbilanz« bekannt sein. Es gibt mittlerweile aber zahlreiche weitere Bilanzen, die neben den rein monetären auch ökologische und soziale Kriterien enthalten. All das ist kein Hexenwerk, die entsprechenden Instrumente liegen vor, sie haben nur in der jetzigen Unternehmenspraxis noch eine untergeordnete Bedeutung, da der Gesetzgeber und auch in der Regel auch die Banken sie nicht verlangen. Mit Hilfe dieser Bilanzen wird nun ein Punktwert errechnet, der darüber entscheidet, ob und unter welchen Bedingungen ein Kredit vergeben wird.

Grob gesagt können sich aus dieser Kreditprüfung *vier mögliche Kategorien für die Kreditvergabe* ergeben. In dem Buch »sozialökologischer Umbau« gehe ich detailliert auf die Kreditprüfung ein. Hier will ich die Kategorien nur grob umreißen:

Kategorie 1: Die Kreditprüfung ergibt einen sehr hohen Punktwert. Dies bedeutet, der Kredit trägt in einem sehr hohen Maße zur Steigerung des Gemeinwohls bei. Daher wird der Kredit tilgungsfrei und zinsfrei gewährt. Das klingt vielleicht ungewohnt. Aber wenn beispielsweise mit dem Kreditgeld ein Moor renaturiert wird, ohne damit die Umwelt zu belasten, stellt sich doch die Frage, warum das Unternehmen dieses Geld (= Gutscheine des Staates zur Nutzung der Mitwelt) wieder an den Staat zurückgeben muss. Mit dem Geld ist ein gesellschaftlich wichtiges Gut produziert worden, ohne die Umwelt zu belasten.

Kategorie 2: Die Kreditprüfung ergibt einen guten Punktwert. Dies wird vermutlich am häufigsten vorkommen. Unser Unternehmer aus Paderborn könnte in dieser Kategorie eingestuft werden. Die Maschinenhalle ist sicher zur Aufrechterhaltung der Produktion notwendig. Der Bau wird aber auch die Umwelt erheblich belasten. Die Bilanz sieht also nicht ganz so gut aus, wie bei der Renaturierung des Moores. Der Kredit muss in diesem Fall ganz oder zumindest teilweise zurückgezahlt werden. Zinsen werden nicht erhoben, allerdings muss unser Paderborner Unternehmen die Kosten für die Beratung, Prüfung und Bereitstellung des Geldes in Form einer Gebühr bezahlen.

Kategorie 3: Die Kreditprüfung ergibt einen schlechten Wert. In diesem Fall muss der Kredit vollständig zurückgezahlt werden und zusätzlich werden Zinsen fällig, weil die geplante Aktivität keinen erkennbaren Nutzen für die Gemeinschaft bringt. Die Zinsen fließen wohlgemerkt nicht an eine Privatperson, sondern zurück an den Staat.

Kategorie 4: Die Kreditprüfung ergibt einen sehr niedrigen oder sogar negativen Wert. Jetzt wird der Kredit entweder nur zu sehr hohen Zinsen vergeben, oder er wird möglicherweise auch gar nicht gewährt. Letzteres ist gar nicht so ungewöhnlich, denn auch im jetzigen System verweigern Banken durchaus einen Kredit – freilich aus anderen Gründen.

An dieser Stelle möchte ich noch mal darauf hinweisen, dass bei der Entwicklung der Vergabekriterien die Bürgerschaft entscheidend beteiligt ist. Ich halte in diesem Kontext die Bildung eines Konvents, so wie es die Gemeinwohlökonomie vorschlägt, für einen geeigneten Weg. Ein Konvent ist ein Gremium, in dem nach dem Zufallsprinzip – bei gleichzeitiger repräsentativer Abbildung der Bevölkerung – ausgewählte Bürger:innen für einen längeren Zeitraum den Sachverstand erwerben, um über Grundfragen einer bestimmten Sachfrage, hier also dem Aufbau einer Gemeinwohlbilanz, beraten. Der Konvent erarbeitet ein Gutachten, das dann dem Bundestag zur Entscheidung vorgelegt wird. Die gesetzlich bindende Entscheidung bleibt also beim Bundestag.

Mit der demokratisch legitimierten mehrdimensionalen Bilanz haben die Angestellten der Regionalbank am Ende ein Instrument an der Hand, mit der sie Kreditanträge in einem standardisierten Verfahren zügig und unbürokratisch bearbeiten können.

Soweit zum technischen Ablauf. Interessant ist ja nun vor allem, welche Auswirkungen auf die Wirtschaft durch die neue Art der Kreditvergabe zu erwarten sind.

Auswirkungen der Kreditvergabe

Wenn die Kredite nicht mehr nach Renditeerwartungen, sondern nach dem Nutzen für das Gemeinwohl vergeben werden, haben wir zunächst einmal die gewünschte Lenkungswirkung durch diese Art der Kreditvergabe. Die Kredite werden umso vorteilhafter für den Kreditnehmer, je höher der Nutzen der geplanten Investitionen für das Gemeinwohl ist.

Am Rande sei hier vermerkt, dass man sich natürlich auch weiterhin das nötige Geld bei privaten Organisationen oder Unternehmen leihen kann. Das können Leihgemeinschaften, reine Darlehensbanken oder ähnliches sein. Entscheidend ist, dass diese Organisationen nur das Geld verleihen können, das sie als Sparguthaben erworben haben. Sie sind also mit herkömmlichen Banken in unserem System nicht mehr vergleichbar. Diese Organisationen sind letztlich nicht mehr als Vermittler von Sparer:innen und Kreditsuchende. Als Anreiz können sie Sparer:innen einen Zins versprechen. Damit das Geschäftsmodell funktioniert, müssen sie dann aber den Kreditnehmenden einen entsprechend höheren Schuldzins abverlangen, wodurch es sehr unattraktiv wird, im Privatsektor Geld zu leihen. Außerdem kann es mitunter auch passieren, dass zu wenig zu verleihendes Geld vorhanden ist, wenn nicht genügend Sparguthaben vorhanden sind. Private Banken sind also nicht verboten. Das Geschäft ist nur sehr unattraktiv geworden. Es wird sich zeigen, ob diese Art des Sparens und Leihens angenommen wird.

Finanzmärkte

Wenn man über ein neues Geld- und Finanzsystem spricht, kommt man an einer Frage nicht vorbei: Wie sieht es mit den Finanzmärkten aus? Zirkuliert in einer kapitalistischen Wirtschaft doch der weitaus größte Teil der Geldmenge in diesem Bereich. Die Antwort ist denkbar einfach: In einer solidarischen Gesellschaft wird es keine Finanzmärkte mehr geben. Sie sind einfach überflüssig geworden.

In einer kapitalistischen Wirtschaft werden Finanzmärkte damit begründet, dass jedermann hier sein Geld mit der Aussicht auf eine hohe Rendite anlegen kann und sich Unternehmen nahezu grenzenlos Kapital besorgen können, ohne auf den guten Willen einer Bank angewiesen zu sein. In einem solidarischen Geldsystem können sich die Unternehmen das Geld, das sie benötigen, zu unschlagbar günstigen Bedingungen von den Zentralbanken besorgen. Weshalb sollen sie sich dann auf den Finanzmärkten Geld besorgen?

Kapitalmärkte bzw. Finanzmärkte werden damit überflüssig. Man wird sie nicht einmal verbieten müssen, da das Geschäftsmodell schlicht und einfach nicht mehr funktioniert. Auf Finanzmärkten lässt sich kein Geld mehr verdienen.

Eine Welt ohne Finanzmärkte

Ohne Finanzmärkte wird sich die Welt grundlegend ändern. Kein Land ist mehr auf Kapitalmärkte angewiesen. Mit der Drohung, das Kapital im Ausland anzulegen, lässt sich kein Land mehr erpressen. Wertpapiere und Unternehmensanteile werden nicht mehr gehandelt. Altenheime können im Interesse der älteren Menschen und nicht im Interesse der Aktionäre geführt werden. Das Wort »Spekulation« kennt bald kein Mensch mehr. Es können keine Finanzblasen mehr platzen und damit ganze Volkswirtschaften in den Ruin stürzen. Die Menschen eines Landes müssen sich nicht von einer fremden Bank die Wirtschafts-, Sozial- und Finanzpolitik diktieren lassen.

Eine Welt ohne Finanzmärkte, ohne riesige Vermögensgesellschaften, ohne riesige Banken – man kann ins Schwärmen kommen. Man stelle sich eine Stadt wie Hamburg oder Frankfurt ohne all die Banken und Vermögensgesellschaften vor. Die Städte wären kaum wiederzuerkennen. Die riesigen Protzbauen können zum Beispiel sinnvoll als Wohnraum genutzt werden.

Das Gespenst der Inflation

Wenn wir den Entwurf eines solidarischen Geldsystems vorstellen, wird häufig eingewandt, dass wir uns mit diesem System doch eine gigantische Inflation einhandeln würden. Dieser Einwand ist zugegebenerweise nicht ganz unberechtigt. In der Tat muss man natürlich sehen, dass, wenn der Staat immer neues Geld in den Geldkreislauf einspeist, bald eine Überschwemmung, sprich eine Geldentwertung folgen würde, wenn der Staat nicht gleichzeitig dafür sorgt, dass dem Kreislauf Geld entzogen wird. Der Staat muss sich langfristig darum kümmern, dass sich die Geldmenge parallel zum Produktionspotential entwickelt. Sollte über einen längeren Zeitraum das Preisniveau steigen, ist das ein Zeichen, dass die Geldmenge größer als das Produktionspotential (Arbeit, Rohstoffe) ist. Welche Möglichkeiten hat der Staat nun, Geld aus dem

Kreislauf zu entnehmen? Es bieten sich mehrere Instrumente an, die der Staat effektiv und gezielt einsetzen kann. Ehe ich diese Möglichkeiten darstelle, möchte ich kurz den Geldkreislauf in einem solidarischen Geldsystem erläutern.

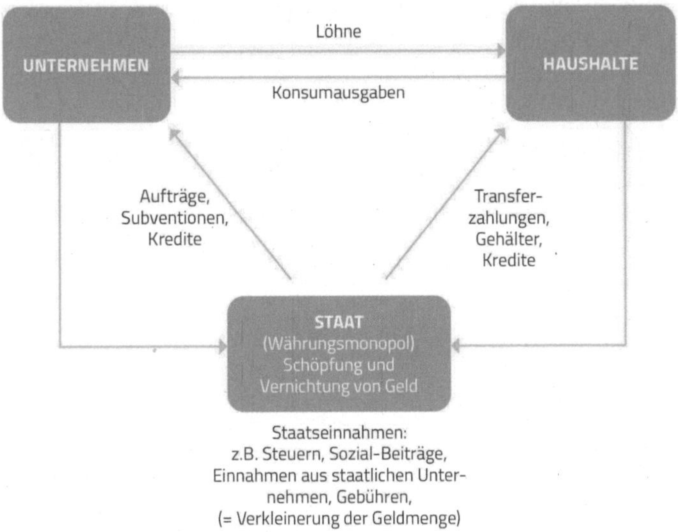

Abbildung 4: Geldkreislauf im solidarischen Geldsystem

Exkurs: Geldkreislauf in einem solidarischen Geldsystem

Im Geldkreislauf einer solidarischen Gesellschaft gibt es drei wesentliche Pole. Da sind zunächst die Unternehmen und die Haushalte. Zwischen diesen beiden Polen zirkuliert der größte Teil der Geldmenge. Von den Unternehmen zu den Haushalten fließen Einkommen für die geleistete Arbeit und von den Haushalten zu den Unternehmen fließt das Geld durch den Kauf von Gütern und Dienstleistungen zurück. Natürlich fließen auch innerhalb der Sektoren Geldströme. Etwa für Pflege- und Sorgearbeit zwischen den Haushalten. Unternehmen liefern Vorprodukte und bezahlen von diesem Geld wieder Güter, die sie bei anderen Unternehmen bezahlen.

Nun kommt der Staat hinzu. Einerseits kann man den Staat in den Sektor der Unternehmer einordnen. Er produziert Güter, die in einem besonderen Maße zur Gewährleistung des Gemeinwohls dienen. Dazu können beispielsweise der öffentliche Nah- und Fernverkehr, die Krankenhäuser, die Wasserversorgung, das Geldwesen und vieles mehr gehören. Im Einzelnen muss das die Gesellschaft entscheiden. All diese Betriebe werden – ebenso wie nichtstaatliche Betriebe – partizipativ geführt.

Darüber hinaus ist der Staat aber auch Geldschöpfer, d.h. er ist die Pumpe, die Geld in den Kreislauf pumpen kann. Damit steht er gleichzeitig auch außerhalb des Kreislaufs. Und in dieser Rolle gilt, dass jeder Euro, der vom Staat neu herausgegeben wird, die Geldmenge erhöht und umgekehrt, dass jeder Euro, der an den Staat zurückfließt, die Geldmenge verkleinert, da dieser Euro nun nicht mehr im Kreislauf enthalten ist. Hier müssen wir nun den Abfluss suchen.

Möglichkeiten des Geldabflusses

Steuern

Im vorherigen Abschnitt habe ich bereits dargestellt, dass der Staat über Steuern Geld aus dem Kreislauf entnehmen kann. Es bietet sich hier eine Verbrauchssteuer, ähnlich der heutigen Umsatzsteuer an. Diese Steuer könnte relativ flexibel an die jeweilige wirtschaftliche Situation angepasst werden. Liegt sie beispielsweise im Normalfall bei 10% kann sie, wenn die Inflationsrate zu hoch wird, automatisch auf 12% oder mehr angehoben werden. Weitere Steuerquellen sind leicht auffindbar. Immerhin haben wir gegenwärtig über 50 verschiedene Steuern.

Kredittilgung

Des Weiteren gilt in einem solidarischen System ebenso wie im kapitalistischen System, dass jede Kredittilgung zu einer Verringerung der Geldmenge führt. Das per Kredit in die Welt gesetzte Geld wird wieder eingezogen. Im Rahmen der Kreditpolitik kann der Staat Kredite teuer machen, in dem er die Kreditgebühren oder auch die Zinsen erhöht, er kann auch die Möglichkeit, tilgungsfreie Kredite zu vergeben, restriktiver handhaben.

Überschüsse aus staatlichen Unternehmen

Unter den Bedingungen eines solidarischen Geldsystems muss man sich vergegenwärtigen, dass Überschüsse, die staatliche Unternehmen erzielen (nach Abzug der notwendigen Ersatzinvestitionen, Rücklagen etc.) an den Staat zurückgeführt werden. Damit ist dieses Geld dem Kreislauf entnommen.

Ein Beispiel: Nehmen wir an, die Bundesbahn wäre in einer solidarischen Gesellschaft wieder ein staatliches Unternehmen. Im Jahr X habe die Bundesbahn einen Überschuss von 2 Mrd. Euro erzielt. Dieses Geld fließt nun keinem Aktionär oder sonstigem Kapitalgeber zu, sondern es fließt zurück zum Staat und ist damit dem Kreislauf entnommen. Man kann daraus gleich ein Gedankenspiel machen. Nehmen wir an, der Staat erhöht gezielt die Preise für bestimmte Angebote und vergrößert damit die Überschüsse, so trüge die Preiserhöhung zur Geldmengenreduzierung und damit zur Inflationsbekämpfung bei.

Kürzung des Geldmengenzuwachses

Schließlich kann das Parlament auch bei der Beratung des Geldmengenziels von vornherein festlegen, dass in der kommenden Periode der Geldmengenzuwachs im Vergleich zum Vorjahr verringert wird, oder die Geldmenge sogar absolut schrumpfen soll. Das würde dann eine Kürzung der Staatsausgaben und vermutlich auch des gesamtwirtschaftlichen Kreditvolumens führen. Bei einer derartigen Verknappung der Geldmenge müsste man – ehe der Bundestag dies formal beschließt – gesellschaftlich diskutieren, dass trotz der sozialen und ökologischen Härten, die diese Verknappung mit sich bringen kann, es keinen Sinn hat, noch mehr Geld in die Wirtschaft zu pumpen, da das Produktionspotential bereits ausgeschöpft ist, also schlicht und einfach zu wenig Arbeitskräfte zur Erledigung der gesellschaftlichen Aufgaben zur Verfügung stehen.

Zusammenfassung

Festzuhalten ist, dass die jeweilige Regierung über einen gut ausgestatteten Werkzeugkasten mit Instrumenten, die die Geldmenge nach Bedarf reduzieren können, verfügt. Die Kunst der Politik wird darin bestehen, die Instrumente passend einzusetzen.

Transformation

Machen wir uns nichts vor. Realistisch gesehen haben Veränderungskonzepte wie das hier skizzierte wenig Chancen, umgesetzt zu werden. Obwohl »die Hütte brennt«, sind die Beharrungskräfte des alten Systems sehr stark. Der Einfluss und die Macht der Profiteure des jetzigen Systems sind geradezu erdrückend. In jedem Fall benötigen grundlegende Veränderungsprozesse, wie hier vorgeschlagen, viel Zeit. Unabhängig von den Machtverhältnissen müssen alte und liebgewordene Denkmuster über Bord geworfen werden. Es müssen in vielen gesellschaftlichen Bereichen vollkommen neue Strukturen geschaffen werden, und es muss Menschen geben, die diesen Wandel kompetent und behutsam vorantreiben. All das geht nicht von heute auf morgen. Es kostet Zeit. Zeit, die wir eigentlich nicht mehr haben.

Dennoch ist es sinnvoll und unsere einzige Möglichkeit, behutsam auf eine historische Situation hinzuarbeiten, in der Gedanken und Modelle, wie sie in diesem Text vorgestellt werden, in der realen Welt umgesetzt werden. Für mich selber habe ich einen strategischen Plan, eine Vision, im Kopf, die vielleicht Mut machen kann, weiterzumachen. Ich möchte diesen Plan hier abschließend zur Diskussion stellen

Ein Plan, wie Wandel gelingen kann

Will man die gesellschaftlichen und ökonomischen Verhältnisse nicht mit der Brechstange (also unter Anwendung von Gewalt) ändern, kommt man nicht darum herum, sich auf einen langfristigen Prozess einzustellen. Man benötigt einen langen Atem und eine langfristige Strategie. Natürlich verstärken und ergänzen sich die einzelnen in den folgenden dargestellten Bereichen.

Es beginnt mit einer Vision, wie das ökonomische und gesellschaftliche Umfeld einer nachkapitalistischen Gesellschaft aussehen könnte. Umrisse dieser Vision werden beispielsweise in diesem Text für den Bereich Demokratie, Arbeitswelt, Unternehmensverfassung und das Geldsystem aufgezeigt. Gemeinsam mit anderen Initiativen werden diese und ähnliche Visionen immer wieder in die gesellschaftliche Diskussion eingespeist. Dadurch sollte irgendwann möglichst allen Bürger:innen bekannt sein, dass es attraktive Alternativen zur jetzigen Lebensweise gibt.

In der Gesellschaft werden zu der kapitalistisch orientierten Praxis Parallelstrukturen aufgebaut, die innerhalb der geltenden rechtlichen Rahmenbedingungen möglich sind. Für den Bereich der Produktion von Gütern und Dienstleistungen sind dies etwa Unternehmensformen wie regenerative Genossenschaften, Treuhandgesellschaften, solidarische Landwirtschaft oder Commons. All diese Rechtsformen zeigen, dass wirtschaftliche Prozesse auch ohne Gewinnstreben und Renditedenken funktionieren. Eine solidarische Gesellschaft, wie ich sie hier skizziert habe, existiert ja schon, wenn auch nur als kleines Pflänzchen. Diese kleinen Pflänzchen müssen gegossen und gestärkt werden. Ansatzpunkte gibt es reichlich: Wir können die vielen Unternehmen, die bereits jetzt solidarisch wirtschaften, unterstützen. Wir können uns beispielsweise an der Commons-Bewegung[21] beteiligen, unser Geld einer ethischen Bank

21 So entsteht zum Beispiel gerade in Lüneburg ein Commons-Zentrum (www.commonszentrum.de). Auf der Seite sind weitere Beispiele und viele weitere Informationen zu finden.

anvertrauen, uns an genossenschaftlichen gemeinwohlorientierten Projekten beteiligen, uns in Bürger:innenräten engagieren, usw.

Darüber hinaus bedarf es des konkreten politischen Engagements von Menschen, die sich aktiv in die Politik einmischen. Wenn alle an ihrem Platz und mit ihren Fähigkeiten es ernst meinen mit der solidarischen Gesellschaft – d.h. nicht einfach mitschwimmen, sondern schauen, was zu tun ist –, dann wird sich diese Gesellschaft ändern. Alte Denkstrukturen können langsam aufgeweicht werden.

In allen gesellschaftlichen Bereichen (Geldwesen, Arbeitswelt …) werden Änderungen im Sinne einer solidarisch-demokratischen Gesellschaft vorangetrieben. So kann man sich beispielsweise für die Einführung des Vollgeldes engagieren. Man kann sich für eine Aufwertung der Care-Arbeit und überhaupt des Care-Gedankens stark machen oder sich für alle Formen und Vorstufen einer resonanten Demokratie engagieren. Engagement in diesen Bereichen geht in die richtige Richtung, verändert das Bewusstsein und lindert die Härten und Schwächen der kapitalistischen Wirtschaftsweise.

Jeder und jede kann also viel zu einem gesellschaftlichen Wandel beitragen. Und dann bleibt zu hoffen, dass diese kleinen Ströme der Veränderung das Bewusstsein der Handelnden verändern und sich all diese Ströme zu einem großen und starken Strom der Veränderung vereinen.

Es bleibt dann irgendwann die Frage, ob es uns und allem Leben auf diesem Planeten besser geht, wenn wir uns alle in Richtung einer solidarischen Gesellschaft bewegen. Wir wissen es nicht und können nichts versprechen. Was wir wissen, ist, dass wir versucht haben, dem Wahnsinn einer kapitalistischen Wirtschaft eine andere Wirtschaftsweise entgegenzustellen.

In einer solidarischen Gesellschaft verwenden wir relativ viel Zeit für das gemeinsame Gestalten unseres Zusammenlebens, achten auf uns, auf unsere Mitmenschen und auf den Erhalt allen Lebens auf diesem Planeten. Ich finde, das ist eine hoffnungsvolle Perspektive.

Impulse für Gesprächsgruppen

1. Inwieweit beruht die kapitalistische Wirtschaftsform auf einem überholten Weltbild?
2. Wenn sich das Weltbild ändert, muss sich auch das Verständnis von Freiheit und Ethik verändern. Wie ist das zu verstehen?
3. Wie charakterisiert der Autor eine solidarische Gesellschaft und eine resonante Demokratie?
4. Wie stehen Sie zu dem Vorschlag, die Arbeitszeit aufzuteilen in 20 Stunden Erwerbsarbeit und 20 Stunden Gemeinwohlarbeit?
5. Was können Kirchen und Gemeinden dazu beitragen, eine solche solidarische Gesellschaft aufzubauen?

Kapitel 4 Wirtschafts- und Gesellschaftspolitik jenseits der Wachstumsideologie

Peter Ulrich[1]

Prof. em. Dr. Peter Ulrich, geboren 1948 in Bern, war von 1987 bis 2009 erster Inhaber des damals neu geschaffenen (und im deutschsprachigen Raum ersten) Lehrstuhls für Wirtschaftsethik an der Universität St. Gallen (HSG).

Eine nachhaltige, mit der beschränkt belastbaren natürlichen Umwelt verträgliche Entwicklung lässt kein endloses Wirtschaftswachstum zu – sie muss folglich von diesem möglichst entkoppelt werden. So viel ist klar. Gleichwohl bemühen sich sämtliche Regierungen der Welt mehr oder weniger strikt um *mehr* Wirtschaftswachstum. Der Grund dafür ist ebenso klar: Ohne hinreichendes, d.h. den Produktivitätsfortschritt zumindest kompensierendes Wachstum drohen tendenziell katastrophale sozialökonomische Erscheinungen: wachsende (!) Arbeitslosigkeit, sich öffnende soziale Schere und entsprechende sozialstaatliche Folgekosten (Armut, Kriminalität, soziale Unruhen). Vom Wachstum hängt also unter den heute gegebenen Verhältnissen auch gesellschaftlich allzu vieles ab; es herrscht unter diesen Verhältnissen geradezu ein *Wachstumszwang*: Ohne ein den Produktivitätsfortschritt auffangendes Wachstum ist das historisch eh fortschreitend verblassende Ziel der »Vollbeschäftigung« vollends illusorisch, doch ohne annähernde Vollbeschäftigung funktioniert die an die Erwerbsarbeit gekoppelte primäre Einkommensverteilung nicht.

---

1 Dieser Text ist bereits am 1. April 2016, auf der von 2010 bis 2022 von der ETH Zürich betriebenen Plattform ›Ökonomenstimme‹ im Rahmen einer Debatte zur Wachstumsproblematik erschienen. Aufgrund seiner unveränderten Aktualität wird er hier erstmals in gedruckter Form veröffentlicht. https://oekonomenstimme.org/articles/100.

Die Postwachstumsökonomie

Es geht daher weniger um die Frage, wie wir Wirtschaftswachstum bremsen können (d.h. welche »Treiber« sich eliminieren lassen), als vielmehr um die umfassendere Frage, wie die angedeuteten sozioökonomischen Folgen »mangelnden« Wachstums vermieden werden können. Meine These geht dahin, dass sozial verantwortbare Perspektiven einer Postwachstumsökonomie primär nicht wirtschaftspolitisch, sondern gesellschaftspolitisch, insbesondere einkommens- und eigentumspolitisch, zu begründen sind.

Verdeckt wird die Klarsicht auf diesen Sachverhalt durch die realpolitisch noch immer ihr Unwesen treibende *Wachstumsideologie*. Diese unterstellt, Wirtschaftswachstum (fast) jeder Art sei »letztlich« – wie angesichts offensichtlicher Verlierer in der marktwirtschaftlichen Dynamik gerne relativiert wird – »zum Vorteil aller«. Diese harmonistische Wachstumsgläubigkeit ist die dynamisierte Version der altliberalen, schöpfungstheologisch verwurzelten Metaphysik des freien Marktes und der ihr korrespondierenden ökonomistischen Gemeinwohlfiktion.[2] Sie erlaubt es vermeintlich der Standardökonomik bis heute, das Problem einer rationalen Wirtschaftspolitik auf die effiziente *Allokation* (produktive Zuteilung) der wirtschaftlichen Ressourcen zu reduzieren und Fragen der gesellschaftlichen *Distribution* (Verteilung) auszublenden oder zumindest der effizienten Allokation nachzuordnen (als sozialpolitisch, also außerökonomisch begründete Umverteilung). Symptomatisch für diese reduktionistische Logik ist das vordergründige Trilemma zwischen drei problematischen Alternativen:

entweder muss – auf Kosten der Umwelt – wirtschaftspolitisch voll auf (kaum je) »hinreichendes« Wirtschaftswachstum gesetzt werden,

---

2 Vgl. dazu im einzelnen Kapitel 5 meiner »Integrativen Wirtschaftsethik«: Ulrich, Peter. *Integrative Wirtschaftsethik Grundlagen einer lebensdienlichen Ökonomie*. 3. rev. Aufl. Bern: Haupt, 2001.

oder es wird – auf Kosten der internationalen Wettbewerbsfähigkeit – eine massive sozialstaatliche Umverteilung zur Begrenzung der sozioökonomischen Probleme in Kauf genommen,

oder aber die real wieder zunehmende soziale Desintegration der sich »modern« wähnenden Gesellschaft wird zynischerweise – auf Kosten der sozial Schwächeren – als strukturelle Voraussetzung für die Verteidigung des angeblich kollektiven Wohlstands und als »nötiges« Opfer der nachteilig Betroffenen im globalen Standortwettbewerb hingenommen (Austeritätspolitik).

Die Gefahr dieser dritten »Lösung« des Problems nimmt umso mehr zu, je stärker sich aufgrund des technologischen Produktivitätsfortschritts (strukturelle Arbeitslosigkeit) und des internationalen Standortwettbewerbs die Machtverhältnisse zugunsten der Kapitaleigner (Investitions- und Desinvestitionsmacht) verschieben. Die Gefahr ist auch umso größer, je geringer das real erzielte Wirtschaftswachstum anfällt, da dann die nötige Umverteilung nicht mehr aus den Zuwächsen finanziert werden kann, so dass diese die Besitzstände der Wohlhabenden in Frage stellt. Es droht somit ein historischer *point of no return*, wenn nicht rechtzeitig – d.h. bevor die demokratischen Verhältnisse allzu sehr von faktisch ganz anderen Machtverhältnissen verzerrt werden und nur noch »revolutionäre« Umstürze etwas verändern können – die gesellschaftspolitischen Weichen in Richtung einer hinreichenden Entkoppelung der gesellschaftlichen Einkommensverteilung vom doppelt problematischen Wirtschaftswachstum gestellt werden. Dabei bedeutet »hinreichend«, dass nicht unbedingt eine radikale Lösung gesucht werden muss, die ebenso monistisch ist wie die alte Wachstumsideologie. Gesellschaftspolitisch ausgewogener und pragmatisch eher realisierbar dürfte ein neuer Mix verschiedener Ansätze zur Sicherung der Teilhabe aller am marktwirtschaftlich generierten »Sozialprodukt« sein:

Ansatzpunkte eines demokratisch zu bestimmenden Mix

(1) Innovationspolitik: Mit systematisch gefördertem *umwelttechnologischem Fortschritt* (Effizienzaspekt) sowie der wirksamen Einpreisung ökologischer Knappheiten (Lenkungsaspekt) lässt sich ein *moderates Wirtschaftswachstum* in den Schranken der damit gesteigerten Umweltverträglichkeit weiterhin vertreten. Das generiert neue Arbeitsplätze in teilweise ganz neuen Branchen und bewirkt so einen ökologisch erwünschten Strukturwandel. Allerdings können sozialökologische Effizienzgewinne ihrerseits Arbeitsplätze und damit Einkommen in konventionellen Branchen gefährden. Zudem bleibt die Idee der vollständigen Entkoppelung des Wirtschaftswachstums von zunehmender Ressourcenverknappung und Umweltüberlastung höchstwahrscheinlich eine utopische Wunschvorstellung. Somit sind unmittelbar arbeits- und einkommenspolitische Ansätze zur Verringerung des Wachstumszwangs – oder m.a.W.: als Voraussetzung einer Postwachstumsökonomie – unverzichtbar.

(2) Arbeitszeitpolitik: Eine gleichmäßigere Verteilung der knappen Erwerbsarbeit und mit ihr der Erwerbseinkommen lässt sich erzielen durch eine fortschreitende *Senkung der Normalarbeitszeit* nach Maßgabe des Produktivitätsfortschritts. Die so bewirkte strukturelle Arbeitsumverteilung galt in den Zeiten vor dem globalisierten Standortwettbewerb als »normaler« Teil des sozioökonomischen Fortschritts. Je höher der erreichte Lebensstandard ist, umso sinnvoller wird es, die stetig steigende Produktivität (auch) in Form von wachsendem Zeitwohlstand statt (nur) von weiter steigendem Güterwohlstand zu nutzen. Da aber eine generelle Senkung der Normalarbeitszeit auch Wirtschaftsbereiche einschließt, die mit dem allgemeinen Produktivitätsfortschritt nicht mithalten, werden dort aufgrund höherer Lohnstückkosten tendenziell die Preise steigen oder die Löhne sinken. Arbeitnehmer in Niedriglohnbereichen, die sich Zeitwohlstand eigentlich nicht leisten können, sind daher als Voraussetzung einer sozial verträglichen Verkürzung der Nor-

malarbeitszeit auf einen Lohn- oder Einkommensausgleich angewiesen, was uns zum nächsten Ansatzpunkt führt.

(3) Lohnpolitik: Eine Reduktion der in vielen Firmen absurd hohen *Lohnspannen* zwischen höchsten und tiefsten Löhnen trägt zu einer gesellschaftlich gleichmäßigeren Einkommensverteilung bei und stärkt so die Kaufkraft der breiten Bevölkerung – bei den beruflich Aktiven ebenso wie später bei den Rentnern. Soweit die Tarifpartnerschaft zwischen Arbeitgeber- und Arbeitnehmerverbänden zu einer volkswirtschaftlich tragfähigen Lohnpolitik nicht »freiwillig« beiträgt, kann und muss diese durch gesetzlich bestimmte Mindestlöhne und maximale in Unternehmen zulässige Lohnspannen gestaltet werden; dies ebenso sehr aus Gründen der volkswirtschaftlichen Stabilität wie um der sozialen Gerechtigkeit willen.

(4) Grundeinkommenspolitik: Über die Reichweite der Lohnpolitik hinaus bietet sich – einkommenspolitisch radikaler – die partielle Entkoppelung der Einkommensverteilung von der Arbeitsplatz- und Lohnverteilung an. Dieser historisch über kurz oder lang anstehende Schritt reduziert den Wachstumszwang an der Wurzel des heutigen sozialen Problems in hochproduktiven Volkswirtschaften: der historisch überholten industrialistischen Organisationsform der Gesellschaft. Ohne dass in der hier vertretenen Perspektive eines ausgewogenen Maßnahmenmix sogleich der Schritt zu einem existenzsichernden bedingungslosen Grundeinkommen vollzogen werden müsste, befreit ein *marktunabhängig gewährtes allgemeines Sockeleinkommen* die Bürgerinnen und Bürger mehr oder weniger – nämlich in demokratisch zu bestimmendem Ausmaß – vom existenziellen Zwang, sich permanent um fast jeden Preis am Arbeitsmarkt verkaufen oder aber das entwürdigende Stigma eines »Sozialfalls« ertragen zu müssen.[3]

3 Näheres dazu in meinem Essay »Grundeinkommen als zukünftiges Wirtschaftsbürgerrecht?«, *Gesellschaft – Wirtschaft – Politik*, Nr. 2 (2017), S. 235–245.

Mit den Ansätzen (2), (3) und (4) wird der herkömmliche Sozialstaat, der *kompensatorisch* den nachweisliche »Bedürftigen« oder Bezugsberechtigten im weitesten Sinn des Begriffs »Sozialhilfe« gewährt, ursächlich entlastet. Das Gewicht der Einkommensverteilung zwischen Gewinnern und Verlierern im immer härteren Kampf auf dem Arbeitsmarkt wird generell zugunsten arbeits- und einkommenspolitischer Solidaritätskomponenten reduziert. Wesentlich ist es, alle genannten Ansätze als Formen der *primären* Einkommensverteilung zu begreifen. Es ist ja nur eine ideologische Vorentscheidung zugunsten einer idealisierten totalen Marktgesellschaft, allein die Verteilung über den Markt als »natürlich«, staatsfrei und damit »primär« anzuerkennen, während Gestaltungsansätze einer rationalen Gesellschaftspolitik als interventionistische (d.h. nicht marktkonforme) Formen einer »sekundären« Einkommensverteilung gebrandmarkt werden. Die gesellschaftliche Einkommensverteilung ist in jedem Fall, selbst wenn sie komplett den Marktkräften überlassen würde, insgesamt Ausdruck einer bewusst oder unbewusst gestalteten Einkommenspolitik.

Neben den Erwerbseinkommen und Sozialeinkommen (Transfereinkommen) sind auch die von der »Natur« der Marktkräfte im Kapitalismus aus immer ungleicher verteilten Kapitaleinkommen in allen Formen (Zinsen, Dividenden, Wertsteigerungen von Anlagen) gesellschaftspolitisch gestaltbar und gestaltungsbedürftig. Die Einkommensverteilung wird hier indirekt auf dem Weg der Vermögensverteilung und des Eigentumsrechts beeinflusst. Dabei bieten sich mindestens drei systematisch unterschiedliche Ansatzpunkte an:

(5) Steuerpolitik: Um das Privileg leistungsfreien Kapitaleinkommens im Verhältnis zu leistungsbasiertem Erwerbseinkommen (aus selbständiger ebenso wie aus unselbständiger Arbeit) ein Stück weit auszugleichen und die gesellschaftliche Desintegration in Schranken zu halten, sind *Kapitalertrags-, Vermögens- und Erbschaftssteuern* unverzichtbar. Der steuerpolitische Ansatz hat jedoch den Nachteil, dass er durch »kreative« Methoden der Steuervermeidung (angeboten von der Finanz- und

Treuhandbranche) gerade von den Wohlhabendsten und von mächtigen Konzernen massiv ausgehebelt werden kann. Zudem treibt im nationalen Alleingang betriebene Steuerpolitik das Kapital, dieses scheue Reh, in die Flucht, ist also auf globalisierten Märkten ohne internationale Steuerharmonisierung nur begrenzt durchsetzbar – die an sich höchst sinnvolle, aber bisher stets gescheiterte *Finanztransaktionssteuer* lässt grüßen. So ist der klassische Steuerstaat mehr und mehr zum Schuldenstaat geworden.[4]

(6) Vermögensbildungspolitik: Während die Steuerpolitik (neben ihrer fiskalischen Funktion der Staatsfinanzierung) Mittel der sekundären Einkommens- und Vermögensverteilung ist, zielt eine aktive Vermögensbildungspolitik darauf, möglichst vielen Gesellschaftsmitgliedern neben dem Erwerbs- und/oder Transfereinkommen ein primäres Zusatzeinkommen in Form von Kapitalerträgen aus Vermögensanlagen (oder Realerträgen aus selbstbenutztem Wohneigentum) zu verschaffen. Im Gegensatz zum paternalistischen Wohlfahrtsstaat sozialdemokratischer Prägung nord- und mitteleuropäischer Provenienz steht dieser Ansatz eher in der angelsächsischen Tradition eines emanzipatorischen Bürgerliberalismus: Wenn schon Kapitalismus herrscht, dann sollen seine Früchte wenigstens zu einem – wiederum demokratisch zu bestimmenden – Anteil sämtlichen Gesellschaftsmitgliedern zufallen. Das Risiko von Einkommensmangel wird damit für alle Bürger diversifiziert: Wer auf zwei finanziellen Beinen steht, fällt weniger leicht um. Sogar eine Austeritätspolitik, welche die Kapitalerträge mittels Drucks auf die Arbeitseinkommen sichert, käme dann wenigstens ein Stück weit allen zugute, soweit sie Kapitaleigner sind.

(7) Eigentumsrecht: Systematisch noch einen Schritt weiter geht die Idee, allen Gesellschaftsmitgliedern ein wirtschaftsbürgerliches *Grundrecht auf ein Bürgerkapital* zu gewährleisten. Verfassungsrang hätte demnach

---

4 Streeck, Wolfgang. *Gekaufte Zeit. Die vertagte Krise des demokratischen Kapitalismus.* 5. Aufl. Frankfurter Adorno-Vorlesungen, Berlin: Suhrkamp, 2014.

ein Eigentumsrecht, das nicht nur den mehr oder weniger unantastbaren Schutz *des* vorhandenen privaten Eigentums, sondern auch das allgemeine Recht *auf* ein bestimmtes (Sockel-)Eigentum umfasst. Begründen lässt sich diese ebenfalls angelsächsisch-liberale Idee als faire Partizipation aller Bürger an dem von den vorangehenden Generationen kollektiv erarbeiteten Kapitalstock einer Gesellschaft – als »Sozialerbschaft«[5], mit der das unverdiente Glück oder Pech, in eine reiche oder aber in eine arme Familie hineingeboren zu sein, wenigstens so weit korrigiert würde, dass von einigermaßen fairen Lebenschancen für alle gesprochen werden kann. Nur so kann das marktwirtschaftlich hochgehaltene, »moderne« Leistungsprinzip zum Tragen kommen; sonst wird es im Kapitalismus zunehmend wieder vom vormodernen, feudalen Herkunftsprinzip verdrängt. Ein bürgergesellschaftlich verallgemeinertes Sockeleigentum wäre die Basis für einen *moderaten Kapitalismus*, welcher der Verselbständigung des Kapitalverwertungsmotivs mächtiger Wirtschaftsakteure entgegenwirkt, indem dieses Motiv sozial geteilt und je in die mehrdimensionale Lebensführungsaufgabe der Bürger eingebunden wird.

(8) Unternehmensverfassungsrecht: Ein wesentlicher Ansatzpunkt eines moderateren Kapitalismus ist auch das *Unternehmensrecht* im Bereich der Kapitalgesellschaften. Das monistische Recht der Aktiengesellschaft, das die Unternehmensführung vorrangig auf die Interessen der Kapitaleigner verpflichtet (und damit implizit der anachronistischen Metaphysik des freien Marktes huldigt), muss endlich abgelöst werden durch ein pluralistisches Unternehmensverfassungsrecht, das alle Stakeholder sowohl am Prozess als auch am Ergebnis der unternehmerischen Wertschöpfung fair beteiligt

Erst durch die Allgemeinverbindlichkeit dementsprechender Stakeholder-Rechte können die Unternehmen aus dem Konflikt zwischen Selbstbehauptung im immer härteren Wettbewerb einerseits und hu-

5 Grözinger, Gerd, Michael Maschke und Claus Offe. *Die Teilhabegesellschaft. Modell eines neuen Wohlfahrtsstaates*. Frankfurt a. M.: Campus Verlag, 2006.

man-, sozial- und umweltverträglichem Geschäftsgebaren andererseits befreit werden. Gefördert werden können zudem modernisierte genossenschaftliche Rechtsformen für Firmen. Das alles käme den längst aufblühenden, aber noch zarten »Pflänzchen« eines *neuen Unternehmertums* entgegen, das auf rücksichtslose Gewinnmaximierung bewusst verzichtet und neue Synthesen zwischen gradualisiertem Gewinnstreben mit sinngebenden lebenspraktischen »Missionen« verwirklicht.

Ein mittels der Ansätze (5) bis (8) vermögenspolitisch und eigentumsrechtlich »zivilisierter« Kapitalismus wäre wohl in fast jeder Hinsicht demokratisch besser beherrschbar und könnte besser auf die individuelle und gesellschaftliche Lebensqualität – also auf eine qualitative Entwicklung statt auf quantitatives Wachstum – ausgerichtet werden.

Die Quintessenz meiner Überlegungen lässt sich so zusammenfassen: Ohne neue gesellschaftliche Organisationsprinzipien der Arbeits-, Einkommens- und Eigentumsverteilung wird das Problem des Wachstumszwangs nicht zu lösen sein. In keinem der skizzierten Ansatzpunkte allein kann dabei das Generalrezept gesehen werden; vielmehr kommt es wie gesagt auf einen intelligenten Mix sich wechselseitig verstärkender Maßnahmen an. Für diesen Mix sind durchaus verschiedene Ausgestaltungen und die Ergänzung um weitere, hier nicht einbezogene Ansatzpunkte wie die Finanzmarktregulierung und eine grundlegende Reform des Geldsystems (Vollgeldkonzept) vorstellbar. Wieweit aber überhaupt der nötige realpolitische Wille zur Einbindung des Kapitalismus in eine ihn moderierende Gesellschaftspolitik wächst und ob diese als Rahmen für eine nachhaltige Entwicklung tragfähig ausgestaltet werden kann oder dereinst der Kapitalismus historisch prinzipiell überwunden werden muss, wird die Zukunft zeigen.

Impulse für Gesprächsgruppen

1. Was meint der Autor mit »Wachstumsideologie«?
2. Was spricht gegen ein endloses Wirtschaftswachstum?
3. Welche politischen Maßnahmen und Eingriffe in den freien Markt erwartet der Autor?
4. Ulrich spricht in seiner Schlussfolgerung von der »Einbindung des Kapitalismus in eine ihn moderierende Gesellschaftspolitik«. Was ist damit gemeint?
5. Welche Glaubensüberzeugungen könnten Kirchen und Theologie bewegen, sich für eine solche Gesellschaftspolitik einzusetzen?

Kapitel 5
Vom Bruttoinlandsprodukt zum Gemeinwohl-Produkt

Christian Felber

Christian Felber ist ein österreichischer Autor und politischer Aktivist. Er ist Gründungsmitglied von Attac Österreich, Initiator der Gemeinwohl-Ökonomie und des Projekts Bank für Gemeinwohl.

»All the energies of Government and business must be directed to increase the national income.«
Franklin D. Roosevelt, 1938

»The Gross National Product measures everything except that which makes life worthwhile.«
Robert F. Kennedy, 1968

Ein Leitstern beginnt zu sinken

Was macht eine Gesellschaft, wenn sie bemerkt, dass sie sich auf dem falschen Pfad befindet? Sie kann weitergehen. Sie kann umkehren. Oder sie kann einen besseren Weg suchen. Thomas Kuhn hat das Phänomen einer kollektiven Kurskorrektur in den Naturwissenschaften als »Paradigmenwechsel« bezeichnet. So ein Paradigmenwechsel steht in der Wirtschaftswissenschaft an, oder er ist bereits im Gang. Innerhalb der Ökonomik war die Neoklassik in den vergangenen Jahrzehnten die bestimmende Schule. Sie kommt aus der Tradition, nur das mathematisch präzise Messbare – konkrete Finanzkennzahlen – zu untersuchen und zu messen. Ihr hellster Leitstern war das Bruttoinlandsprodukt (BIP). Ein hohes BIP wurde gleichgesetzt mit hohem Wohlstand, ein höheres BIP mit Fortschritt und Verbesserung auf allen Ebenen.

Doch Zweifel reihten sich an Zweifel. Zuerst der ökologische: Kann es in einer biophysisch begrenzten Welt immerwährendes Wachstum geben? Kurzfristig gab die Entkoppelungsthese Anlass zu Hoffnung: Wenn die Wirtschaft ökologisch effizienter werde, könne der Ressourcenverbrauch trotz steigenden Wohlstands zurückgehen, war die Annahme. Empirische Untersuchungen belegten diese seit mittlerweile 20 Jahren diskutierte These nicht, im Gegenteil: Das NOOA Observatorium auf dem Mauna Loa in Hawaii meldete im Mai 2021 die höchste jemals gemessene CO_2-Konzentration. Sie betrug im Monatsdurchschnitt 419,13 ppm, gegenüber 417 ppm im Mai 2020.[1] Der globale Ressourcenverbrauch hat sich seit 1970 sogar vervierfacht, das Wachstumstempo hat sich zwar vermindert, hält bis heute an. »At current trends, absolute decoupling is unlikely to occur over the next few decades«[2], schreiben die Autorinnen und Autoren. Damit ist die Entkopplungsthese widerlegt, die daraus hervorgegangene Seifenblase vom »grünen Wachstum« zerplatzt. Die nächste Enttäuschung war, dass die Ungleichheit mit wachsendem Pro-Kopf-Einkommen zurückgehen würde. Auch diese Hoffnung bewahrheitete sich nicht. Während die Pandemie-Politik 160 Millionen Menschen, davon 100 Millionen Kinder, zusätzlich in Armut gestürzt hat, verdoppelte sich das Vermögen der zehn reichsten Menschen 2021.[3] Die dritte Illusion war das Glück. Der diesbezügliche *tipping point* wurde in den USA schon in den 1950er Jahren erreicht, seither

1 O. V. (2021): Höchste jemals gemessene CO_2-Konzentration in der Atmosphäre https://at.scientists4future.org/2021/06/11/mai-2021-hoechste-jemals-gemessene-co2-konzentration-in-der-atmosphaere/.

2 Lenzen, Manfred et al. »Implementing the Material Footprint to Measure Progress towards Sustainable Development Goals 8 and 12«, *Nature Sustainability* 5, no. 2 (February 2022): 157–66, https://doi.org/10.1038/s41893-021-00811-6.

3 »Wealth of World's 10 Richest Men Doubled in Pandemic, Oxfam Says«, January 17, 2022, https://www.bbc.com/news/business-60015294.

geht es leicht bergab.[4] All das Wirtschaftswachstum seither machte die Menschen nicht glücklicher, sondern im Gegenteil: Mit wachsendem Reichtum nehmen Ängste, Leistungsdruck, Stress und Burnout zu. Verständlich, wenn mit immer weiter wachsendem BIP die Lebensgrundlagen zerstört werden, der soziale Zusammenhalt erodiert, das Vertrauen schwächer wird und sich seit 2010 auch die Demokratie auf dem Rückmarsch befindet. Laut Bericht des Instituts *Varieties of Democracy* an der Universität Göteborg ist die Zahl der liberalen Demokratien seit 2010 von 41 auf 32 zurückgegangen.[5] Sogar die Lebenserwartung begann in den USA 2015 zu sinken – für die gesamte Bevölkerung, während das BIP weiter wächst.

Wachstumskritik

Infolge dieser Dissoziationen – steigendes BIP, Absinken von Lebensqualität und Faktoren eines guten Lebens für alle – hat sich Wachstumskritik breit gemacht. Als bekanntester Startpunkt gilt der Bericht von Dennis und Donella Meadows an den Club of Rome *Die Grenzen des Wachstums* 1972. Legendär wurde das Diktum von Kenneth Boulding ein Jahr später: »*Anyone who believes exponential growth can go on forever in a finite world is either a madman or an economist*«.[6] In der *scientific community* bildete sich die Theorieschule der *Ecological Economics*, in deren Umfeld die Postwachstumsbewegung entstand. In Frankreich bildete sich die *Decroissance*-Bewegung, in Italien *Decrescita felice* und im deutschen Sprachraum die Postwachstumsökonomik sowie das zivilgesellschaftliche »Netzwerk Wachstumswende«. Zur vierten Degrowth-Konfe-

4 Layard, Peter R. G. *Die glückliche Gesellschaft. Was wir aus der Glücksforschung lernen können*. 2. Aufl. Frankfurt am Main: Campus, 2009, http://d-nb.info/992153824/04. 44.

5 »Autocratization Turns Viral. Democracy Report 2021«. University of Gothenburg, March 2021. https://v-dem.net/static/website/files/dr/dr_2021.pdf.

6 Olson, Mancur. »Introduction«, *Daedalus* 102, no. 4 (1973): 1–13. 3.

renz in Leipzig 2014 – nach Paris, Barcelona und Venedig/Montreal – strömten bereits 3.000 Teilnehmer*innen; im September 2018 fand erstmals eine *Postgrowth Conference* im EU-Parlament in Brüssel statt. Überraschend vor diesem Hintergrund des langsamen »Ankommens« der Wachstumskritik ist die Tatsache, dass Robert F. Kennedy bereits in einer Wahlkampfrede an der Kansas State University im März 1968 geradezu luzide formuliert hatte:

»Das Bruttosozialprodukt beinhaltet Luftverschmutzung und Zigarettenwerbung sowie Krankenwagen, um unsere Autobahnen vom Massaker zu befreien. Es zählt Spezialschlösser für unsere Türen und die Gefängnisse für die Menschen, die sie knacken. Es zählt die Zerstörung der Redwoods und den Verlust unserer Naturwunder durch unkontrollierte Zersiedelung. Es zählt Napalm und Atomsprengköpfe und gepanzerte Autos, damit die Polizei die Unruhen in unseren Städten bekämpfen kann. Es zählt Whitmans Gewehr und Specks Messer sowie die Fernsehsendungen, die Gewalt verherrlichen, um Spielzeug an unsere Kinder zu verkaufen. Doch das Bruttosozialprodukt berücksichtigt die Gesundheit unserer Kinder, die Qualität ihrer Ausbildung oder die Freude an ihrem Spiel nicht. Es umfasst nicht die Schönheit unserer Poesie oder die Stärke unserer Ehen, die Intelligenz unserer öffentlichen Debatten oder die Integrität unserer Beamten. Es misst weder unseren Witz noch unseren Mut, weder unsere Weisheit noch unser Lernen, weder unser Mitgefühl noch unsere Hingabe an unser Land. Kurz, es misst alles bis auf das, was das Leben lebenswert macht.«[7]

Das war vor 54 Jahren. Die Frage ist, wie so eine Hellsicht mehr als ein halbes Jahrhundert lang ignoriert werden konnte. Vielleicht lag es daran, dass der Prophet noch im selben Jahr ermordet wurde. Nach Thomas Kuhn ließe sich erklären, dass die Normalwissenschaft (der Neoklassik) es sich eben erst rund um den liebgewonnenen Leuchtturm

---

7 Kennedy, John F. »Remarks at the University of Kansas«, March 18, 1968, https://www.jfklibrary.org/learn/about-jfk/the-kennedy-family/robert-f-kennedy/robert-f-kennedy-speeches/remarks-at-the-university-of-kansas-march-18-1968.

BIP gemütlich gemacht hatte und nicht im Traum daran dachte, sich von einem Wahlkämpfer davon abbringen zu lassen. »Wenn Du einmal begonnen hast, über Wirtschaftswachstum nachzudenken«, sagte der preisgekrönte Ökonom Robert Lucas einst, »ist es schwierig, über irgendetwas anderes nachzudenken.«[8] Wie kam es zu dieser Obsession?

Ein Kind des Kalten Krieges

Einen mildernden Umstand muss man dem BIP zugestehen: Die »wichtigste ökonomische Erfindung des 20. Jahrhunderts« wurde ursprünglich nicht gemacht, um ökonomischen Erfolg zu messen. Die Entstehungsgeschichte ist eine ganz andere. In den 1930ern waren die USA schwer gezeichnet von der Großen Depression. 1939 lag das Ausmaß der Industrieproduktion unter dem Niveau von 1929, Massenarbeitslosigkeit und Resignation herrschten. Um die Wirtschaft durch gezielte Interventionen wieder hochfahren zu können, benötigte die Regierung genaue Daten zur Aufschlüsselung des Volkseinkommens. Auf Basis der Vorarbeiten von Simon Kuznets begann das Department of Commerce 1937 mit der Veröffentlichung von Einkommensberichten auf monatlicher Basis. Es gab noch einen zweiten Grund für den Bedarf nach einer volkswirtschaftlichen Gesamtrechnung: der beginnende 2. Weltkrieg. Die USA waren militärisch schwach, und die Gefahren drohten von »beiden Seiten«, wie Dirk Philipsen in seinem Buch *The Little Big Number* nacherzählt.[9] Sowohl japanische als auch deutsche Kriegsschiffe hätten jederzeit auftauchen können. Da wurde Präsident Roosevelt auf den Ökonomen Simon Kuznets aufmerksam, der sich erstmals die Mühe machte, das nationale Volkseinkommen nach Branchen zu berechnen. Es ergab sich die Frage, welchen Anteil man in die Rüstungsproduktion

---

8 Lucas, Robert. »A Better Way«, *The Economist*, October 9, 2010, https://www.economist.com/special-report/2010/10/09/a-better-way.

9 Philipsen, Dirk. *The Little Big Number: How GDP Came to Rule the World and What to Do about It.* Princeton, N.J.: Princeton University Press, 2015, 12.

leiten konnte, ohne die restlichen Branchen zu gefährden oder Inflation auszulösen. Kuznets lieferte seine Empfehlung ab, die Rüstungsproduktion explodierte, und die Arbeitslosigkeit verschwand praktisch im Nu. Ein Großteil der Arbeitslosen wechselte direkt in die Armee, und der Anteil der militärischen Beschaffung am BIP schoss von 1,6 Prozent 1940 auf sagenhafte 48 Prozent 1944. In weniger als drei Jahren wandelten sich die USA von einer unbedeutenden Militärmacht zum führenden Rüstungsproduzenten. John Kenneth Galbraith meinte: »Simon Kuznets und sein talentiertes Team waren gleich wertvoll wir mehrere Infanterie-Divisionen in ihrem Beitrag zur amerikanischen Kriegsmacht.« Paul Samuelson ging so weit, den Zweiten Weltkrieg als einen »Krieg der Ökonomen« zu bezeichnen.[10]

Welches Wachstum wird gemessen?

Diese Entstehungsgeschichte zeigt, dass das BIP nie entwickelt wurde, um das Ziel wirtschaftlicher Aktivitäten zu erreichen. Doch was ist das Ziel des Wirtschaftens? »Wohlfahrt«, würden daraufhin viele Ökonomen antworten. Oder, nach Adam Smith, »Wohlstand«. Ja, und wie misst man Wohlfahrt und Wohlstand? Hier wird es ruhig. Das Ziel des Wirtschaftens ist genauso wenig definiert wie der Begriff »Wirtschaft« selbst. Damit kann man aber weder »Wirtschaftswachstum« messen noch wirtschaftlichen Erfolg. Alles, was bleibt, ist das BIP. Die Gleichsetzung von BIP-Wachstum mit Wirtschaftswachstum ist m. E. der größte ideologische Coup der Wirtschaftswissenschaft im 20. Jahrhundert. Dieser fiel die längste Zeit nicht auf, weil die Lehrbücher »Wirtschaft« gar nicht definierten, sondern nur Märkte mit monetären Transaktionen. Dazu passt das BIP tatsächlich. Das unvollständige Bild wird konsistent.

Wenn das BIP wächst, wächst der Geldwert (Tauschwert) von marktvermittelten Gütern und Dienstleistungen, sprich: die (Netto-)Summe

10 Ebd., 107–116.

ihrer Marktpreise. Nicht gemessen wird ihr Nutzwert, also ihre Funktion, realmenschliche Bedürfnisse zu befriedigen, zum Beispiel das Stillen von Hunger und Durst, die wärmende und schützende Wirkung von Kleidung oder die Lebensqualität, die von einer (eigenen) Wohnung ausgeht. Ebenfalls nicht gemessen wird der Nutzwert von Gütern und Dienstleistungen, materielle und immaterielle Werte, die *nicht* auf Märkten vermittelt werden: von der Muttermilch bis zur Blutspende, Geschenke, Nachbarschaftshilfe, Ehrenamt, Rettungseinsätze, Sozialdienste, Sicherheit, Verbundenheit, Solidarität.

Der springende Punkt ist: Für Menschen und die Befriedigung ihrer Grundbedürfnisse sind ausschließlich Nutzwerte wichtig, sie sind ergo Ziel und Definition des Wirtschaftens. Tauschwerte oder Preise befriedigen kein einziges Bedürfnis – sie sind nur der Versuch, Nutzwerte in eine einheitliche marktförmige Währung zu übersetzen. Der Glaube an das BIP beruht auf einem kolossalen Kurzschluss: Ihm wird die Eigenschaft zugeschrieben, die Summe aller Nutzwerte abzubilden, während es lediglich die Summe aller Tauschwerte beinhaltet. Dieser Kurzschluss bildet die Grundlage einer großen Illusion: nämlich, dass eine größere Summe verkaufter Güter und Dienstleistungen Menschen gesünder, glücklicher, zufriedener, friedlicher und gebildeter mache – in einer intakteren Umwelt, besseren Demokratie und ökologisch stabileren und friedlicheren Welt. Dieser Zusammenhang geht mit weiterwachsendem BIP immer mehr verloren, was inzwischen auch verstärkt gemessen wird. Der Glücksforscher Layard machte den Anfang für die USA und Großbritannien. In Luxemburg wurde der *Index of Wellbeing* (LIW) aus 62 Indikatoren zusammengesetzt und seit 2009 gemessen. Während das BIP zwischen 2009 und 2015 um 5,7 Prozent zunahm, nahm der LIW im gleichen Zeitraum um 0,8 Prozent ab.[11] Die Entkopplung, die es braucht, ist auch deshalb nicht die Entkopplung von BIP-Wachstum und Ressourcenverbrauch, sondern die Entkoppelung von ökonomi-

11 Fumarco, Luca, Sarracino Chiara und Peroni, Francesco, »PIBien-Être: The Report«, February 9, 2022, http://statistiques.public.lu/en/publications/theme/conditions-sociales/pibien-etre.html. 197.

scher Erfolgsmessung und BIP. Das BIP ist eine interessante statistische Größe und eine wichtige Referenz für Staatsquote, öffentliche Verschuldung oder Geldmenge – aber aus dem Gebiet der ökonomischen Erfolgsmessung sollte es definitiv verbannt werden.

Es gibt viele Alternativen zum BIP!

Aufgrund der systematischen Mängel des BIP wurden seit den 1980er Jahren erste alternative, anfangs noch ergänzende Wohlfahrtsindizes entwickelt. Den vom Weltbank-Ökonom Herman Daly erstellte *Index of Sustainable Economic Welfare* (ISEW) beinhaltet neben dem Volkseinkommen auch die Lebenserwartung und Analphabetenrate. Großbritanniens ISEW begann bereits 1974 zu sinken.[12] In Deutschland wurde in den 1980ern über ein Ökosozialprodukt gesprochen und in den 1990ern vom Ökonomen Hans Diefenbacher der »Nationale Wohlfahrtsindex« entwickelt, der sich aus 20 Indikatoren zusammensetzt.[13] Später hat eine Enquete-Kommission des Bundestages »W3-Indikatoren« entwickelt, die gleich wie die Vorgänger in der Schublade verschwanden. Etwas erfolgreicher war der *Better Life Index* der OECD, der 2011 vorgestellt wurde. Doch viele Mitgliedstaaten zogen erneut Eigenkompositionen vor, zum Beispiel Luxemburg oder Österreich mit dem Projekt »Wie geht's Österreich?«[14] Der französische Staatspräsident Sarkozy beauftragte 2008 die drei Ökonomen Joseph Stiglitz, Amartya Sen und Jean Paul Fitoussi mit der Entwicklung einer Alternative zum BIP. In ihrem

12 Douthwaite Richard J. und Hans Diefenbacher. *Jenseits der Globalisierung Handbuch für lokales Wirtschaften.* Mainz: Matthias-Grünewald-Verlag, 1998, https://d-nb.info/952798476/04. 39.

13 Diefenbacher, Hans und Roland Zieschank. *Woran sich Wohlstand wirklich messen lässt. Alternativen zum Bruttoinlandsprodukt.* München: Oekom-Verlag, 2011, https://d-nb.info/1002197171/04. 56 und 60ff.

14 STATISTIK AUSTRIA Bundesanstalt Statistik Österreich, »Wie geht's Österreich 2021?«, Publikationen, accessed March 15, 2024, https://www.statistik.at/services/tools/services/publikationen.

2009 vorgestellten Endbericht hielt die Stiglitz-Sen-Fitoussi-Kommission fest, dass Lebensqualität die Bereiche materieller Lebensstandard, Gesundheit, Bildung, Aktivitäten einschließlich Arbeit, politische Mitbestimmung und Regierungsqualität, soziale Eingebundenheit und Beziehungen, Umweltstabilität und Sicherheit umfasst.[15]

Der von Jeffrey Sachs, Richard Layard und John Helliwell konzipierte *World Happiness Report* (WHR) wird seit 2012 vom *Sustainable Development Solutions Network* der Vereinten Nationen unter dem Titel *Wellbeing and Happiness: Defining a New Economic Paradigm* herausgegeben. Den Vorsitz führten UN-Generalsekretär Ban Ki-moon und der Premierminister von Bhutan, Jigme Thinley. Der WHR misst sechs gewichtete Indikatoren: Einkommen, soziale Unterstützung, gesunde Lebenserwartung, Freiheit, Großzügigkeit und Vertrauen. Die Ergebnisse reichten 2018 von 7.632 Punkten (Finnland) bis 2.905 Punkten (Burundi). Neben Finnland befanden sich unter den ersten Fünf noch Norwegen, Dänemark, Island und die Schweiz.[16]

Im ähnlich klingenden *Happy Planet Index* des Londoner Think Tanks *New Economics Foundation* gewann 2019 Costa Rica vor Vanuatu, Kolumbien und der Schweiz. Der HPI setzt sich aus vier Indikatoren zusammen: *Wellbeing* (nach der Gallup World Poll), Lebenserwartung (UN-Daten), Ungleichheit und ökologischer Fußabdruck.[17]

Besonders charmant ist das »Bruttonationalglück« der Zwergstaats Bhutan. Dort wird kein komplexes mathematisches Modell erarbeitet, sondern es werden Tausende von Haushalten alle paar Jahre umfassend befragt, zum Beispiel:

- Wie sind Sie mit Ihrer Gesamtlebenssituation zufrieden?
- Wie glücklich sind Ihre Familienmitglieder?

---

15 Stieglitz, Joseph A., Amartya K. Sen, and Jean-Paul Fitoussi, »Report by the Commission on the Measurement of Economic Performance and Social Progress«, accessed March 22, 2024, https://ec.europa.eu/eurostat/documents/8131721/8131772/Stiglitz-Sen-Fitoussi-Commission-report.pdf. S. 14–15.

16 Helliwell, John V., Richard Layard, and Jeffrey D. Sachs, »World Happiness Report 2018«, March 14, 2018, https://worldhappiness.report/ed/2018/. S. 25–27.

17 https://happyplanetindex.org.

- Vertrauen Sie Ihren Nachbarinnen und Nachbarn?
- Auf die Hilfe wie vieler Menschen in Ihrem Umfeld können Sie zählen?
- Haben Sie täglich Zeit zum Meditieren oder Beten?
- Wie sehr beeinträchtigt die Verschmutzung von Flüssen Ihr Leben?

Manche denken vielleicht immer noch: »Das Glück kann man nicht messen!« Doch mit 135 Fragen zu allen Aspekten von Lebensqualität – darunter Gesundheit, Zufriedenheit, Zeitverwendung, Vitalität der Gemeinschaft, ökologische Vielfalt, Spiritualität, Mitbestimmung oder gute Regierung – kann man sich dem »Glück« sehr viel weiter annähern als mit dem – monometrischen – BIP. Bhutan hat ein Evaluierungsinstrument (*screening tool*) entwickelt, das politische Maßnahmen auf ihre Auswirkungen auf das Bruttonationalglück prüft.[18] Dieses Instrument wird für politische Entscheidungen jeder Art verwendet, ähnlich einer Verfassungskonformitäts-, Grundrechtsverträglichkeits-, Gender-Mainstreaming- oder Nachhaltigkeits-Prüfung für neue Gesetzesvorhaben. Es kam unter anderem zum Einsatz, als Bhutan vor der Frage stand, ob es der WTO beitreten solle. Vor dem Screening war die Mehrheit des Kabinetts für den Eintritt in die WTO, denn mehr Handel war für sie gleichbedeutend mit mehr Wachstum und Wohlstand. Dann allerdings kam das 360-Grad-Screening, das eine Schwächung des sozialen Zusammenhalts, die Erhöhung der Ungleichheit, die Verringerung der kulturellen Vielfalt und die Belastung der Umwelt – infolge von Handel – prognostizierte. Auch die Demokratie wäre durch den Einzug transnationaler Konzerne in Gefahr geraten. Nach der Gemeinwohl-Prüfung stimmten 17 von 24 Minister*innen gegen den WTO-Beitritt. Bhutan ist bis heute freihandelsfrei.

Nach dem Beschluss der *Sustainable Development Goals* (SDG) der Vereinten Nationen laufen aktuell diverse Bemühungen zu ihrer Operationalisierung. Die Regierungen haben dadurch inzwischen mehrere Optionen zur Auswahl, welches Wohlfahrtsmaß sie anwenden könnten.

18 https://www.gnhcentrebhutan.org/what-is-gnh/gnh-screening-tool/.

Ihr Problem ist häufig, dass die Ministerien uneins sind. Beispielsweise sind die Umweltministerien offen für neue Wege, doch die Finanzministerien beharren auf dem *Status quo*. Für dieses Patt gäbe es in Demokratien eine einfache Lösung: *Let the people decide!*

Gemeinwohl-Produkt als demokratische Alternative

Um aus der Fülle der neuen Wohlstandsmaße und den sie zusammensetzenden Indikatoren ein a) allerorts bekanntes, b) breit akzeptiertes und c) gut verständliches Instrument zu entwickeln – ein demokratisches Gemeinwohl-Produkt (GWP) – könnte die Bevölkerung selbst in die Entwicklung eines solchen Instruments eingebunden werden. Eine zentrale Innovation der Gemeinwohl-Ökonomie (GWÖ) ist die Entwicklung eines partizipativen Prozesses, in dem die souveräne Bevölkerung ein Gemeinwohl-Produkt selbst entwickeln kann.[19]

Doch der Reihe nach: Schritt eins könnte – als Hilfestellung – eine klare Definition von Wirtschaft bzw. deren Ziel sein. Ein Autor*innenteam der GWÖ hat in einem wissenschaftlichen Beitrag einen Vorschlag entwickelt: Wirtschaft ist und hat zum Ziel »die Befriedigung der (Grund-)Bedürfnisse lebender und zukünftiger Generationen innerhalb der ökologischen Grenzen des Planeten, auf Basis der verfassungsmäßigen demokratischen Grundwerte«. Kurz: das Gemeinwohl.[20]

Neben diesem »Angebot« würden auch die vorgestellten innovativen Wohlfahrtsmaße und Indizes zur Inspiration dienen. Sodann könnten in einem Mehr-Runden-Verfahren GWP-Versammlungen zuerst auf kommunaler, dann regionaler und schließlich nationaler Ebene stattfinden. Auch die direkte Einberufung oder Organisation eines Bundeskonvents

19 Felber, Christian. *Gemeinwohl-Ökonomie.* Komplett aktualisierte und überarbeitete Ausgabe (Summary version). München: Piper, 2018, 31–32.

20 Dolderer, Johannes, Christian Felber und Petra Teitscheid, »From Neoclassical Economics to Common Good Economics«, *Sustainability* 13, no. 4 (January 2021), https://doi.org/10.3390/su13042093.

per Zufallslos ist denkbar. Solche Formate finden seit 2015 von Irland ausgehend in immer mehr Ländern statt. In Deutschland wurde 2019 ein erster Bürger*innenrat zum Thema Demokratie abgehalten, 2020 folgte ein weiterer zu »Deutschlands Rolle in der Welt«, 2021 der dritte zum Thema Klimaschutz. Frankreich war bereits 2019 mit Klimaschutz an der Reihe, Österreich startet 2022.

Die Konventsmitglieder könnten eigene Vorschläge plus weitere aus der Bevölkerung (via *liquid democracy*) sammeln und daraus jene 20 Teilziele, welche die stärkste Unterstützung genießen, herausfiltern. Diese 20 »Finalisten« würden als Subziele in das zukünftige Gemeinwohl-Produkt eingehen. Eine Variante wäre, dass je fünf Unterziele den Bereichen Ökologie, Soziales, Ökonomie und Kultur zugeordnet werden. Alle Ziele müssen der Befriedigung der Grundbedürfnisse und Sicherung der Grundwerte dienen – gemäß der optional verwendeten Definition von Wirtschaft.

Am Ende könnten Expert*innen die Teilziele mithilfe von z.B. zwei bis fünf Indikatoren operationalisieren. Hierbei sollte die Leitfrage sein: Wie kann die Erreichung des jeweiligen Teilziels am effektivsten gemessen werden? Damit wäre die Entwicklung des Gemeinwohl-Produkts sowohl im zeitlichen Verlauf (gegenüber dem Vorjahr) als auch international (mit anderen Staaten) vergleichbar. Das Gemeinwohl-Produkt könnte auf einem bunten *Dashboard* sichtbar und für die Öffentlichkeit gut verfolgbar dargestellt werden – sowohl die Ergebnisse der Teilziele als auch, als mögliches Aggregat, in Form einer Gemeinwohlpunktezahl.

Eine methodische Variante, die ein Aggregat ermöglichen würde, ist die Indexierung. Zwischen dem niedrigsten aktuellen Niveau z.B. bei Beschäftigung, Treibhausgasemissionen oder Vertrauen und dem jeweiligen Zielwert – Vollbeschäftigung, Klimastabilität, Mordrate – könnte eine Skala von 100 Prozent oder 1000 Promille aufgespannt und die jeweilige Position eines Landes in Bezug auf ein Teilziel ermittelt werden. Bei dynamischen Indikatoren wie der Lebenserwartung oder der Einkommensungleichheit könnte das jeweilige Spitzenreiterland mit

100 Prozent oder 1000 Promille bewertet und die Skala von den Nachzüglern bis dorthin aufgespannt werden.

Nach dem Vorbild Bhutans könnte das GWP auch als Evaluierungsinstrument (*screening tool*) genutzt werden, mit dem Gesetzesvorhaben und andere politische Maßnahmen auf ihre Auswirkungen auf die wichtigsten Grundwerte und gesellschaftlichen Ziele hin geprüft werden. Ein solches Instrument käme einer Gemeinwohl-Prüfung für neue Gesetzesvorhaben gleich. Es stünde neben Gewaltenteilung und Grundrechten als weiterer Sicherheitsanker und Kompass für eine gemeinwohlorientierte Politik zur Verfügung.

Ein direktdemokratischer Prozess zum Gemeinwohl-Produkt wäre wünschenswert und aus demokratiepolitischer Sicht die Optimalvariante. Dennoch könnte in einem alternativen Prozess die erste Version des Gemeinwohl-Produkts von den Mitgliedern des Parlaments entwickelt und in Folge von den Bürger*innen weiterentwickelt werden. Letzter Schritt ist die Abstimmung des entwickelten Gemeinwohl-Produkts in einer verbindlichen Volksabstimmung. Auf dieser Basis könnte das Gemeinwohl-Produkt als demokratisches Wohlfahrtsmaß in den Verfassungen verankert werden – unter den Staatszielen.

Ein demokratisch komponiertes Gemeinwohl-Produkt wäre nicht nur eine Übergangsbrücke von einer kapitalistischen in eine Gemeinwohl-Ökonomie, sondern zudem eine sehr effektive Maßnahme gegen die Ohnmachtsgefühle und Politikverdrossenheit, welche die gegenwärtige »Postdemokratie« kennzeichnen.

Ableitung von analogen Erfolgsmessinstrumenten für die Mikroebene

Ein demokratisch sauber definiertes Gemeinwohl-Produkt hätte den weiteren Vorteil, dass Instrumente zur Messung der ethischen Verantwortung von Unternehmen und Investitionen davon vergleichsweise einfach abgeleitet werden könnten. Unternehmen und Investitionsprojekte könnten darauf hin geprüft werden, was sie zur Erreichung der 20 Teilziele des GWP beitragen. Je nach Erreichungsgrad könnten sie dafür ein *Score* erhalten und in Summe ein »Gemeinwohlbilanzergebnis«[21]. Je höher dieses wäre, desto geringer könnten die Steuern ausfallen, die von entsprechenden Firmen erhoben würden, desto günstigere Finanzierung könnten sie erhalten; sie könnten Vorrang im öffentlichen Einkauf und in der Wirtschaftsförderung erhalten, wodurch der gegenwärtige Wettbewerbsnachteil klimafreundlicher, nachhaltiger und verantwortlicher Wirtschaftspraktiken in einen Vorteil umschlagen würde. Das Externalisieren von Nutzen würde sich lohnen, das Externalisieren von Kosten in die Insolvenz führen: Nach der Übergangsphase wären nur noch umfassend ethisch verantwortliche Investitionen und Unternehmen rentabel. Die Gemeinwohl-Ökonomie bahnt diesen Weg seit 2010 von Österreich, Bayern und Norditalien aus international. In Deutschland wäre es die Umsetzung von Artikel 14 des Grundgesetzes, demzufolge »Eigentum zugleich dem Wohl der Allgemeinheit dienen soll«. Das Gesamtmodell der GWÖ würde Art. 151 der Bayerischen Verfassung umsetzen: »Die gesamte wirtschaftliche Tätigkeit dient dem Gemeinwohl.«

Impulse für Gesprächsgruppen

1. Wie begründet Felber seine Wachstumskritik?
2. Was sind die Schwächen einer Wirtschaftsform, die nur auf das Bruttoinlandsprodukt ausgerichtet ist?
3. Felber unterscheidet Tauschwerte und Nutzwerte, die durch das Wirtschaften erzeugt werden können. Was besagt diese Unter-

21 https://www.ecogood.org/apply-ecg/common-good-matrix/.

scheidung und warum kommen seines Erachtens die Nutzwerte zu kurz?

4. Wie einleuchtend ist für Sie die Kritik an einer reinen Wachstumsökonomie und die Forderung nach der Gemeinwohlorientierung?
5. Müssten Kirchen und Gemeinden nicht Agenten des Gemeinwohls sein, und wie könnte das praktisch aussehen?

III Alternativmodelle

Kapitel 6
Inseln der Veränderung – Über Alternativen im Kapitalismus und Alternativen zum Kapitalismus

Wolfgang Kessler

Wolfgang Kessler, geboren 1953 in Ravensburg, studierte Ökonomie und Sozialwissenschaften in Konstanz, Bristol und an der London School of Economics. Anfang der 1980er Jahre arbeitete er für kurze Zeit beim Internationalen Währungsfond. Seit er ihn verließ, ist er als Wirtschaftspublizist tätig. Von 1999 bis 2019 war er Chefredakteur der christlichen Zeitschrift Publik-Forum. Kessler wurde 2007 mit dem Internationalen Bremer Friedenspreis und 2021 mit dem Walter Dirks Preis ausgezeichnet.

In jeder Krise steckt auch eine Chance. Dieser oft strapazierte Satz ist derzeit wichtiger denn je. Denn an Krisen mangelt es nicht. Die Pandemie ist kaum überwunden, da toben in Europa und im Nahen Osten Kriege. Die Folgen der Klimakrise erleben wir fast täglich: Es vergeht kaum ein Tag ohne Flutkatastrophe, Waldbrände oder Dürre irgendwo auf der Welt. Menschen verlassen zu Hunderttausenden ihre Heimat, weil die klimatischen Entwicklungen ihre Ernährungsgrundlagen zerstören. Die Welt scheint aus den Fugen.

Armut, Finanzmacht und Zerstörung

Es wäre falsch, alle diese Krisen über einen Kamm zu scheren. Auffällig ist jedoch, dass sie die strukturellen Probleme des kapitalistischen Wirtschaftssystems an die Oberfläche kehren, die gerne unter dem Teppich gehalten werden. Doch vielleicht liegt genau darin der Keim der Veränderung, dass die Probleme so offen zutage treten:

Armut und Ungleichheit: Seit der Pandemie hat die Armut in Deutschland zugenommen und die Inflation als Folge des Ukraine-Krieges hat sie verstärkt. Trotz der Erhöhung des gesetzlichen Mindestlohnes oder der Grundsicherung im Alter, wächst die Gefahr, von Armut betroffen zu sein – wobei als armutsgefährdet gilt, wer über weniger als 60 Prozent des mittleren Einkommens verfügt. Galt dies in den 1990er Jahren für rund elf Prozent der Bevölkerung, so ist diese Zahl bis 2023 auf 16 Prozent gestiegen. Besonders gefährdet sind prekär Beschäftigte, Alleinerziehende, Menschen mit Migrationsgeschichte und jedes fünfte Kind. Mehr als drei Millionen Kinder und Jugendliche gelten im März 2023 als armutsgefährdet.

Extrem ungleich ist auch die Verteilung des Vermögens. Nach Angaben des Deutschen Instituts für Wirtschaftsforschung verfügt das reichste Prozent der deutschen Bevölkerung über ein Drittel des Nettovermögens, das reichste Zehntel über knapp zwei Drittel. Die »untere Hälfte« der Bevölkerung hat so gut wie kein Vermögen oder sie ist verschuldet. Deutschland »ist zum Land mit der höchsten Vermögensungleichheit in Europa geworden«, sagt Marcel Fratzscher, der Chef des Instituts.

Die Macht des Geldes: Der Kapitalismus ist inzwischen in alle Poren der Gesellschaft eingedrungen, auch in die Daseinsvorsorge. Die neuen Herren der Welt sitzen in den Chefetagen von Finanzkonzernen wie Blackrock. Er ist an mehr als 17.000 Weltkonzernen beteiligt. Zusammen mit anderen Megafinanzfonds investiert er jedes Jahr rund 80.000 Milliarden Dollar, etwa das Bruttoinlandsprodukt der ganzen Welt. Sie legen das Geld ihrer Anleger überall an, wo die Algorithmen ihrer IT hohe Renditen errechnen. Im vergangenen Jahrzehnt kauften sich große Konzerne breit in den Dienstleistungsbereich ein. 2023 besaßen Finanzinvestoren und Großkonzerne in Deutschland 25 Prozent aller Pflegebetten, 40 Prozent aller Kliniken, Hunderttausende Wohnungen und viel Agrarland. Mit Folgen: Während die Börsenkurse steigen, wird in Pflegeheimen und Krankenhäusern gespart, auch als sie in der Pandemie besonders beansprucht wurden. Wo börsennotierte Unternehmen

Wohnungen besitzen, steigen die Mieten besonders rasch, ermittelte der Verein Finanzwende in einer Studie im ersten Quartal 2024.

Dieser Investoren-Kapitalismus beherrscht längst die ganze Welt – und spaltet sie: Das Vermögen der rund 1900 Milliardäre wächst jeden Tag um 2,5 Milliarden Dollar – das sind fast 1000 Milliarden Dollar pro Jahr, sagte die Entwicklungsorganisation Oxfam auf dem Weltwirtschaftsforum 2023 in Davos. Gleichzeitig leben 1,5 Milliarden Menschen von weniger als 1,90 Dollar am Tag.

Das Wachstumsdilemma: Der Kapitalismus beruht auf Konkurrenz, Rendite und Privateigentum und braucht Wachstum wie die Luft zum Atmen. Die Expansion dieses System über die ganze Welt schafft Arbeit, Konsum, aber auch Zerstörung: Das Klima wird aufgeheizt; Regenwälder werden abgeholzt, immer mehr Rohstoffe ausgebeutet, Arten sterben aus, Meere werden vermüllt, Böden versiegelt oder zur intensiven Nutzung freigegeben. Und mit jedem Prozent an Wirtschaftswachstum nimmt dieser Zerstörungsprozess zu. »Schon eine globale Wachstumsrate von 2,8 Prozent bedeutet, dass sich die globale Wirtschaftsleistung alle 26 Jahre verdoppelt«, stellt Ulrike Herrmann in ihrem Buch »Das Ende des Kapitalismus« fest. Und: sie rechnet vor »Bis zum Jahr 2100 wäre die Warenflut dann um das 16-Fache gestiegen im Vergleich zur Jahrtausendwende.« Diese Wachstumsdynamik würde viele Regionen der Erde unbewohnbar machen.

Kapitalismus – auch eine Erfolgsgeschichte

Angesichts dieser dramatischen Entwicklungen stellt sich die Frage, warum dieses Wirtschaftssystem nicht stärker in Frage gestellt wird. Die Antwort lautet: Weil der Kapitalismus auch eine Erfolgsgeschichte ist. Ein Staat, der die Triebkräfte von Markt, Konkurrenz, Rendite und Privateigentum voll zur Entfaltung bringt, erzeugt eine hohe wirtschaftliche Produktivität. Mit Hilfe von Massenproduktion gelang es in den vergangenen Jahren, viele technische Geräte immer preiswerter verfügbar zu machen. Ein Vergleich des Instituts der Deutschen Wirtschaft zeigt dies: Musste eine deutsche Familie 1960 für einen Schwarz-Weiß-Fernseher noch mehr als 339 Stunden zu durchschnittlichem Stundenlohn arbeiten, konnte sich die gleiche Familie 2019 schon nach 24 Arbeitsstunden einen Smart TV mit hochauflösendem 40 Zoll Bildschirm leisten.

Mit der Dynamik von Produktivitäts-Steigerung und Kostensenkung hat der globale Kapitalismus in den vergangenen dreißig Jahren rund eineinhalb Milliarden Menschen »aus der Armut geholt, in China, in Indien, in anderen Schwellenländern«, schreibt der ökologisch orientierte Club of Rome 2019 in seinem Bericht »Wir sind dran«.

Aus diesen Gründen stehen alle, die den Kapitalismus verändern wollen, vor einem großen Problem: Millionen, weltweit sogar Milliarden Menschen sind als Unternehmer, Beschäftigte, Sparer, Verbraucher, Eltern, Großeltern in dieses System eingebunden, viele fühlen sich als Gewinner. Wer hier an den falschen Stellschrauben dreht, irgendwo aussteigt, ohne irgendwo anders einzusteigen, verstärkt die Angst – und kann eine Krise auslösen. Die Kunst besteht deshalb darin, am offenen Herzen des Systems so zu operieren, dass die Folgen der Veränderung für Mensch und Natur auf der ganzen Welt immer mitgedacht werden. Dass dies zumindest in einzelnen Bereichen gelingen kann, zeigen gelebte Modelle.

Alternativen im Kapitalismus

Zugegeben, es geht um große Strukturfragen. Doch die Praxis zeigt, dass kommunale Verwaltungen und Regierungen soziale und ökologische Herausforderungen durchaus eigenständig angehen können – auch ohne die Systemgrenzen zu sprengen.

Eine Kommune gegen die Spekulation: Die Stadt Ulm demonstriert seit Jahrzehnten, wie man explodierende Baupreise und Mieten ebenso unter Kontrolle halten kann wie die Spekulation. Was macht die 130.000 Einwohner-Stadt anders? Das wichtigste Zauberwort der Ulmer Baupolitik lautet: »Baugrundbevorratung«: Das Liegenschaftsamt Ulm kauft seit vielen Jahren Flächen im Stadtgebiet auf Vorrat auf, die zu Bauland werden können. Ihr Preis wird von einem örtlichen Gutachterausschuss für Immobilien berechnet, in dem auch die Immobilienbranche vertreten ist. Erst wenn die Stadt die Flächen besitzt, werden sie für die Entwicklung von Wohn- und Gewerbegebieten ausgewiesen. Investoren und Häuslebauer können sie dann zu einem ebenfalls festgelegten Preis erwerben und bebauen. Dafür stellt die Stadt aber Bedingungen: Sie müssen auf rund 30 Prozent der bebauten Fläche vergünstigten Wohnraum anbieten. Gefordert wird auch eine klimagerechte Energieversorgung, oft kombiniert mit vielen Grünflächen.

Doch damit nicht genug. Erwerben Häuslebauer, Investoren oder Unternehmer ein Grundstück von der Stadt, dann kommt ein weiteres Zauberwort ins Spiel, die Auflassungsvormerkung. Das heißt: Die neuen Eigentümer dürfen ihre Grundstücke nicht an Dritte weiterverkaufen. Wird in einem bestimmten Zeitraum nicht gebaut, geht das Grundstück zum Kaufpreis wieder an die Stadt zurück. Spekulationsgewinne fallen nicht an. Was diese Baupolitik bewirkt, schilderte der – parteilose – Ulmer Baubürgermeister Tim von Winning im November 2023 vor der Architektenkammer Nordrhein-Westfalens: »Die Stadt kontrolliert inzwischen knapp 40 Prozent des Baulandes von Ulm« so von Winning, »Unser Handeln ist darauf ausgerichtet, die Spekulation von unbebautem Boden zu vermeiden. Wir halten Bau – und Bodenpreise so seit Jahrzehnten stabil und bezahlbar.«

Klimaschutz und Klimageld: Seit mehr als 16 Jahren zeigt die Schweiz, wie fossile Produkte verteuert werden, ohne dass der ärmere Teil der Bevölkerung besonders belastet wird. Bereits 2008 führte die Schweizer Regierung eine CO_2-Abgabe auf Erdgas und Heizöl ein. Während in Deutschland die CO_2-Abgabe 2024 bei 45 Euro pro Tonne liegt, kostet eine Tonne CO_2 in der Schweiz 120 Euro. Diese Abgabe ist klimapolitisch erfolgreich – und sozial: Denn die Einnahmen aus der CO_2-Abgabe in Höhe von rund 1,5 Milliarden Franken werden an alle Bürgerinnen und Bürger zurückgezahlt. Alle, Kinder eingeschlossen, erhalten den gleichen »Öko-Bonus« – das waren 2023 umgerechnet knapp 100 Euro. Eine vierköpfige Familie kann mit umgerechnet fast 400 Euro rechnen. Obwohl die Abgabe nur für Erdöl und Erdgas zum Heizen gilt (Sprit wird nicht belastet), hat sie ihre Wirkung nicht verfehlt: Der CO_2-Ausstoß beim Heizen ist in den vergangen fünf Jahren um ein Viertel zurückgegangen, weil Häuser gedämmt, neue Technologien eingebaut und Neubauten nur noch CO_2-frei beheizt werden. Dies zeigt: Wenn Ökoabgaben gerecht an die Bevölkerung zurückgezahlt werden, dann wird klar, dass Energiesparen belohnt und Energieverschwendung belastet wird. Für ärmere Haushalte ist die Rückzahlung ein willkommener Zuschuss zum Leben. Gerechtigkeit und Klimaschutz sind vereinbar.

Die Bürgerversicherung Österreichs: Pflege und Krankenbehandlung auf hohem Niveau, mehr Geld im System und trotzdem viel niedrigere Beiträge als Deutschland – das schafft Österreich. Das Gesundheitswesen des Landes ist ähnlich organisiert wie das deutsche, allerdings gibt es weniger Privilegien. Praktisch alle Österreicherinnen und Österreicher – egal, ob Arbeiter, Angestellte, Beamte, Selbstständige oder Politiker – müssen Mitglieder in einer von wenigen gesetzlichen Krankenversicherungen sein. Privatversicherungen gibt es nur für Zusatzleistungen. Die Beiträge liegen bei 3,87 Prozent, jeweils für Arbeitgeber und Arbeitnehmer, Selbständige bezahlen den Gesamtbeitrag von 7,65 Prozent. Für Rentner beläuft sich der Beitrag auf 5,1 Prozent.

Warum sind die Krankenversicherungsbeiträge in der Alpenrepublik nur halb so hoch wie in Deutschland? Der Grund liegt darin, dass in Österreich das gesamte zu versteuernde Einkommen aller Bürgerinnen und Bürger zur Berechnung der Beiträge herangezogen wird, also neben Löhnen auch Einkommen aus Zinsen, Gewinne, Vermietung und Verpachtung. Zudem wurden 2024 in Österreich Beiträge bis zu einer Einkommensgrenze von 6615 Euro monatlich fällig in Deutschland nur bis 5175 Euro. Die Alpenrepublik zieht Besserverdienende deutlich stärker zur Finanzierung von Pflegeleistungen heran als Deutschland, sie können auch nicht in Privatversicherungen ausweichen. Von dieser Politik profitieren alle: Die Nettolöhne sind höher, die Lohnnebenkosten der Unternehmen geringer als in Deutschland.

Diese Politikmodelle zeigen, dass die Politik die großen Schwächen des Kapitalismus – Ungerechtigkeit, Privilegien und Vorrechte für Reiche und Eigentümer sowie einen steigenden Ausstoß von Treibhausgasen – nicht einfach hinnehmen muss. Das ist nicht wenig, aber nicht genug.

Alternativen zum Kapitalismus

Es gibt jedoch auch Projekte und Unternehmen, die über die Grundlagen des Kapitalismus – Markt, Rendite, Konkurrenz und Privateigentum – hinausreichen:

Die andere Bank: Seit gut fünfzig Jahren zeigt die GLS-Bank, dass Kreditinstitute auch anders arbeiten können als dies im Finanzsystem vorgesehen ist. Wie macht sie das? Die GLS-Bank wird von 130.000 Genossenschaftsmitgliedern getragen. Damit ist sie nicht die einzige unter den Banken. Doch für diese Bank gilt auch: Sinn geht vor Gewinn. Die Rendite für Genossenschaftsanteile beläuft sich selten auf mehr als 2,5 Prozent. Die GLS-Bank zählt zwar inzwischen zu den 100 größten Banken Deutschlands, doch sie beteiligt sich nicht an spekulativen Geschäften, sieht man von den gezielt bestückten eigenen Aktienfonds ab. Konventionelle spekulative Finanzprodukte erhält man bei der Bank nicht. Gegenüber ihren Kundinnen und Kunden setzt sie ethische Ausschlusskriterien. Keine Zusammenarbeit gibt es mit Rüstungsunternehmen, Embryonenforschung, Atomkraft, fossiler Energieversorgung, Gentechnik, Tierversuche oder mit Staaten, in denen Menschenrechte oder Arbeitsrechte verletzt werden. Ein Bankensystem auf dieser Grundlage würde andere Zeichen setzen als das gegenwärtige: Genossenschaftliches Eigentum, ethische Geschäftsbedingungen, Begrenzung der Rendite, Distanz zu Spekulation.

Die solidarische Landwirtschaft bietet Lebensmittel nicht für den anonymen Markt an, sondern für einen festen Kreis von Verbrauchern.

Diese tragen als Gegenleistung den landwirtschaftlichen Betrieb. Zum Beispiel: Auf einem Hof im Umland von Hamburg, der nach biologisch-dynamischen Prinzipien wirtschaftet, leben und arbeiten drei Familien. Die Tiere und Feldfrüchte versorgen 95 städtische Haushalte mit insgesamt 300 Menschen mit Fleisch, Brot, Gemüse, Milch, Butter, Joghurt, Quark und Käse. Dafür zahlen alle Mitstreiter/innen einen Monatsbeitrag zur Deckung der Betriebskosten. Beide Seiten teilen sich ein Jahr lang verbindlich das Risiko: Sind die Tiere krank oder fällt die Ernte wetterbedingt schlecht aus, gibt es weniger, ist alles gesund und die Ernte fällt gut aus, gibt es mehr. Doch nicht jedes Mitglied zahlt gleich viel: Ein Drittel der Mitglieder zahlt den Durchschnittsbeitrag, ein Drittel zahlt mehr, ein Drittel weniger. Solidarität und Eigenversorgung ersetzen Markt und Konkurrenz. Kapitalrendite spielt keine Rolle. Der Gewinn ist eine auskömmliche, gesunde Ernährung und eine schonende Bearbeitung des Bodens.

Bedingungsloses Grundeinkommen gegen Armut: Seit 2017 erhalten 20.500 Einwohner in 124 Dörfern Kenias, Kinder eingeschlossen, jeden Monat ein Grundeinkommen von 22 Dollar – hier liegt die Armutsgrenze in Kenia. Das Geld stammt von der US-amerikanischen Hilfsorganisation *Give Directly*. Es wird über ein Handy-basiertes Zahlungssystem direkt an die Menschen ausgezahlt – ohne Vermittlung durch Banken und Staat. *Give Directly* will zehn Jahre lang erproben, ob ein Grundeinkommen die Armut nachhaltig vermindern kann. Nach ersten Untersuchungen durch das Massachusetts Institute of Technology (MIT) sind die Ergebnisse vielversprechend. Caroline Teti, der Leiterin des Projekts, räumt zwar ein, dass ein Grundeinkommen nicht alle Probleme löst: »Wer vorher schon viel Alkohol getrunken hat, tut es auch jetzt«. Andererseits »wurden in den Dörfern kleine Läden und Handwerksbetriebe eröffnet, manche Familien sparen auf ein Stück Land oder auf eine Kuh«, sagt Caroline Teti. Die Ernährungslage habe sich verbessert, die Kleinkriminalität sei zurückgegangen. Vor allem die Frauen hätten an Selbstbewusstsein gewonnen, schreibt Caroline Teti. Und: »Da das Grundeinkommen auch an Kinder gezahlt wird, stärkt es den familiären Zusammenhalt«. Schlussfolgerung: Wer weltweit Armut bekämpfen will, muss in die Armen investieren.

Gemeinsam ist all diesen Alternativen zum Kapitalismus, dass sie sich bestimmten Prinzipien der kapitalistischen Logik entziehen. Das gilt für eine genossenschaftliche Eigentümerstruktur ebenso wie für den Verzicht auf maximalen Gewinn oder den Versuch, Lebensmittel nicht über den freien Markt zu verteilen. Dies gilt auch für ein Grundeinkommen gegen Armut, das ohne Gegenleistung gewährt wird. In Deutschland wächst die Zahl solcher Projekte und Unternehmen. Es gibt etwa 500 solidarische Landwirtschaften und rund 1500 gemeinwohlorientierte Unternehmen, die die Grundlagen des Kapitalismus für sich verändern – und dies oft mit einer Gemeinwohlbilanz dokumentieren. Dennoch sind solche Projekte Inseln in einem Meer von 3,5 Millionen Betriebe. Die Frage für die Zukunft wird sein, was aus diesen Inseln für die Veränderung des Festlandes gelernt werden kann.

Die Inseln, das Festland und das System

Eines zeigen die Inseln der Veränderung schon heute: Große Schritte zu mehr sozialer Gerechtigkeit, einer gerechteren Vermögens-Verteilung oder auch zu einer gemeinwohlorientierten Geschäftspolitik sind möglich, ohne die Strukturen des Kapitalismus anzutasten. Es gibt Länder, die über eine höhere Besteuerung von Vermögen und Spitzeneinkommen eine deutlich gerechtere Verteilung des Geldes erreichen als Deutschland. Eine globale Vermögenssteuer könnte die Armen der Welt mit einem Grundeinkommen absichern. Länder wie Österreich, die Niederlande oder auch Schweden haben durch den Ausbau des Sozialstaates ein wesentlich gerechter finanziertes Renten- und Gesundheitssystem aufgebaut als die USA, Großbritannien oder auch Deutschland. Mit neuen Regeln und Gesetzen innerhalb des Systems wäre es möglich, Großkonzerne und Finanzinvestoren aus der Daseinsvorsorge herauszuhalten – oder etwa Unternehmen, die jährlich eine Gemeinwohlbilanz erstellen, mit einem Steuerbonus zu fördern.

Während mehr Gerechtigkeit auch im Rahmen des Kapitalismus erreicht werden kann, stoßen Schritte zu einer wirklich nachhaltigen Wirtschaftsweise, die die Treibhausemissionen und die Ausbeutung von Rohstoffen auf ein Minimum reduziert, an die Grenzen des Wirtschaftssystems. Klar: Steigende CO_2-Preise, sozial abgefedert durch ein Klimageld, oder Schritte zu einer Kreislaufwirtschaft, können Wirtschaft und Konsum auch heute schon nachhaltiger machen. Eine dauerhaft nachhaltige Wirtschafts- und Konsumweise, die die planetarischen Grenzen respektiert, wird jedoch nur erreicht, wenn dem Expansionsdrang des Konkurrenz- und Rendite-Kapitalismus Grenzen gesetzt werden.

Statt Wachstum braucht es in den reichen Industriestaaten ein Gleichgewicht aus Mehr und Weniger: Mehr braucht es von erneuerbaren Technologien, grüner Industrie, Bahnen und Bussen, Investitionen in Schulen, Kitas, Pflege, Gesundheit und Wohnen oder auch in eine nachhaltige Landwirtschaft und in den Naturschutz. Dem sollte ein Weniger an Straßen, Autos, Flugzeugen, graue Industrie, Pestizide auf den Feldern, Vieh in den Massenställen sowie ein Weniger an Finanzspekulation und Flächenfraß gegenüberstehen.

Dieses Gleichgewicht zwischen Wachsen und Schrumpfen ist mit den »Gesetzen« des expansiven, insbesondere vom (Finanz-)Markt angetriebenen Kapitalismus nicht vereinbar. Es erfordert den Umbau von Strukturen, staatliche Regulierung und Rahmenplanung. Da ein geringes Wachstum viel geringere Verteilungsspielräume übrig lässt, können solche Veränderungen nur gerecht gestaltet werden, wenn der vorhandene Reichtum gerechter verteilt wird. Planung statt Markt, Koordination statt Konkurrenz, Grenzen für Wachstum und Rendite sowie eine gerechtere Verteilung von Eigentum, Einkommen und Vermögen – diese Ziele weisen jedoch über die gegenwärtigen Strukturen des Kapitalismus hinaus.

Vor diesem Hintergrund muss die zukunftsgerechte Reformation der Wirtschaft auf Alternativen im Kapitalismus und auf Alternativen zum Kapitalismus gleichermaßen setzen. Denn nur wenn deutlich mehr Gerechtigkeit herrscht, können Veränderungsprozesse radikalisiert und auch die Triebkräfte des Kapitalismus in Frage gestellt werden.

Impulse für Gesprächsgruppen

1. An welchen Phänomenen macht Kessler deutlich, dass die Grenzen des globalen Kapitalismus erreicht sind?
2. Warum findet keine offene Diskussion über Grenzen des Wachstums statt?
3. Der Autor spricht von Inseln der Veränderung innerhalb des kapitalistischen Wirtschaftssystems. Warum erhalten selbst Alternativen innerhalb des Kapitalismus wie eine Bürgerversicherung oder eine Vermögenssteuer keine Mehrheit in der Bevölkerung?
4. An welchen Stellen müssen nach Meinung des Autors die Grenzen des Kapitalismus überschritten werden, um eine lebensdienliche Wirtschaft zu ermöglichen? Wie einleuchtend erscheinen Ihnen die Reformideen Kesslers?
5. Warum können Kirchen und Gemeinden zu den erwähnten Problemen nicht schweigen und wo sehen Sie Berührungspunkte zu den Inhalten des christlichen Glaubens?

Kapitel 7
Zukunftsfähiges Wirtschaften – Die Ethik der Gemeinwohl-Ökonomie

Wilfried Knorr

*Jahrgang 1958, Diplom-Pädagoge. 18 Jahre Direktor in der Diakonie Herzogsägmühle und Vorstandsmitglied in der Diakonie München und Oberbayern, jetzt pensioniert. Einer der Sprecher*innen der Gemeinwohl-Ökonomie. Prädikant in der bayerischen evangelischen Kirche, Vater dreier Söhne, Kabarettist und Motorradfahrer.*

Die Ausgangssituation – eine Bestandsaufnahme

Es gibt sehr unterschiedliche Einschätzungen zur derzeitigen Situation der Menschheit auf dem Planeten Erde, pessimistisch-kritische und hoffnungsvolle. Die eigene Sichtweise wird geprägt vom erreichten Lebensstandard, von der eigenen Gesundheit, von der allgemeinen Sicherheit im Lebensraum, von Erfahrungen in der eigenen Biographie und der Biographien der Menschen, die einem wichtig sind. Beeinflusst wird die Bewertung zudem von den Nachrichten und Medien, die ich wahrnehme, wichtig und glaubwürdig finde. Aus dieser individuellen Erfahrungswelt resultiert dann auch, in welchem Maß ich mich für eine gerechtere, gesündere, enkeltaugliche Welt einsetze, ob ich resigniere (weil ohnehin alles verloren ist), ob ich bestehende Systeme verteidige und jede Annahme, es seien grundsätzliche Umsteuerungen notwendig, bekämpfe oder ob ich radikale politische Positionen einnehme, auch unter Einbezug von Gewaltbereitschaft, um endlich alle Menschen zum Aufwachen zu bringen und den Untergang der Welt in der letzten Minute (oder in der »letzten Generation«) doch noch zu verhindern. Sehr viele der aktuellen gesellschaftlichen Streitthemen sind durch solche unterschiedlichen Einschätzungen der aktuellen Situation und durch konträre Bewertungen der Entwicklungen auf dem Globus gekennzeichnet – der Klimawandel wird bestritten oder dramatisiert, die Fluchtbewegungen werden als bedrohlich empfunden oder im Gegenteil als absolut erforderlich für die gesamte Arbeitswelt angesehen, der Kapitalismus gilt den Einen als Garant des Wohlstands und der Vollbeschäftigung und den Anderen als Quelle allen Übels und als Katastrophentreiber.[1]

Es scheint fast unmöglich zu sein, angesichts der Komplexität dieser Themen, angesichts der Kakophonie der als Wahrheit verkauften Informationen und angesichts der Heftigkeit des geführten Diskurses (sofern er überhaupt noch stattfindet und nicht über weite Strecken dem Verharren in der eigenen Filterblase gewichen ist) eine fundierte, ethisch verantwortbare Sicht auf das Bestehende und auf das für die Zukunft Notwendige zu entwickeln. Die Leserschaft dieses Buches wird tendenziell eher der Annahme zuneigen, dass ein einfaches »Weiter so« unseres Wirtschaftens nicht klug ist. Wer über Transformation und Reformationen des Bestehenden nachdenkt, wird selten alle Notwendigkeit dieses Prozesses rundweg bestreiten. Er wird sich allenfalls in den Streit begeben, welcher Weg zur Verbesserung der Weltsituation angezeigt ist, welche Maßnahmen dringlicher sind und priorisiert werden müssen und welche politischen Entscheidungen unbedingt zeitnah herbeizuführen sind. In diesem Teil der Bevölkerung soll der vorliegende Beitrag Resonanz finden, Motivation für den Sinn eigenen Engagements stärken und eine Orientierungshilfe für die Ausgestaltung eines zukunftsfähigen Wirtschafts- und Gesellschaftssystems bieten. Wir Vertreter*innen der Gemeinwohl-Ökonomie sind davon überzeugt, dass dieser Ansatz das derzeit umfassendste Konzept zu einer Weiterentwicklung der Sozialen Marktwirtschaft zu einer zukunftsfähigen, gerechteren, ethisch verantworteten und dem Menschen dienenden Idee des Zusammenlebens bietet – unter Achtung der planetaren Grenzen.

1 Interessant dazu der Vergleich: Rosling, Hans. *Factfulness. Wie wir lernen, die Welt so zu sehen, wie sie wirklich ist.* Berlin: Ullstein, 2018; OXFAM, Ungleichheitsbericht (jährlich, zuletzt 2024), online über www.oxfam.de.

Welche Aussagen zur Beschreibung der derzeitigen Gesamtsituation des Wirtschaftens die Verfechter der Gemeinwohl-Ökonomie für relevant und zutreffend halten, wird anhand folgender Punkte deutlich werden: Trotz unbestreitbarer Fortschritte bei der Bekämpfung der extremen globalen Armut gelingt es derzeit nicht, die fast unvorstellbar große Ungleichheit im Blick auf das verfügbare Einkommen der Menschen zu verringern. Im Gegenteil: diese Ungleichheit nimmt exponentiell zu. 1,1 % der Weltbevölkerung verfügen über 48 % des Vermögens, die ärmere Hälfte der Menschen verfügen über 1,2 % des Vermögens.[2] Ein Viertel der Weltbevölkerung verfügt nicht über sicheren Zugang zu frischem Trinkwasser.[3] Die Oberflächentemperatur der Weltmeere ist in den letzten 20 Jahren exponentiell angestiegen.[4] Zahlreiche Untersuchungen renommierter Institute belegen eine bedrohlich erscheinende Veränderung des Weltklimas, mit gravierenden Folgen insbesondere für ärmere Länder der Südhalbkugel. Der Welterschöpfungstag (der Tag im Jahresverlauf, an dem die natürlichen Ressourcen der Erde – bezogen auf das jeweilige Land – ausgeschöpft sind) war in Deutschland 2024 am 4. Mai, er rückt jährlich um fast einen Tag nach vorne.[5] Die weltweite Biodiversität ist bedroht, das Artensterben beschleunigt sich.[6]

Der Zusammenhang zwischen Reichtum und Klimawandel

Bislang noch weniger Beachtung findet der unmittelbar nachweisbare Zusammenhang zwischen der Ungleichheit im Blick auf die Verfügbarkeit materieller Güter und dem ökologischen Fußabdruck, der von nahezu allen seriösen wissenschaftlichen Quellen als ursächlich für den

2 Quelle: OXFAM, Ungleichheitsbericht 2024 und www.statista.de.
3 UN-Wasserbericht 2020.
4 Vgl. Die ZEIT, 20.09.2023.
5 https://overshoot.footprintnetwork.org/newsroom/country-overshoot-days/.
6 https://www.europarl.europa.eu/topics/de/article/20200109STO69929/verlust-der-biodiversitat-ursachen-und-folgenschwere-auswirkungen.

Klimawandel angesehen wird. Im OXFAM-Bericht 2021 wurde jedoch erstmals anschaulich ausgeführt, dass die reichsten 10% der Weltbevölkerung für knapp 50% aller Konsumemissionen verantwortlich sind, während die ärmere Hälfte der Menschheit nur 10% der Emissionen verantwortet. Plakativ gesagt: Der Klimawandel trifft die, die ihn am wenigsten zu verantworten haben, am stärksten – und der Planet Erde kann sich Superreiche nicht leisten. Daraus folgert aber auch: Eine Umsteuerung zur Begrenzung der Erderwärmung wird nicht ausreichen, um die globalen ökologischen Probleme zu lösen – es bedarf auch einer Umsteuerung im ökonomischen Bereich. Ein Wirtschaftssystem, das die Reichen reicher und die Armen ärmer macht, ist nicht länger tolerierbar. Die kapitalistische Doktrin, die auf Mehrung von Konsumgütern und permanentes Wachstum setzt, ist nicht zukunftsfähig. Und klar geworden dürfte in 75 Jahren »sozialer Marktwirtschaft« auch: Die Mechanismen des Marktes regeln die skizzierten Probleme nicht!

Der Ansatz der Gemeinwohl-Ökonomie – eine Reintegration ökonomischer und ökologischer Überlegungen[7]

Aus der oben ausgeführten Analyse der Ausgangssituation folgt in zwingender Logik, dass es einer neuen Wirtschaftsethik bedarf, die die Grundlage für nachhaltiges, gerechtes Ausgestalten der Lebensgrundlagen aller Menschen auf dem Planeten bildet – innerhalb der planetaren Grenzen. Das klingt wie eine fast unlösbare Mammutaufgabe; schon die Formulierung der Herausforderung lässt viele Menschen, die politische und gesellschaftliche Verantwortung tragen, aufstöhnen und lässt ihren Gestaltungswillen erlahmen. »Was können wir einzelne kleine Menschen denn schon tun, im Blick auf globale Zusammenhänge? Und was kann selbst das kleine Land Deutschland tun, wenn doch mehr als 98%

7 Der Begriff der »Reintegration« ist dem wichtigen Beitrag von Scharmer, C. Otto entlehnt: *Theorie U – von der Zukunft her führen.* Heidelberg: Carl Auer, 2009. Eine sehr gute Ausarbeitung dazu: https://www.carl-auer.de/media/carl-auer/sample/LP/978-3-8497-0274-8.pdf.

der Weltemissionen in anderen Ländern entstehen?«[8] Solche und ähnliche Einwände werden oft formuliert, wenn sich die Debatte um die strategische Ausrichtung eines neuen Wirtschaftens dreht. Neben der lähmenden Analyse, dass die Herausforderungen größer seien als die eigenen Möglichkeiten, steht der radikalen Umsteuerung auch der Wirtschafts- und Politikapparat in sich häufig im Wege; denn wo Manager vor allem von Quartalszahlen abhängig sind und Politiker in Wahlperioden denken, sind erforderliche langfristig wirksame und womöglich Einschränkungen mit sich bringende Entscheidungen nicht »sexy«[9]. Mit dem Konzept der Gemeinwohl-Ökonomie wird auf allen skizzierten Ebenen der Herausforderungen ein überzeugender Antwortversuch vorgelegt: Es ermöglicht dem Individuum, ethisch zu konsumieren, es ermöglicht Unternehmen, die Unternehmensentwicklung nachhaltig und ethisch verantwortlich zu steuern, es ermöglicht Kommunen und nationalen Parlamenten, politisch vernünftige Entscheidungen zu treffen und die Menschen dabei »mitzunehmen«, es ermöglicht im Ergebnis einen gerechten Welthandel,[10] und schließlich führt es zu einer größeren globalen Gerechtigkeit und könnte damit einen herausragenden Beitrag zur Erreichung der global *sustainable developments* leisten, wie sie die UN 2015 verpflichtend beschlossen hat.[11]

Gemeinwohl-Ökonomie – wie geht das?

Die Gemeinwohl-Ökonomie (GWÖ) entstand aus den Überlegungen von Christian Felber (Publizist und Mitgründer von Attac Österreich) zusammen mit österreichischen Unternehmerinnen und Unternehmern, die ein Alternativmodell zum globalen Kapitalismus entwickel-

8 https://de.statista.com/statistik/daten/studie/179260/umfrage/die-zehn-groessten-co2-emittenten-weltweit/.
9 Vgl. zum Beispiel die innerdeutsche Debatte um ein Heizungsgesetz.
10 https://ethischerwelthandel.info/.
11 https://sdgs.un.org/goals.

ten, ohne dabei die sozialistisch-kapitalistischen Muster zu benutzen. Die Theorie formuliert zunächst vier grundlegende Werte, zu deren Achtung und konkreter Umsetzung sich alle Akteure im gesellschaftlichen Raum verpflichten sollen: **Menschenwürde, Solidarität und Gerechtigkeit, ökologische Nachhaltigkeit und Transparenz/Mitentscheidung**. Auf dieser Wertebasis baut das gesamte Theoriegebäude auf. Ohne Achtung der Menschenwürde[12] gibt es kein akzeptables humanes Leben; ohne größtmögliche soziale Gerechtigkeit kann kein Gemeinwesen für alle Menschen gute Lebensbedingungen ermöglichen; ohne Achtung der ökologischen Nachhaltigkeit unter Einhaltung der planetaren Grenzen, einschließlich Tierschutz, Erhalt der Artenvielfalt, Schutz der Böden und der Atmosphäre, ist das Wirtschaften langfristig immer schädlich; und ohne Mitentscheidung der Menschen an sie betreffenden Entscheidungen ist eine demokratisch legitimierte Regierungsform nicht vorstellbar.

Diese vier Grundwerte werden nun mit den fünf Berührungsgruppen in Beziehung gesetzt, die in jedem Unternehmen anzutreffen sind: Lieferant*innen, Kapitalgeber/Eigentümer, Mitarbeitende, Kundinnen und Kunden sowie das gesellschaftliche Umfeld. Aus dieser Zusammenfügung von vier Werten (1–4) und fünf Berührungsgruppen (A–E) entstehen die 20 Felder des Herzstücks der GWÖ, der Gemeinwohlökonomie.[13]

Zu jedem Feld der Matrix wurden Fragen entwickelt, deren Beantwortung im Gemeinwohl-Bericht durch die Unternehmen selbst erfolgt. So wird zum Beispiel in A1 (Menschenwürde in der Zulieferkette) untersucht, ob es in der Lieferkette Kinderarbeit gibt, ob menschenwürdige Produktionsbedingungen überall entlang der Wertschöpfungskette vorhanden sind, ob sichere und gesunde Produktionsbedingungen bestätigt werden können.

---

12 Übereinstimmung mit dem Grundgesetz: »Die Würde des Menschen ist unantastbar!«

13 https://germany.ecogood.org/tools/gemeinwohl-matrix/.

Wert / Berührungsgruppe	MENSCHENWÜRDE	SOLIDARITÄT UND GERECHTIGKEIT	ÖKOLOGISCHE NACHHALTIGKEIT	TRANSPARENZ UND MITENTSCHEIDUNG
A: LIEFERANT*INNEN	**A1** Menschenwürde in der Zulieferkette	**A2** Solidarität und Gerechtigkeit in der Zulieferkette	**A3** Ökologische Nachhaltigkeit in der Zulieferkette	**A4** Transparenz und Mitentscheidung in der Zulieferkette
B: EIGENTÜMER*INNEN & FINANZPARTNER*INNEN	**B1** Ethische Haltung im Umgang mit Geld- mitteln	**B2** Soziale Haltung im Umgang mit Geldmitteln	**B3** Sozial-ökologische Investitionen und Mittelverwendung	**B4** Eigentum und Mitentscheidung
C: MITARBEITENDE	**C1** Menschenwürde am Arbeitsplatz	**C2** Ausgestaltung der Arbeitsverträge	**C3** Förderung des ökologischen Verhaltens der Mitarbeitenden	**C4** Innerbetriebliche Mitentscheidung und Transparenz
D: KUND*INNEN & MITUNTERNEHMEN	**D1** Ethische Kund*innenbeziehungen	**D2** Kooperation und Solidarität mit Mitunternehmen	**D3** Ökologische Auswirkung durch Nutzung und Entsorgung von Produkten und Dienstleistungen	**D4** Kund*innen-Mitwirkung und Produkttransparenz
E: GESELLSCHAFTLICHES UMFELD	**E1** Sinn und gesellschaftliche Wirkung der Produkte und Dienstleistungen	**E2** Beitrag zum Gemeinwesen	**E3** Reduktion ökologischer Auswirkungen	**E4** Transparenz und gesellschaftliche Mitentscheidung

Tabelle 1: Gemeinwohl Matrix 5.0 der Gemeinwohl-Ökonomie. Gemeinfrei verfügbar über: www.ecogood.org

Bei der Verbindung von »sozialer Gerechtigkeit« und »Mitarbeitende« (Matrixfeld C2) wird nach den Arbeitsverträgen gefragt, nach etwaigen Unterschieden in der Bezahlung von Frauen und Männern und nach der innerbetrieblichen Einkommensspreizung. Im Matrixfeld E 3 (Ökologische Nachhaltigkeit und gesellschaftliches Umfeld) werden die Emissionen des Unternehmens bzw. seine Anstrengungen zur Vermeidung unnötiger Umweltbelastungen untersucht.

Jedes Matrixfeld wird zunächst mittels Selbsteinschätzung bewertet; es entstehen Punktwerte, abgestuft von »Basislinie« (dies entspricht lediglich der Einhaltung gesetzlicher Bestimmungen), »erste Schritte«, »Fortgeschritten«, »Erfahren« bis hin zu »Vorbildlich«. Der auf diese Weise entstandene bewertete Gemeinwohlbericht wird dann vom Unternehmen zur Bilanzierung eingereicht; das Bilanz-Audit wird von ausgebildeten Gemeinwohl-Auditoren vorgenommen, die die Selbsteinschätzung des Unternehmens überprüfen und schließlich in der Gemeinwohl-Bilanz eine Bilanzsumme festlegen, die im Testat bestätigt wird. Das Unternehmen ist verpflichtet, die Gemeinwohl-Bilanz zu veröffentlichen, so dass Kundinnen und Kunden auch danach ihre Konsument*innen-Entscheidungen treffen können – ethisch verantwortetes Konsumieren ist das Ziel, das auf diesem Weg realisiert werden kann.

Die Gemeinwohl-Bilanz soll neben die Finanzbilanz treten; diese ist derzeit entscheidend für den Zugang eines Unternehmens zum Kapitalmarkt (gutes Bankenranking aufgrund guter Finanzbilanzen führt zu niedrigen Zinsen bei der Kapitalaufnahme). Politisches Ziel der GWÖ ist, dass künftig die Gemeinwohl-Bilanz die Grundlage für das Bankenranking bildet. Ebenso kann die Besteuerung des Unternehmens von der Gemeinwohl-Bilanz abhängig gemacht werden, und es können Vorteile bei der Vergabe öffentlicher Aufträge entstehen. All dies sind Beispiele für eine Umsteuerung des kapitalistischen hin zu einem gemeinwohlorientierten und damit zukunftsfähigen Wirtschaftssystem.

Die Wirkung der Gemeinwohl-Bilanz in einem Unternehmen der Diakonie

Nach den Erfahrungen der bilanzierten Unternehmen sind die Wirkungen der Überprüfung aller Prozesse im Unternehmen mittels der Systematik der GWÖ auf den unterschiedlichsten Ebenen beschreibbar:

Zum Ersten werden Schwachstellen aufgedeckt und Alternativen entdeckt, zum Zweiten werden Mitarbeitende gewonnen und gehalten, zum Dritten führt das System zur Vernetzung mit anderen Unternehmen und mit den engagierten Nachhaltigkeitsmanager*innen im Land und zum Vierten ist das Instrument in der Öffentlichkeit sehr gut vermittelbar. Für alle vier Ebenen gebe ich im Folgenden kurze Beispiele:

In der Diakonie Herzogsägmühle, einem relativ großen Komplexträger für nahezu alle Felder sozialer Arbeit,[14] gibt es eine Metzgerei. Eines ihrer Produkte, der Leberkäse, genießt einen hervorragenden Ruf in der Region. Die Leberkässemmel ist eine der beliebtesten Brotzeitkomponenten. Jahrelang wurde die warme Semmel in Alufolie verpackt; die Folie existierte zumeist nur für wenige Sekunden, die Kunden kauften, bezahlten und packten die Semmel am Ausgang aus, wo die Alufolie in den Abfalleimer wanderte. Diese Fehlsteuerung von Ressourcen war niemandem wirklich aufgefallen; Anstoß an dieser Praxis nahmen wir erst, als wir mittels der Systematik der GWÖ über Reduzierung ökologischer Auswirkungen nachdachten. Die Umstellung auf fettdichte, recyclebare Papiertüten war dann nur ein kleiner Schritt.

Auf eine größere Wirkung zielt die Umstellung der gesamten Energieversorgung im Ort: Die Fernwärmeleitung wird von zwei Blockheizkraftwerken befeuert, die aber gasbetrieben sind. Fossile Energieträger sind in der Zukunft aber eher kontraproduktiv. Die zunächst erwogene Umstellung auf Hackschnitzel brachte im Verlauf der Planungen der Ingenieurbüros weitere Probleme zu Tage. Die Menge der benötigten Hackschnitzel ließe sich nicht nur durch regionale Produktion decken, der LKW-Verkehr im Ort nähme zu, hohe Kamine sind für das Ortsbild

---

14 www.herzogsaegmuehle.de.

nicht eben zuträglich. Eine neue Lösung zeichnet sich jetzt ab, die noch dazu CO_2-neutral wäre: Aus dem am Grundstück von Herzogsägmühle vorbeifließenden Lech soll Wasser entnommen werden. Aus dem Lechwasser wird Wärme entnommen und mittels überdimensionaler Wärmepumpen das Fernwärmenetz betrieben. Den Strom für diese Pumpe soll eine Agri-Photovoltaik-Anlage liefern, unter den Solarmodulen können die Angusrinder weiter frei weiden. Der Lech wird auf diesem Weg zudem noch gekühlt, was für das Gewässer lebenswichtig ist.

Dies waren zwei Beispiele für das Aufdecken von Schwachstellen und die Entdeckung von Alternativen. Die Beispielliste ließe sich beliebig verlängern, nicht nur im Blick auf Ökologie, sondern auch z.B. im Blick auf Transparenz/Mitentscheidung.

Auf der zweiten Ebene steht die Wirkung der Bilanzierung auf Mitarbeitende. Dabei überraschte uns vor allem die Erfahrung, wie affin die Führungskräfte der zweiten und dritten Ebene (ganz überwiegend Menschen zwischen 35 und 45 Jahren, alle mit Personalverantwortung) zu den vier Werten der GWÖ waren. Es gab niemanden, der einen der vier Werte für entbehrlich hielt! Während in der Diakonie noch in den 60er Jahren des letzten Jahrhunderts das Evangelium die sinnstiftende Funktion eines gemeinsam geteilten Wertegerüstes übernahm (»Was wir hier tun, ist Nachfolge Christi, ist Gottesdienst«), traten jetzt im säkularisierteren Sozialunternehmen die Werte Menschenwürde, soziale Gerechtigkeit, ökologische Nachhaltigkeit und Mitentscheidung an diese Stelle. Die Bilanzierung führte so zu einer hohen Bindungskraft der Leistungsträger an das Unternehmen. Und auch in der Personalgewinnung zeigte sich, dass Bewerber*innen den von ihnen wahrgenommenen »Blick über den Horizont« des künftigen Arbeitgebers sehr wertschätzen.

Auf der dritten Ebene steht die »Zugehörigkeit zu einer größeren Geschichte«[15]; mit dem Engagement für die Bewegung der Gemein-

15 Die Glücksforschung untersucht, welche Rahmenbedingungen ganz grundsätzlich erfüllt sein müssen, damit Menschen sich glücklich fühlen können. Neben dem »rechten Maß der Beanspruchung« zählt die »Zugehörigkeit zu einer größeren Geschichte« zu den Hauptmerkmalen.

wohl-Ökonomie kommt automatisch ein Schulterschluss mit anderen in den Sozialräumen engagierten Nachhaltigkeitsaktivisten zustande. Die GWÖ als Bewegung organisiert sich in Regionalgruppen und Vereinen; die hier organisierten Veranstaltungen und Kongresse wurden als außerordentlich bereichernd erlebt. Zudem entstanden in den letzten Jahren auch in anderen Sozialunternehmen der Diakonie und der Caritas ähnliche Bestrebungen, das Thema Nachhaltigkeit wirksamer in die Unternehmensstrategien einzubinden. Das entstandene »Nachhaltigkeitsnetzwerk Caritas-Diakonie« und der Arbeitskreis »Kirchen und kirchliche Organisationen in der GWÖ« sind Ausdruck dieser wertvollen Vernetzungsarbeit.

Schließlich erwies sich die Bilanzierung als sehr gut vermittelbar in der Öffentlichkeitsarbeit. Presseorgane wie das evangelische Sonntagsblatt oder die Süddeutsche Zeitung besuchten die Herzogsägmühle, das Bayerische Fernsehen berichtete ebenfalls, und es gab bemerkenswerterweise keinerlei negative Resonanz. Die sonst oft beklagte Glaubwürdigkeitslücke von Kirche und Diakonie, also das Auseinanderklaffen von Reden und Handeln, kann mit der Befassung mit der GWÖ nachhaltig verringert werden.

Die Gemeinwohl-Bilanz taugt nicht nur für Unternehmen!

Es ist angesichts der Zusammensetzung der »Gründungsversammlung« nicht verwunderlich, dass der Fokus in Bezug auf die praktische Umsetzung der GWÖ zunächst auf den Unternehmen lag. Inzwischen ist aber deutlich geworden, dass alle relevanten gesellschaftlichen Akteure und Ebenen sich dazu eignen, die Systematik der GWÖ anzuwenden: Universitäten, politische Gemeinden, Kirchengemeinden, Vereine, politische Parteien – sie alle gehören inzwischen zu den bilanzierten »Unternehmen«. Es ist eine der großen Stärken des GWÖ-Konzeptes, dass seine Anwendbarkeit praktisch unbegrenzt ist. Vom einzelnen Individuum, das sich selbst Rechenschaft über sein Handeln ablegen will,[16] bis hin zu Regierungsprogrammen, die in Koalitionsverträgen beschrieben werden – auf allen Ebenen lässt sich gewinnbringend die Gemeinwohl-Ökonomie implementieren. Politische Kommunen können zum Beispiel beschließen, dass sie eine »Gemeinwohl-Kommune« werden wollen, mit allen Konsequenzen für die Beschaffungsprozesse, die Umsteuerung der Mobilität und die Anpassung der öffentlichen Aufträge mit stärkerer Berücksichtigung von Nachhaltigkeitsaspekten in Ausschreibungen. Universitäten können Lehrstühle für alternatives Wirtschaften einrichten und die Forschung zu förderlichen Rahmenbedingungen für eine dem Gemeinwohl dienende Wirtschaft voranbringen. Kirchengemeinden können eine Glaubwürdigkeitslücke zwischen dem eigenen Reden und Handeln schließen. Selbst Sportvereine haben sich erfolgreich dem Ansatz der GWÖ gestellt – so ist z.B. der FC St. Pauli ein bilanzierter Verein.[17]

Auch die Frage, mit welchem Instrumentarium der Wohlstand eines Landes gemessen werden kann, erhält durch das Konzept der GWÖ eine neue, zukunftsweisende Dimension: Die bisherige zentrale Kennzahl des Bruttoinlandsprodukts (BIP) steht seit längerem (aus Sicht der GWÖ zu Recht!) in der Kritik. Das BIP unterscheidet nicht im Mindesten zwischen »sinnvollen« und »sinnlosen« Geldflüssen; es gibt keinerlei Auskunft über den gesellschaftlichen Nutzen, den der bewegte Euro ausgelöst hat. Es blendet zudem außerordentlich große und wichtige gesellschaftliche Felder wie zum Beispiel den gesamten Bereich der häuslichen Pflege völlig aus – alles, was ehrenamtliche Arbeit ausmacht, wird vom BIP nicht erfasst. Viel sinnvoller und aussagekräftiger würde ein Messinstrument werden, wenn es den gesellschaftlichen Nutzen, also den Beitrag der Geldbewegung für das gute Leben für Alle, untersuchen würde. Die GWÖ hat mit dem »Gemeinwohl-Produkt« hierzu bereits ein überzeugendes Konzept ausgearbeitet.[18]

---

16 https://selbsttest.ecogood.org/.

17 https://germany.ecogood.org/fc-st-pauli-erster-profi-fussballclub-mit-gemeinwohl-bilanz/.

18 https://germany.ecogood.org/tools/gemeinwohl-produkt/.

Was folgt? Fazit

Der vorliegende Beitrag analysiert zunächst die Ausgangssituation; für diese ist zentral wichtig, dass das Wirtschaften des Menschen die planetaren Grenzen zu achten hat, und dass das globalisierte, kapitalistische System hierzu bisher keinen ausreichend wirksamen Beitrag geleistet hat – ja sogar im Verdacht steht, aufgrund seiner Binnendynamik und Zielsetzungen dazu keinerlei Beitrag leisten zu können. Daraus folgt sachlogisch: Es bedarf der Umsteuerung des Wirtschaftssystems, hin zu einer den Namen wirklich verdienenden sozialen Marktwirtschaft.

Mit dem Konzept der Gemeinwohl-Ökonomie liegt seit etwas mehr als 12 Jahren ein erprobtes und inzwischen von über 1000 Akteuren erprobtes Konzept vor, das »das gute Leben für Alle« (statt die Mehrung des Profits für Wenige) in den Mittelpunkt rückt[19] und anhand von vier zentralen Werten das Handeln von Unternehmen/Kommunen/Vereinen etc. untersucht. Es bedarf dringend der politischen Weichenstellungen: Die Finanzbilanz als Reporting-Instrument von Wirtschaftsunternehmen ist zeitnah zu ergänzen durch die Gemeinwohl-Bilanz. Diese muss künftig den Zugang eines Unternehmens zum Kapitalmarkt, also z.B. die Kreditbedingungen, die Besteuerung des Unternehmens und seinen Zugang zu öffentlichen Aufträgen regeln. Ethisch verantwortetes Wirtschaften muss belohnt werden, unethisches, die Gemeinschaft aller Menschen übermäßig belastendes Wirtschaften, muss Marktnachteile zur Folge haben. Dafür braucht es eine weitsichtigere politische Weichenstellung als dies in den letzten 50 Jahren zu beobachten war.[20] Die Politik darf die Wirtschaft also nicht allein den Marktgesetzen über-

---

19 Vergleiche dazu Artikel 151 der Bayerischen Verfassung von 1946 (!): »Die gesamte wirtschaftliche Tätigkeit dient dem Gemeinwohl, insbesonders der Gewährleistung eines menschenwürdigen Daseins für alle und der allmählichen Erhöhung der Lebenshaltung aller Volksschichten.«

20 Seit dem Bericht des *Club of Rome* 1972 haben wir kein Erkenntnisproblem, sondern ein Umsetzungsproblem, wenn es um ein zukunftsfähiges Wirtschaftssystem geht.

lassen, sondern muss ihre Ordnungsaufgabe wahrnehmen und in den Markt regulierend eingreifen, um das Gemeinwohl zu befördern.

Impulse für Gesprächsgruppen

1. Was meint der Autor, wenn er sagt, die Mechanismen des Marktes würden die weltweiten ökonomischen und ökologischen Probleme nicht lösen?
2. Knorr stellt die Gemeinwohl-Ökonomie als alternatives Modell zur kapitalistischen Wirtschaftsform und zur sozialistischen Planwirtschaft vor. Was sind die Ziele der Gemeinwohl-Ökonomie und welche Werte liegen ihr zugrunde?
3. Welche Anreize könnte die Politik setzen, damit mehr Unternehmen auf eine Gemeinwohl-Bilanz umstellen?
4. Wie beurteilen Sie das vorgestellte Gemeinwohl-Modell?
5. Wie könnten Kirchen und Gemeinden dazu beitragen, eine am Gemeinwohl orientierte Wirtschaft voranzubringen?

Kapitel 8
Brauchen wir eine Gemeinwohl-Ökonomie in möglichst vielen Unternehmen?

Antje von Dewitz und *Wolfgang Kessler*

Für mehr als 1000 Unternehmen sind gerechte Löhne, humane Arbeitsbedingungen, eine nachhaltige Produktionsweise und faire Lieferketten ebenso wichtig wie Gewinne. Welche Erfahrungen haben sie damit? Wie können mehr Unternehmen für eine Gemeinwohl-Ökonomie motiviert werden? Wie kann die Politik diese Vision fördern?
Darüber sprach Anfang März 2024 der Wirtschaftsjournalist und langjährige Chefredakteur der Zeitschrift Publik-Forum, Wolfgang Kessler, mit Antje von Dewitz, Geschäftsführerin der Outdoormarke VAUDE. Das Gespräch fand im *Haus am Dom* im Rahmen der Veranstaltungsreihe Kesslers Wirtschaft statt, die in Zusammenarbeit von der katholischen Akademie mit der katholischen Erwachsenenbildung in Frankfurt durchgeführt wird. Wir drucken hier ein von den Herausgebern gekürztes und redigiertes Transkript mit freundlicher Genehmigung.

WK: Die Mehrheit der Menschen in Deutschland ist sich durchaus bewusst, dass das gegenwärtige Modell von Wachsen, Wirtschaften und Konsumieren nicht mehr tragfähig ist. Aber auf der anderen Seite ist ein Wirtschaftsmodell, das anderen Grundsätzen folgt, noch nicht so deutlich und greifbar für viele. Was bleibt, ist oft Angst und Unsicherheit.

Heute geht es um ein Konzept, das eine Alternative zum herrschenden Wirtschaften verspricht – obwohl es beim herrschenden Wirtschaften ansetzt. Dieses Konzept ist die Gemeinwohl-Ökonomie.

In der Gemeinwohl-Ökonomie steht nicht der maximale Gewinn für Firmeneigentümer im Mittelpunkt, sondern eine ethische Marktwirtschaft. Sie misst das Handeln von Betrieben an Grundwerten wie Menschenwürde,

Solidarität, Gerechtigkeit, ökologischer Nachhaltigkeit und Mitbestimmung für die Beschäftigten. Der Vordenker dieses Konzepts ist der österreichische Autor und Universitätslektor Christian Felber. Im Rahmen seines Konzepts der Gemeinwohl-Ökonomie sollen Unternehmen Gemeinwohlbilanzen erstellen, die weit mehr bilanzieren als nackte Zahlen. Sie bilanzieren auch, was das Unternehmen zur Achtung der Menschenwürde, zu globaler Solidarität, zu guten Arbeitsbedingungen, zu ökologischer Nachhaltigkeit beiträgt. Und da, und jetzt kommen wir zum Kern, freue ich mich besonders, dass ich die Geschäftsführerin eines Unternehmens begrüßen kann, das zu den Pionieren der Gemeinwohl-Ökonomie gehört. Sie ist seit mehreren Jahren deshalb auch Botschafterin der Gemeinwohl-Ökonomie: Antje von Dewitz.

Frau von Dewitz, seit 1998 bringen Sie sich – in verschiedenen Positionen – beim Outdoor-Unternehmen Vaude ein, das von Ihrem Vater aufgebaut wurde, und Sie sind seit 2009 Geschäftsführerin. Wann haben Sie eigentlich entschieden, dass Ihr Unternehmen anderen Idealen folgen soll als der maximalen Rendite oder als den Idealen konventioneller Unternehmen?

AvD: Das war für mich mehr oder weniger eine Prämisse, das Unternehmen zu übernehmen. Als Kind oder als Jugendliche war das noch nicht mein Ziel. Eigentlich dachte ich eher, dass ich in eine NGO gehe und mich gegen ausbeutende Wirtschaftsunternehmen engagiere. Als ich dann aber durch eine Reihe von Praktika doch für mich erkannt habe, dass mein Traumjob Unternehmerin ist, stand für mich dieser Wunsch fest, so zu wirtschaften, dass wir Teil der Lösung sind, weil mir bewusst war, dass wir als Unternehmen, auch für Probleme mitverantwortlich sind.

Wir sind Teil der globalen Textilindustrie und sie wird mit Recht als »Risiko Branche« bezeichnet, genauso wie etwa die Lebensmittel- und die Baubranche. Sie richten großen Schaden an in allen möglichen planetaren Grenzen.

WK: Sie haben ja Vaude mit Ihrem Team zu einem Pionierunternehmen der Gemeinwohl-Ökonomie gemacht, und Sie sind GWÖ-Botschafterin. Was fasziniert Sie an diesem Konzept?

AvD: Wir haben uns 2009 auf den Weg gemacht, nicht nur nachhaltige Projekte voranzutreiben, sondern das ganze Unternehmen auf eine soziale und ökologische Balance auszurichten, d.h. im Gleichgewicht mit Mensch und Natur zu wirtschaften. Mit dieser Vision haben wir eine anstrengende Transformation begonnen, z.B. die Umstellung aller Materialien und die strikte Einführung von sozialen und ökologischen Standards in den Lieferketten. Es war unglaublich zäh, weil wir das als kleineres, mittelständisches Unternehmen angestoßen haben. Es hat keiner von uns erwartet. Uns wurde immer gesagt: Der Kunde interessiert sich nicht dafür, er bezahlt keinen höheren Preis, es ist zu viel Arbeit und zu komplex. Der Weg, den wir einschlugen, war aber doch nach dem gesunden Menschenverstand, einfach Verantwortung für die Auswirkungen unseres Handelns zu übernehmen. Es ist angesichts des Zustands unseres Planeten irritierend, wie schwer es ist, in diesem Wirtschaftssystem Verantwortung zu übernehmen.

Dann habe ich 2011 Christian Felber kennengelernt und sein Konzept der Gemeinwohl-Ökonomie. Das war für mich der Schlüssel für ein alternatives Wirtschaften. Die Gemeinwohlbilanz, die wir daraufhin erstellt haben, war in der Lage, unser gesamtes Handeln mit seinen Folgen abzubilden. Ich finde es hervorragend für Unternehmen, weil es wie ein Spiegel ist, der einem vorgehalten wird. Diese Bilanz zeigt wie ein 360° Spiegel, inwieweit man tatsächlich seiner Verantwortung nachkommt. Auch in der Verfassung steht nicht, dass die Wirtschaft dem Profit Einzelner dienen soll, im Gegenteil: Die bayerische Verfassung sagt wie viele andere auch ganz deutlich: Die Wirtschaft ist dem Gemeinwohl verpflichtet. Aber das wird nirgendwo abgebildet, sondern Unternehmen werden in unserem Wirtschaftssystem nach finanziellen Zahlen bewertet, ob das jetzt bei der Steuer ist oder bei der Frage von Krediten und Förderungen. Da sind es meistens Finanzkennzahlen, die zählen und nicht der Grad der Verantwortung, den ich übernehme. Das heißt: Ich kann mit Fug und Recht auf Kosten anderer wirtschaften, und es wird nirgends abgebildet.

Dieser Logik steuert die Gemeinwohlbilanz entgegen. Sie ist ein wunderbares Instrument, um diesen Verantwortungsgrad deutlich zu machen.

WK: Es gibt bereits etliche Unternehmen, die mit einer Gemeinwohlbilanz arbeiten. Sie bewertet Unternehmen nach zahlreichen Kriterien wie Wahrung der Menschenwürde in den Zuliefererländern, Arbeitsbedingungen im Betrieb, ökologische Nachhaltigkeit der Produkte, Mitsprache der Mitarbeitenden im Betrieb und gerechte Löhne. Das wird in einer Gemeinwohlbilanz nach einem Punktesystem bewertet.

Wie macht man denn konkret eine solche Gemeinwohlbilanz? Sie haben ein Unternehmen mit 650 Mitarbeiterinnen und Mitarbeitern in Tettnang, mit einem Umsatz von mehr als 100 Millionen Euro. Nun muss man doch, um so eine Bilanz zu erstellen, ständig Diskussionen führen im Unternehmen, z.B. über Fragen wie hoch der Rohstoffverbrauch hier bei uns ist oder wie die Arbeitsbedingungen dort aussehen. Wie läuft das in einem Unternehmen ab? Gibt's da ständig Betriebsversammlungen?

AvD: Hinter der Gemeinwohlbilanz liegen Managementsysteme und professionelles Vorgehen, d.h. wir haben ein professionelles Lieferkettenmanagement mit professionellen Datensammlungen, die in die Bilanz einfließen. Sozialreports in den Lieferketten machen wir beispielsweise gemeinsam mit der unabhängigen Organisation *Fairwear*, die unsere Produktionspartner nach strengen Kriterien kontrolliert und auditiert. Wir erstellen eine weltweite Klimabilanz, auf deren Basis wir unsere Klimastrategie und die Reduzierung unserer CO_2-Emissionen immer weiter vorantreiben. Wir haben an allen Ecken und Enden Managementsysteme, die uns die Zahlen liefern.

Das allermeiste fließt automatisch ein, weil wir Nachhaltigkeit eben nicht als etwas betreiben, bei dem wir aus Marketing-Gründen sozusagen noch ein »Schleifchen herumbinden«, sondern weil Nachhaltigkeit die Grundlage unserer gesamten Geschäftstätigkeit ist. Wir erheben in allen Prozessen systematisch Daten, ob das die Emissionen sind oder die Auditdaten oder der Anteil von rezyklierten Materialien. Wir erheben das über digitale Tools automatisiert und lassen es in die Bilanz einfließen.

Eine wichtige Rolle spielen dabei auch die ethischen Fragestellungen, die dann zu diskutieren sind. Also beispielsweise: Was ist die ideale Größe eines Unternehmens? Dann die Wachstumsfrage: Wo wollen wir eigentlich hinwachsen? Oder wie halten wir es mit den Steuern? Werden die ordentlich in Deutschland bezahlt oder werden sie auf irgendwelche Inseln verschifft? Es unterscheidet die Gemeinwohlbilanz auch deutlich von anderen Nachhaltigkeitsstandards, dass konkrete ethische Fragen gestellt werden, die es zu belegen gilt. Diese ethischen Aspekte werden mitbewertet.

In den allermeisten gängigen Nachhaltigkeitsstandards werden die Berichte nicht mit Punktzahlen bewertet. Das unterscheidet sie von der GWÖ. Der bisher bekannteste internationale Standard ist der *GRI* (global reporting standard). Da beschreibt man rein nach den Kriterien, was man als Unternehmen tut. Das wird dann auch geprüft von einer Wirtschaftsprüfer-Agentur, genauso wie die Gemeinwohlbilanz. Doch bei der Gemeinwohlbilanz steht dann am Ende eine vom Auditor überprüfte Punktzahl, zwischen Minus 3600 und plus 1000. Dadurch könnte man eine solche Bilanz auch wunderbar dafür verwenden, um politische Instrumente darauf anzusetzen: Je negativer die Punktzahl, desto mehr wirtschaftet ein Unternehmen auf Kosten der Gesellschaft und verursacht externe Kosten, z.B. durch Vernichtung von Natur oder Kinderarbeit. Ihnen könnten dann höhere Steuern, Mehrwertsteuern beispielsweise, auferlegt werden als den Unternehmen, die soziale und ökologische Verantwortung wahrnehmen und über eine höhere Punktzahl in der Bilanz nachweisen können.

WK: Sind denn die Mitarbeiterinnen und Mitarbeiter an diesem Prozess beteiligt oder ist das ein Managementprozess?

AvD: Wir haben Nachhaltigkeit ganz breit verankert im Unternehmen. Unsere Mitarbeitenden beachten sie nicht nur separat in einem Prozess zur Erhebung der Gemeinwohlbilanz, sondern sie arbeiten täglich daran, die Dinge nachhaltig zu gestalten. Das heißt: In unserem Produktentwicklungsprozess machen sich die Produktmanager Gedanken, wie sie alle Materialien umstellen auf recycelte und biobasierte, und zwar auf den höchsten Standards. Sie erarbeiten Lösungen, wie Produkte recyclingfähig und reparaturfähig hergestellt werden können. Andere überlegen, wie wir den Fuhrpark umstellen. Die Instandhaltung arbeitet daran, wie am wenigsten Energie verbraucht wird. Also jeder macht sich an seiner Stelle Gedanken darüber, wie in seinem Bereich der größtmögliche soziale und ökologische Nutzen der Tätigkeit erzielt werden kann. So sind alle in die nachhaltige Ausrichtung eingebunden und so fließen die Verbesserungen dann auch in die Bilanz ein.

WK: Was haben Sie durch die GWÖ-Bilanz verändert?

AVD: In der Zwischenzeit haben wir auch Genussscheine eingeführt, mit denen die Angestellten am Erfolg des Unternehmens beteiligt werden.

Ein weiterer Punkt ist die Frage: Werden die Führungskräfte gewählt? Wir haben das zunächst total abwegig gefunden, aber inzwischen hat es sich bei uns als ganz sinnvoll erwiesen, das Team in den Auswahlprozess einzubeziehen. Das ist beispielsweise ein Impuls, der aus der Gemeinwohl-Ökonomie kam, dass wir uns überhaupt mit dem Gedanken beschäftigt haben.

Außerdem haben wir uns intensiv damit beschäftigt, was die ideale Größe unseres Unternehmens ist. Wohin wollen wir wachsen, was ist Wachstum für uns? Die intensive Auseinandersetzung mit der Wachstumsfrage kam sicher auch durch die Gemeinwohlbilanz.

WK: Nun eine Frage zum Umfeld: Wie überlebt man eigentlich – ich übertreibe jetzt ein bisschen – als Unternehmen, dass sich an höheren Idealen messen lassen will, unter Umständen auch höhere Kosten zu tragen bereit ist, aber natürlich in Konkurrenz zu Unternehmen steht, denen es vor allem um den maximalen Gewinn geht? Hat man da nicht automatisch Nachteile, geht man da nicht unter in einem kapitalistischen System?

AvD: Sowohl – als auch. Auf jeden Fall ist es in unserem bisherigen Wirtschaftssystem immer noch so, dass ich benachteiligt bin, wenn ich soziale und ökologische Verantwortung übernehme, weil ich höhere Kosten, einen höheren Aufwand und höhere Risiken habe. Das ist besser geworden dadurch, dass in den fünfzehn Jahren, in denen wir auf diesem konsequenten Weg sind, die Kunden bei der Kaufentscheidung stärker auf Nachhaltigkeit achten und ein höheres Bewusstsein für Nachhaltigkeit entwickelt haben.

Ich bin auch zutiefst überzeugt davon, dass, wer sich jetzt nicht schleunigst auf dem Weg macht und versteht, dass Nachhaltigkeit eine moderne Businessdisziplin ist, die ich mir aneignen muss, langfristig keine Daseinsberechtigung als Unternehmen haben wird. Das ist auch eine Investition in die Zukunft. Nichtsdestotrotz ist der Pionierweg, den wir gehen, schwierig. Wir haben unser ganzes System daraufhin angepasst, dass wir uns diesen Weg auch »leisten« können.

Wir sind bankenfinanziert, d.h. wir mussten von Anfang an Finanzkennzahlen erfüllen und durften dabei auch nicht ein Jahr mal nachlassen. Bei uns hat es dazu geführt, dass wir beispielsweise viel weniger Geld für Marketing ausgeben als unsere Wettbewerber, weil wir das Geld in Nachhaltigkeit stecken, in die Umstellung und die Transformation, dass wir aber auch ganz stark auf Effizienz getrimmt sind, beispielsweise in den Planungswegen.

Normalerweise ist es in der Textilbranche so, dass im nächsten Jahr oder der nächsten Saison ungefähr 20 bis 30% der Kollektion zu Dumpingpreisen verschleudert werden, weil die Kollektion dann als alt oder unmodern gilt. Bei uns sind die Produkte zeitlos und langlebig konzipiert, so dass wir sie in der nächsten Saison nicht zu Schleuderpreisen verkaufen müssen. Das ist nicht nur nachhaltig sinnvoll, sondern tatsächlich auch wirtschaftlich.

Gleichzeitig sind wir als Unternehmen und ich als Person auch sehr politisch geworden in dem Sinn, dass wir uns für Rahmenbedingungen einsetzen, die nachhaltiges Wirtschaften nicht zur Ausnahme machen, sondern regelrecht einfordern, wie zum Beispiel das Lieferkettengesetz. Solche Rahmenbedingungen bewirken, dass Unternehmen in diese Richtung gehen. Dadurch werden Aufwand, Risiko und Kosten dann von mehreren geteilt und es wird gemeinsam mehr erreicht.

WK: Frau von Dewitz, wie ist das für Sie persönlich, wenn sie Geschäftsführer oder Geschäftsführerinnen von Konkurrenten treffen, gelten Sie dann als »Nestbeschmutzerin«, oder werden Sie eher bewundert, weil Sie einen anderen Weg gehen?

AvD: Am Anfang galt ich vielleicht nicht gerade als »Nestbeschmutzerin«, aber ich glaube, wir wurden zum Teil belächelt als Unternehmen. Ich hörte öfters »Es ist doch selbstverständlich die Verantwortung zu übernehmen, darüber spricht man doch gar nicht«. Uns wurde auch manchmal gesagt, wir sprächen zu viel darüber. Aber so nach und nach wurde dann schon klar: okay, das ist was anderes. Wenn man genauer hinschaut, dann ist unser Engagement eben doch etwas völlig anderes als das, was als selbstverständlich gilt. Die meisten Unternehmer haben noch im Kopf: Verantwortung übernehme ich dann, wenn ich meine Arbeitsplätze sichere, wenn ich gute Produkte herstelle und wenn ich meine Steuern zahle. Der Blick war einfach noch nicht so geschärft für die neuen Fragen: Was bewirkt die Produktion meiner Produkte? Wie viele Ressourcen verbrauche ich? Welche Emissionen produziert das? Wie werden die Menschen in Lieferketten behandelt?

Inzwischen ist es schon so, dass wir sehr anerkannt sind in unserer Branche und darüber hinaus. Wir arbeiten auch mit anderen Marken zusammen: Nachhaltigkeit ist ein Teamsport! Es geht nur gemeinsam:

Als Unternehmen allein kann ich wenig ausrichten. Ich brauche auch meine Wettbewerber dafür, dass sie mitmachen, dass sie sich nach den gleichen Standards richten, dass sie auf die Produzenten einwirken, sich umzustellen, dass sie mithelfen bei Klimaprojekten in den Lieferketten und so weiter.

WK: Beim Stichwort Konkurrenzunternehmen denke ich im Outdoorbereich an Patagonia. Dieses Unternehmen hat einmal an einem Black Friday plakatiert – satirisch natürlich – »Kaufen Sie diese Jacke nicht: das nachhaltigste Produkt ist das, was nicht gekauft wird.« Würden Sie so einen Aufruf auch mal starten?

AvD: Nicht genau so. Das wäre für mich nicht ehrlich, weil wir unsere Transformation auch darüber finanziert haben, dass wir stark gewachsen sind. Das muss man deutlich sagen: Wären wir nicht gleichzeitig stark gewachsen, hätten wir die Mehrkosten der Umstellung gar nicht stemmen können. Aber grundsätzlich gehen wir in die gleiche Richtung in dem Sinne, dass wir die Qualität konsequent hochgeschraubt haben, dass wir einen umfassenden Reparaturservice haben und über Online-Plattformen Reparatur-Videos anbieten, damit die Kunden selber reparieren können, dass wir unsere Produkte auch vermieten und dass wir einen *Second Hand Shop* eingeführt haben. Mit diesen Maßnahmen senken wir den Ressourcenverbrauch sowie die Emissionen und verlängern das Leben der Produkte. Letztes Jahr war der *World Overshoot Day* in Deutschland bereits im Mai. Da hatten wir zu diesem Zeitpunkt schon alle Ressourcen verbraucht, die innerhalb von einem Jahr regenerierbar sind. Der einzige Weg ist also, dass wir wegkommen von diesem hohen Ressourcenverbrauch, in dem wir z.B. mehr recycelte oder biobasierte Materialien verwenden, dass wir Kreislaufkonzepte voranbringen wie Textil-Recycling, Second Hand etc. und so z.B. die enormen Altkleidermengen reduzieren.

WK: Im Kleidungsbereich generell, aber im Outdoorbereich besonders, ist eine hohe Qualität gefragt. Da geht es um komplizierte Materialzusammensetzungen, die dafür sorgen sollen, dass die Kleidungsstücke wasserdicht sind oder reißfest für Bergsteigertouren, warm und trotzdem luftdurchlässig und so weiter. Dazu braucht man Chemikalien. Unter den Umweltverbänden ist immer wieder die Rede von »Ewigkeitschemikalien«, die nicht biologisch abbaubar sind, sich in der Natur anreichern und gesundheitsschädlich sind. Die sind wohl auch in Outdoor-Kleidungsstücken vorhanden. Ist das bei ihren Kleidungsstücken auch so? Wie gehen Sie damit um?

AvD: Die Ewigkeitschemikalien, von denen sie sprechen, sind Flurkarbone. Sie sind nicht nur bei Outdoor-Kleidung zu finden. Sie sind überall! In Pizzakartons, auf Teflonpfannen, in Spritzmitteln, die auf Lebensmitteln ausgebracht werden. Da gab es gerade in Österreich einen großen Skandal. Diese Chemikalien sind tatsächlich einfach überall. Bei Outdoor-Bekleidung schützen sie unter anderem den Außenstoff davor, dass er sich mit Wasser oder mit Schmutz vollsaugt. Wir haben uns seit 2010 auf den Weg gemacht, diese Substanzen auszuschleusen, was nicht einfach war, weil wir eigentlich die einzigen waren, die da nach alternativen PFC-freien Lösungen gesucht haben. Mit enormem Entwicklungs- und Testaufwand haben wir es aber mittlerweile seit mehreren Jahren geschafft, die PFCs in unseren Produkten zu eliminieren.

WK: Es ist also möglich, diese Ewigkeitschemikalien zu ersetzen.

AvD: Ja klar, man findet immer Lösungen. Es muss nur der Wille da sein, Lösungen zu finden und nicht gleich zu sagen, ›es geht eh nicht‹. Es braucht dafür immer eine kritische Masse von Nachfragern, ob vom Handel, den Kund*innen, durch andere Wettbewerber oder auch durch eine NGO initiiert. Greenpeace hatte vor Jahren eine Kampagne gegen PFCs gemacht. Diese Substanzen sind dadurch zum ersten Mal in die Öffentlichkeit geraten. Und diese Öffentlichkeitsarbeit hat tatsächlich

Druck ausgeübt, sodass endlich mehr Unternehmen bereit waren, zu reininvestieren und Lösungen auszuprobieren.

Wir handeln generell nach dem Vorsorgeprinzip, das heißt wir handeln bereits freiwillig, wenn es einen Verdacht gibt, dass eine Substanz kritisch ist, selbst wenn es noch keinen ausreichenden Nachweis oder gesetzlichen Vorgaben gibt. Wir handeln präventiv.

WK: Das präventive Handeln wäre ja ein Teil der Nachhaltigkeit. Sie sind auch sehr engagiert beim Umsetzen ihrer Ideale, Menschenwürde, Solidarität und Gerechtigkeit, bei ihren Zulieferern aus dem globalen Süden. Wie schaffen Sie es, dass diese Ideale auch denen zugutekommen? »Jetten« Sie ständig durch die Welt und kontrollieren das? Oder lassen Sie es kontrollieren? Wie schafft man das als mittelständisches Unternehmen?

AvD: Ja, das ist schon aufwändig. Wir sind in engem Austausch mit unseren weltweiten Lieferanten. Dafür haben wir sowohl ein Team in Deutschland als auch in Asien, das vor Ort die Produktionsstätten regelmäßig kontrolliert, aber auch durch Schulungen etc. unterstützt. Dazu gehört auch, dass wir die Produzenten persönlich aussuchen, dass wir sie im Vorfeld überprüfen, dass wir langjährig mit ihnen zusammenarbeiten, denn so eine Zusammenarbeit beruht immer auf einem kontinuierlichen Verbesserungsprozess. Wir sind Mitglied der unabhängigen Multi-Stakeholder Initiative *Fairwear*. Dabei unterwerfen wir uns auch deren Standards, die auf den höchsten sozialen Kriterien von *ILO* (Internationale Arbeitsorganisation) basieren. Nach diesen Kriterien werden alle Produktionsstätten, mit denen wir zusammenarbeiten, plus deren Zulieferer, regelmäßig auditiert.

Dazu gehören auch anonyme Interviews mit Mitarbeitenden vor den Fabriktoren, so dass sie frei sprechen können. Standard ist auch ein anonymer Beschwerdemechanismus, über den sich die Mitarbeiter und Mitarbeiterinnen in der Landessprache beschweren können – die Telefonnummer muss überall aushängen. Zudem gibt es jährlich einen Report, der die Handlungsbedarfe deutlich macht und Verbesserungsmaßnahmen sowohl für den Produzenten als auch für uns als Hersteller, vorschreibt und deren Umsetzung kontrolliert Wir müssen beispielsweise nachweisen: Wie machen wir unseren Job als Marke, die Auftraggeber ist? Tragen wir etwa dazu bei, dass wir Überstunden verursachen, weil wir immer auf den letzten Drücker bestellen? Tragen wir dazu bei, dass Fabriken keine ordentlichen Löhne zahlen können, weil wir alle die Kosten immer weiter drücken. Darum begleiten wir die Produktionsstätten in den fraglichen Punkten, in Schulungsprogrammen, in Weiterbildungsmaßnahmen, in Netzwerken.

Also wir sind da schon sehr engagiert mit einer Mischung aus Begleitung-Kontrolle-Auditierung. Es ist aufwändig, aber das macht auch Sinn. Textilherstellung und Textilindustrie finden zu 90% in Asien statt und überwiegend in Ländern, die prekäre Arbeitsbedingungen haben. Das ist leider so, weil Textilherstellung einen sehr hohen manuellen Anteil erfordert. Je komplexer ein Produkt ist, desto höher ist der manuelle Anteil. Ein solches Produkt in Deutschland herzustellen, ist nicht eine Frage des Verzichts auf ein paar Margenpunkte, sondern die Frage heißt: Bin ich marktfähig oder nicht? Wenn ich beispielsweise den gleichen Rucksack in Deutschland herstelle, kostet er 100 bis 200% mehr, als wenn ich ihn in Asien herstelle. Und das heißt: Ich bin nicht marktfähig.

Wenn man als »Textilit« in Asien produziert, dann geht es darum, wie ich dort für gute Arbeitsbedingungen sorgen kann, also faire Löhne, keine Kinderarbeit, keine Zwangsarbeit, menschenwürdige, faire Arbeitsplätze. Wenn man gute Sozialstandards aufbaut, dann ist Globalisierung auch eine Chance.

WK: Es gibt ja schon seit langem jede Menge Nachhaltigkeitsberichte von Unternehmen, die man auf den journalistischen Schreibtisch bekommt. Und da fragt man sich dann: Okay, jetzt erzählen die, wie furchtbar nachhaltig sie sind. Aber wenn sie es nicht sind, gibt es keine Konsequenzen. Das kam mir immer vor wie Greenwashing.

AvD: Ja, deshalb plädiere ich für eine objektive Bilanzierung der ökologischen und sozialen Aspekte, wie bei der Gemeinwohlbilanz, sowie für politische Instrumente.

WK: Ich bin selbst im fairen Handel engagiert, im Weltladen, Das EU Lieferkettengesetz haben wir dort sehr begrüßt. Würden sie es denn begrüßen, wenn es möglich wäre, dass NGOs aus dem globalen Süden Unternehmen aus dem Norden verklagen könnten?

AvD: Ja, ich halte das für sehr sinnvoll. Denn ich kann mir nicht vorstellen, dass eine Näherin aus Bangladesch, die misshandelt wird, ein Unternehmen in Deutschland anklagt. Also, es braucht Vermittler, die dann für diese Personen einspringen. Daher finde ich die Regelung sehr sinnvoll. Sonst ist es ein zahnloser Tiger, wenn es zwar eine Haftung gibt, aber niemand klagen kann. Wo kein Kläger, da kein Richter! Diejenigen, die in irgendwelchen Lieferketten ausgebeutet werden, sind wahrscheinlich die Allerletzten, die sich dann tatsächlich gerichtlich zur Wehr setzen. Deshalb braucht man Leute, die das vermitteln.

WK: Noch einmal zu den Rahmenbedingungen, die Sie einfordern: Sollten denn Gemeinwohlunternehmen beispielsweise weniger Steuern zahlen? Oder sollten sie vielleicht anderweitig belohnt werden, so dass es einen ökonomischen Vorteil hätte, eine Gemeinwohlbilanz zu erstellen?

AvD: Ja, das ist das, was ich mit politischen Instrumenten meine. Wir müssten doch alles dafür tun, dass die Unternehmen mehr Verantwortung übernehmen im sozialen wie ökologischen Bereich, und zwar weltweit. Wenn ich an die Hebelwirkung denke, wenn jetzt jedes Unternehmen sich mit Vollgas auf den Weg begäbe, Klimaemissionen einzusparen, Menschenrechte zu sichern, existenzsichernde Löhne zu zahlen in den Lieferketten. Von daher, ja, auf jeden Fall wäre das für mich eine politische Maßnahme, bei einem vergleichbaren Berichtswesen diejenigen, die einen guten Job machen, in dem sie Verantwortung für die

Auswirkung ihres unternehmerischen Handelns übernehmen und das Gemeinwohl bereits berücksichtigen, weniger zu besteuern als diejenigen, die diese Kosten externalisieren und zu den Problemen weltweit noch beitragen.

WK: Sie haben erwähnt, dass Sie es nicht schaffen, in Deutschland alle ihre Produkte kostengünstig selbst zu produzieren. Es gibt aber doch Unternehmen im Textilgewerbe, wie Trigema oder Nordwolle, die das für sich beanspruchen. Wo ist da der Unterschied zu ihnen?

AvD: Trigema ist tatsächlich komplett durchorganisiert, das heißt, sie machen alles selber bis zum Vertrieb. Deshalb haben sie keinen Zwischenhandel. Sie liefern nicht an den Handel, sondern an ihre eigenen »Testgeschäfte«. Damit sparen sie sich schon mal die Hälfte der Marge. Die Produkte, die Trigema macht, sind überwiegend unkomplizierte Teile wie Unterhosen und T-Shirts, die nur wenig Nähte brauchen. Das ist eben bei weitem nicht so aufwendig wie eine Dreilagenjacke oder ein Rucksack, die aus vielen Komponenten bestehen und mit sehr vielen Arbeitsschritten gefertigt werden. Je höher der Anteil der manuellen Arbeit, desto schwieriger ist die Produktion in Deutschland.

WK: Wie schwierig war es, die Gemeinwohl-Ökonomie und die Gemeinwohlbilanzen in Ihrem Unternehmen durchzusetzen? Mussten Sie da sehr viel verändern?

AvD: Das Anstrengende an unserem Weg waren vor allem die ersten Jahre der Transformation. Es war am Anfang sehr viel Arbeit, die auch für Reibung und Frust gesorgt hat. Am Firmenstandort stand zunächst im Fokus, alle Emissionen, alle Verbräuche zu erheben. Wir nutzen dazu EMAS, das Environmental Management Audit Scheme, ein Umweltmanagement-Datensystem. Das war sehr aufwendig. Da hat man anfangs noch keine Sinnhaftigkeit gesehen. In den Lieferketten ging es darum, Produzenten tatsächlich zu bewegen, Standards einzuführen, oder auch neue Materialien zu suchen, oder Materiallieferanten zu überreden, sich nach allgemeinen Standards extern zertifizieren zu lassen. Keiner war begeistert, da dies mit Mehrkosten verbunden war

Gleichzeitig haben wir vom Vertrieb gehört: Es darf aber nicht mehr kosten. Oft auch grundsätzlicher: Wenn wir jetzt diesem hohen Standard folgen wollen, den wir uns gesetzt haben, dann haben wir nur noch ein paar Materialien zur Auswahl. Wollen wir das wirklich? Wollen wir so viel Arbeit und viele Zielkonflikte im Unternehmen verursachen? Tatsächlich auch Streit, weil wir so viel Komplexität auf uns gebürdet haben, zu einer Zeit, als wir noch gar keine Wege und Mittel hatten, um diese Komplexität und diese Zielkonflikte aufzulösen.

Also, am Anfang war das richtig schwer. Es hat sich so angefühlt wie die Stimmung momentan in Deutschland: Alle sind überfordert und nur am Jammern. So ein »Tal der Tränen« hatten wir auch, bis wir es geschafft haben.

WK: Wie sind Sie dann herausgekommen aus dem »Tal«?

AvD: Als die ersten Ergebnisse sichtbar wurden, also am Standort selbst Nachhaltigkeit nicht mehr nur ein theoretisches Konstrukt war, sondern man die Verbesserung selbst spüren konnte und sich das gut angefühlt hat. Beispielsweise führten wir ein Mobilitätskonzept ein, bei dem es die besten Parkplätze für diejenigen gibt, die andere Leute im Auto mitnehmen; oder indem wir einen E-Bike-Pool aufgebaut haben, damit man sich ein Fahrrad ausleihen und damit zur Arbeit kommen kann; indem wir neue Buslinien etabliert und dafür geworben haben; indem wir dezentrale Duschen für die Radfahrer geschaffen haben und so weiter – ein ganzes Maßnahmenpaket, um die Leute vom Auto auf andere, umweltfreundliche Transporte zu bekommen.

Das war das erste Mal, dass ich gespürt habe, dass sich die Stimmung intern gedreht hat. Von »es ist alles anstrengend« hin zu »das macht ja auch Spaß und tut mir gut«. Das war wichtig. Aber wichtig war auch, dass es uns gelungen ist, eine neue Kultur zu schaffen. Es gibt ja unglaublich viele Perspektiven, die man plötzlich gleichzeitig betrachtet, wenn nicht nur rein Finanzielles zählt. Aber wir haben diese Kultur geschaffen und dazu eine Organisation, in der wir die Komplexität der verschiedenen Perspektiven berücksichtigen können, Lösungen miteinander finden und Zielkonflikte meistern können.

Wir haben sehr viel investiert in Beziehungsmanagement und in eine gute Organisationsstruktur. Zudem sind wir strategisch vorgegangen, indem wir zum Beispiel die Produzenten gemeinsam eingeladen und ihnen unsere Vision geschildert haben. So konnten wir sie leichter für unser Konzept gewinnen.

WK: Das klingt alles sehr plausibel. Sie sprechen über ihr Unternehmen, das ein privates Unternehmen ist. Es gibt aber auch sehr viele staatliche Unternehmen oder Unternehmen mit staatlicher Beteiligung, die doch eigentlich alle Gemeinwohlunternehmen sein müssten. Gibt es dort Interesse an den Gemeinwohlzielen oder begegnet ihnen das nicht?

AvD: Es war schon im letzten Koalitionsvertrag in Baden-Württemberg enthalten, dass zwei staatliche Betriebe eine Gemeinwohlbilanz machen, und ich glaube das wurde auch umgesetzt. Aber das ist bei weitem kein Standard. Ich glaube, dass da noch ganz viele Glaubenssätze mitschwingen. Bei den meisten Leuten, egal ob im staatlichen Betrieb oder in anderen Unternehmen, fühlt sich das als Widerspruch an: Entweder produziere ich nachhaltig oder ich bin ökonomisch erfolgreich. Beides ist noch schwer vereinbar in den Köpfen. Da hilft es nicht allein, staatlich aufgestellt zu sein.

WK: Eine andere Frage wäre: Wissen Sie, inwieweit diese Verpflichtung zur Nachhaltigkeit auch eine entsprechende Nachfrage erzeugt? Werden ihre Produkte dadurch attraktiver oder interessiert das die Kundschaft eigentlich nicht? Gibt es darüber Untersuchungen?

AvD: Vor 15 Jahren, als wir begonnen haben, haben wir wirklich regelmäßig gehört: »Der Kunde fragt nicht danach.« Das hat sich inzwischen komplett geändert. Wir spüren das auch beispielsweise bei unserem »Green Shape Campus«, den wir regelmäßig mit unseren Händlern veranstalten. *Green Shape* ist unser eigenes Nachhaltigkeits-Ökolabel, das auf den höchsten Standards für nachhaltige Produkte beruht. Seit über 10 Jahren schulen wir unsere Händler und deren Verkäufer zu Nachhaltigkeitsthemen, damit sie ihre Kunden fundiert beraten können.

Vor ein paar Jahren wurden wir plötzlich überrannt mit der Nachfrage, weil die Rückmeldung kam: »Die Kundschaft fragt jetzt danach, und wir haben keine Antwort«! Wir sind durch all die 15 Jahre immer stärker gewachsen als der europäische Durchschnitt der Outdoorunternehmen. Dazu hat sicher auch beigetragen, dass nachhaltige Produkte und Marken immer stärker nachgefragt werden. Es gibt eine immer größere Zielgruppe von Menschen, die verantwortungsvoll konsumieren möchten und Marken suchen, denen sie vertrauen können.

WK: Wie begegnen ihnen eigentlich Politikerinnen und Politiker?

AvD: Das Interesse ist schon groß. Aber unabhängig davon bin ich auch im Vorstand des Bundesverbandes für nachhaltige Wirtschaft. Und da spüren wir auch in Berlin, dass wir erstens die Politiker auf unsere Veranstaltung kriegen und dass wir zweitens auch regelmäßig eingeladen werden, um unsere Stellungnahme abzugeben. Dabei ist uns unsere Maßgabe klar: Wie kriegen wir eine Wirtschaft hin, die Verantwortung übernimmt? Unsere Stimmen werden immer stärker auch in Berlin gehört, auch parteiübergreifend.

WK: Manchmal hat man trotzdem den Eindruck: Wir haben eine tiefe Krise und man sucht die Zukunft in den Ideen des letzten Jahrhunderts.

AvD: Ja, das ist leider so.

WK: … und Innovation kommt da nicht gut zum Zug.

AvD: Ich kann es ein Stück weit nachvollziehen, weil wir als Unternehmen auch in diesem »Tal der Tränen« waren, und das ist einfach sehr belastend. Da hat man das Gefühl: Jetzt bitte nicht noch was! Und Nachhaltigkeit fällt in dieser Phase leider auch darunter. Es ist einfach ein sehr ungünstiger Zeitpunkt für Nachhaltigkeit. Das ist aber zu kurz gedacht, weil man sich damit Zukunftsfähigkeit verbaut: Wir müssen es lernen, und es *kostet* Zeit, einen solchen Transformationsprozess zu bewerkstelligen. Aber wir brauchen diese Zukunftskompetenz, um zu wirtschaften, ohne unseren Planeten zu zerstören.

WK: Frau von Dewitz, herzlichen Dank für dieses informative und offene Gespräch.

Impulse für Gesprächsgruppen

1. Was waren die Gründe für Frau von Dewitz, mit ihrem Unternehmen in die Gemeinwohl-Ökonomie einzusteigen?
2. Was war der Gewinn der vollzogenen Umstellung?
3. Was sind die wesentlichen Faktoren für eine Gemeinwohl-Bilanz?
4. Für wie zukunftsträchtig halten Sie dieses Unternehmens- und Wirtschaftsmodell?
5. Inwiefern stehen die Ziele und Werte, die Frau von Dewitz für Ihr Unternehmen benennt, den christlichen Glaubensvorstellungen nahe? Wie könnten Kirchen und Gemeinden eine solche Umstellung vollziehen?

Weiterführende Literatur der Autoren

Bender, Harald, Norbert Bernholt, et al., *Kapitalismus und dann? Systemwandel und Perspektiven gesellschaftlicher Transformation*. München: Oekom, 2012.

Bernholt, Norbert. *Sozialökologischer Umbau – wenn Geld dem Gemeinwohl dient* (Impulse für eine solidarische Gesellschaft). Marburg: Büchner, 2023.

Felber, Christian. *This is not economy: Aufruf zur Revolution der Wirtschaftswissenschaft*. Wien: Deuticke, 2019.

_____ *Gemeinwohl-Ökonomie*. 3. Aufl. München: Piper, 2018.

_____ *Grundrechte. Wie wir in kommenden Krisen das Gemeinwohl schützen*. Frankfurt a. Main: Westend, 2025.

_____ *Die innere Stimme: Wie Spiritualität, Freiheit und Gemeinwohl zusammenhängen*. Frankfurt a. Main: Publik Forum, 2015.

Grzonka, Michael T. »The Freiburg ›Bonhoeffer Circle‹ (1943) on Theology and Germany's Economic Order«. *Lutheran Quarterly* 32, No. 4 (2018): 371–97. https://doi.org/10.1353/lut.2018.0060.

Hoffmann, Martin. *Protestantische Ethik. Ein kritischer Entwurf im transkulturellen Kontext*. Gütersloh: Gütersloher Verlagshaus, 2021.

______ *Studienbuch Martin Luther. Originaltexte und Deutungen*. Gütersloh: Gütersloher Verlagshaus, 2014.

Kessler, Wolfgang. *Das Ende des billigen Wohlstands: Wege zu einer Wirtschaft, die nicht zerstört*. Mit einem Vorwort von Wolfgang Thierse. Oberursel: Publik Forum, 2023.

______ *Die Kunst, den Kapitalismus zu verändern: Eine Streitschrift*. Mit einem Vorwort von Christian Felber. Oberursel: Publik Forum, 2019.

______ *Macht Wirtschaft!: Ökonomie verstehen – und verändern*. Oberursel: Publik Forum, 2021.

Simon, Klaus. *Kapitalkrise*. Marburg: Büchner, 2023.

______ *Warum Klimaschutz bisher verpufft und wie er gelingt*. Marburg: Büchner, 2021.

______ *Zwickmühle Kapitalismus*. Marburg: Tectum, 2013.

Ulrich, Peter. *Integrative Wirtschaftsethik. Grundlagen einer lebensdienlichen Ökonomie*. 4. Aufl. Bern/Stuttgart/Wien: Haupt, 2008.

_____ *Zivilisierte Marktwirtschaft. Eine wirtschaftsethische Orientierung*. Freiburg i.B.: Herder, 2005.

Von Dewitz, Antje. *Mut steht uns gut!: Nachhaltig, menschlich, fair – mit Haltung zum Erfolg*. Elsbethen, Österreich: Benevento, 2020.